Otto Blau

Reisen in Bosnien und der Herzegowina

Topographische und pflanzengeographische Aufzeichnungen

DOGMA

Otto Blau

Reisen in Bosnien und der Herzegowina

Topographische und pflanzengeographische Aufzeichnungen

ISBN/EAN: 9783954548507

Auflage: 1

Erscheinungsjahr: 2012

Erscheinungsort: Bremen, Deutschland

© DOGMA in Europäischer Hochschulverlag GmbH & Co KG, Fahrenheitstr. 1, 28359 Bremen (www.dogma.de). Alle Rechte beim Verlag und bei den jeweiligen Lizenzgebern.

REISEN

IN

BOSNIEN UND DER HERTZEGOWINA.

TOPOGRAPHISCHE

UND

PFLANZENGEOGRAPHISCHE AUFZEICHNUNGEN

VON

DR. OTTO BLAU.

MIT EINER KARTE UND ZUSÄTZEN

VON

H. KIEPERT.

BERLIN,
VERLAG VON DIETRICH REIMER.
1877.

ANSICHT DER NARENTA-BRÜCKE BEI MOSTAR.

Vorwort.

Während eines ständigen Aufenthaltes in Bosnien, wo ich vom Mai 1861 bis Ende 1872 als Consul beglaubigt war, habe ich über das Land manches geschrieben und viel noch unverwerthetes Material gesammelt, wie Musse und Gelegenheit es gerade boten.

Meine gedruckten Arbeiten sind in Aufsätzen und Monographien, zum grössten Theil in verschiedenen periodischen Zeitschriften Deutschlands zerstreut; es sei erlaubt, dieselben hier der Reihe nach aufzuzählen:

1. Uebersicht der römisch-katholischen Bevölkerung Bosniens. Ztschr. f. Erdkunde N. F. XI, S. 219 ff.
2. Notiz über die Karte der Herzegowina, ebenda S. 461 ff. und dazu
3. Karte der Herzegowina i. J. 1861 im Masstab 1:500,000. Berlin Reimer 1862.
4. Politische Statistik Bosniens. Im Preuss. Handelsarchiv 1865 I, 486 ff.
5. Handelsverhältnisse Bosniens i. J. 1866. Pr. Hdlsarch. 1867 II, 159 ff.
6. Jahresbericht über Bosnien. Ebenda 1868 I, 611.
7. Ausflüge in Bosnien. Ztschr. f. Erdk. 1867 II, S. 499 ff. (Unten wiederholt unter Cap. XVI.)

8. Zur Statistik Bosniens. Bevölkerungstabellen. Ebenda 1867 II, S. 516 ff.
9. Culturverhältnisse und commercielle Lage der Herzegowina. Preuss. Handelsarchiv 1869 I, 17 ff.
10. Ueber den Handelsverkehr der Possawina; ebenda 1869 II, 149 ff.
11. Handel Bosniens i. J. 1869, ebenda 1870 I, 259 f. und II, 382.
12. Ueber den Ackerbau in Bosnien. Annal. der Landwirthschaft 1869 Heft 2. 3.
13. Bosnisch-türkische Sprachdenkmäler in: Abhandlungen für die Kunde des Morgenlandes, Leipz. 1868 Bd. V, S. 1 bis 316.
14. Berichte über römische Alterthümer in Bosnien I. II. III in: Monatsberichte der Berl. Akademie der Wiss. 1866 Decbr., 1867 Nov. u. 1870, Juli.
15. Briefe über Bosnien I. II. III in Beilage der N. Preuss. Zeitg. 1867 No. 23. 41 u. 52.
16. Annalen bosnischer Kirchengeschichte bis 1244. Als Manuscript gedruckt Görlitz 1872. —
17. Bosnien: In Brockhaus Supplem. zum Conversations-Lexikon 1872. S. 276 ff. —

und aus verwandten Gebieten:

18. Handelsverhältnisse Kroatiens, Slavoniens und d. Militärgrenze. Hdlsarch. 1865 I, 317 ff.
19. Montenegro. In Rotteck & Welcker Staatslexikon, 1864. 2. Aufl. X, 199—214.
20. Das Albanesische als Hülfsmittel zur Erklärung der lykischen Inschriften in der Ztschr. d. D. Morg. Ges. XVII, S. 649—672.

Von unedirten Manuscripten und Sammlungen führe ich an:

21. Botanische Excursionen und Katalog eines Herbars von

2500 bosnischen Pflanzen, im Besitz der K. Universitäts-Bibliothek in Strassburg, nebst Herbar.

22. Doubletten meiner Pflanzensammlung im Königl. Herbarium in Berlin, nebst Etiketten, nach den Bestimmungen von Dr. Ascherson, der darunter folgende neue Species: *Crepis Blavii Aschs.*; *Avena Blavii Janka*; *Satureja montana var. Blavii Aschs.*; *Alyssum Moellendorffianum Blau*; und *Elichrysum sp. nov.* von Trebinje erkannte*).

23. Geschichte und gegenwärtiger Stand des Bergbaues in Bosnien nebst einer Mineraliensammlung.

24. Sammlung römischer in Bosnien gefundener Münzen nebst Katalog. Im Besitze des Herrn H. Kneuse zu Agram.

In dem folgenden Bande lasse ich nun, auf den Wunsch wohlmeinender Freunde, welche geglaubt haben, dass meine Aufzeichnungen einige Bereicherungen der Landeskunde Bosniens bieten, einen Theil der Notizen folgen, die ich auf Fahrten und Ritten durchs Land zu machen pflegte, so weit sie sich auf **topographische, pflanzengeographische und allgemein culturgeschichtliche** Gegenstände beziehen.

Wie ich das hier Gebotene nicht überschätze, so bitte ich auch meine Leser, keinen zu hohen Masstab anzulegen. Ich gebe einfach meine touristischen Beobachtungen wieder als das, was sie sind, Nebenwerk bei Verfolgung andrer Zwecke, die meine Zeit ausfüllten. Einige Itinerare habe ich durch Benutzung unzugänglichen Quellenmateriales aus anderer Hand vervollständigt. Für die mühselige Arbeit der Redaction des gesammten kartographischen Materials verdient meinen und der Leser Dank ausschliesslich mein verehrter Freund **H. Kiepert**.

---

*) Siehe Ascherson im Sitzungsberichte der Berl. Gesellsch. naturforsch. Freunde 20. Oct. S. 868 und O. v. Möllendorff, Beiträge zur Fauna Bosniens S. 3 ff.

Wem das Gebotene nicht genügt oder nicht ansteht, und wer's besser zu machen vermeint, der mag sich 10 Jahre nach Bosnien hineinsetzen, und wenn er dann noch Lust und Stoff hat, seine Erfahrungen herauszugeben, so soll er mir als Mitarbeiter auf einem noch wenig durchforschten Gebiete willkommen sein!

Odessa, 30. August 1873.

Dr. O. Blau,
Kais. Deutscher Generalconsul.

Diesen vorlängst geschriebenen Worten meines Freundes Blau habe ich, von dem vom Druckort abwesenden mit der orthographischen Redaction und Druckrevision beauftragt, zur Verständigung über einen unscheinbaren aber nothwendigen Punkt einige Worte hinzuzufügen. Im Einverständnisse mit dem Autor habe ich die in den zu den verschiedensten Zeiten geschriebenen Aufsätzen bunt wechselnde Schreibweise natürlich in Text und Karte auf ein gleichförmiges System zurückgeführt, und zwar konnte ich nicht anstehen, eine dem deutschen Leser möglichst leichtverständliche Schreibweise anzuwenden, da die in Oesterreich viel, und zwar in dessen südslawischen Provinzen jetzt auch officiell, gebrauchte neukroatische Orthographie mit ihren vielen Differenzirungszeichen und namentlich mit ihrer, unserem westeuropäischen Gebrauche so diametral widersprechenden Verwendung des *c* zur Bezeichnung unseres *z*-Lautes zu grossen Anstoss erregen würde und thatsächlich, wo sie aus Bequemlichkeit oder Unkenntniss neuerdings in Zeitungsberichten beibehalten ist, auch regelmässig von den Redactoren selbst wie vom Publicum missverstanden wird.

Die einzige Abweichung von deutscher Schreibweise bedingte die Nothwendigkeit der in den slawischen Sprachen besonders wichtigen Unterscheidung der scharfen und weichen Zischlaute, für welche die bei den Deutschrussen beliebte Transscriptionsweise mit *ss* (resp. *sz*) und einfachem *s* sich aus vielen Gründen nicht empfiehlt; es blieb hier kein anderer Ausweg, als im Gegensatz zu deutscher Gewöhnung, aber im Anschluss sowohl an den uns hinreichend geläufigen englischen und französischen, sowie an den Gebrauch der sich des lateinischen Alphabets bedienenden Slawen (Tschechen, Polen, Kroaten) *s* auschliesslich für den scharfen, *z* für den weichen Laut beizubehalten, den deutschen *z*-Laut (slaw. *c*) also durch *tz* auszudrücken. Ebenso musste für den allen slawischen Sprachen geläufigen weicheren Laut unseres *sch*, den unter den romanischen Sprachen das Französische und Portugiesische besitzen und durch *j* ausdrücken, während er und daher auch jede adäquate Bezeichnung unserer Sprache fehlt, am passendsten die neuslawische Bezeichnung *ž* beibehalten, daher auch für den zusammengesetzten Laut des englischen *j* (italien. *g* vor *e* und *i*), den man französisch richtig mit *dj* ausdrückt und deutsch wohl etwas schwerfällig mit *dsch* wiedergiebt, consequent *dž* geschrieben werden. Den südslawischen Sprachen eigenthümlich ist endlich ein Laut, den wir deutscher Aussprache gemäss *tj* geschrieben haben und der in älterer kroatisch-dalmatinischer Orthographie mit *ch*, in neuerer mit *ć* transscribirt wird, also von *č* = *tsch* wohl zu unterscheiden ist. Einige kleine Abweichungen von dieser Orthographie, welche im ersten Bogen stehen geblieben sind, finden sich bei den Druckfehlern berichtigt.

Das zwar schon einmal gedruckte, aber in Europa noch so gut wie unbekannte Material zur speciellen Statistik der Confessionen, welches mir der Hr. Vf. zur Verfügung gestellt und das ich im Anhange auszüglich reproducirt habe, um es nicht ganz verloren gehen zu lassen, kann bei der in nächster Aussicht stehenden politischen Transaction über diese Länder erhöhte Wichtigkeit gewinnen. Die daraus sich ergebenden Gesammtresultate der Confessions-Vertheilung bringt zu klarerer Anschauung ein auch die Ortslagen aller in jenen Listen aufgezählten katholischen Pfarreien enthaltendes Uebersichtskärtchen, welches ich in der Zeitschrift „Globus" (Bd. XXX, No. 21) veröffentlicht habe.

Die grössere von mir bearbeitete Karte der Routen des Vf. enthält zwar diese fast vollständig, wenn auch nicht alle im Buche besprochenen Oertlichkeiten; die südliche Strecke bis Trebinje und das weit nordwestlich und nordöstlich über die Grenzen der Karte hinausreichende Routier von Božitj mussten, um dem Blatte nicht eine allzugrosse Ausdehnung zu geben, ausgeschlossen werden, ohne dass dadurch eine fühlbare Lücke entstand, die nicht mit Hülfe jeder beliebigen Uebersichtskarte ausgefüllt werden könnte. Die aus Herrn Blau's Originalzeichnung beibehaltene, von unsern Gewohnheiten abweichende Orientirung des Cartons vom Treskawitza-Gebirge, — Süden oben, Norden unten, — rechtfertigt sich durch die Rücksicht auf die darüber stehende, von Norden her aufgenommene Profilzeichnung.

Berlin, November 1876.

H. Kiepert.

Inhalt.

I.	Die Umgegend von Serajewo	S.	1
II.	Von Serajewo nach Konjitza und Mostar		17
III.	Von Serajewo über Konjitza und Borke nach Mostar		26
IV.	Von Mostar über Ljubuschki nach Gabella		38
V.	Von Mostar nach der Sutorina, dem Hafen von Klek und zurück		46
VI.	Beschreibung der grossen Strasse von der dalmatinischen Grenze durch die Hertzegowina nach Bosnien		57
VII.	Von Serajewo nach dem Treskawitza-Gebirge und zurück		66
VIII.	Von Serajewo über Gatzko nach dem Durmitor und Mostar		73
IX.	Von Serajewo nach Taschlidža und zurück über Wischegrad		82
X.	Von Serajewo nach dem Ozren und zurück über Pale		93
XI.	Von Serajewo über Wissoka und Sutiska nach Zenitza und zurück über Bussowatscha		97
XII.	Von Serajewo über Trawnik und Skender-Wakuf nach Banjaluka		104
XIII.	Von Banjaluka über Jaitze nach Trawnik		108
XIV.	Von Brtschka über Brod und Gradischka nach Banjaluka		120
XV.	Von Serajewo nach Brod		133
XVI.	Von Serajewo nach Rama und zurück		147
XVII.	Von Serajewo über Kreschewo und das Seetz-Gebirge nach Fojnitza		167
XVIII.	Route durch das nördliche Bosnien, vom Consulats-Dragoman Clemens Božit		174

Anhang von H. Kiepert.

I.	Kartographisches. (Neue österreichische Karte, Sendtner, Evans, Sainte-Marie)	186
II.	Statistisches. Ortschaftsverzeichnisse der römisch-katholischen Gemeinden nach officiellen Documenten	195
	Angaben aus Kowatschewitj's Beschreibung von Bosnien	224
	Resultate der officiellen türkischen Statistik	228

I.
Die Umgegend von Serajewo.

Die Stadt Serajewo liegt am Ostende der Ebene Serajewsko Polje zu beiden Seiten der von Ost nach West laufenden Miljatzka, welche oberhalb der Stadt aus einem engen Thale hervorbricht, das im Süden von den Abhängen des Trebewitj (Gipfel 5100'), im Norden von den Vorbergen des Osren (4800') gebildet wird. Unterhalb der Stadt öffnet sich die Ebene nach Südwest bis Nordwest; den Westrand bildet das gegen 3800' hohe Igman-Gebirge, den Nord- und Nordwestrand zwei Höhenzüge, deren Kuppen beide Kobilja Glawa genannt werden und zwischen welchen hindurch die am Fuss des Igman entspringende Bosna sich durchschlängelt, nachdem sie in der Ebene selbst die Miljatzka und Żeljesnitza von rechts und die Zujewina von links aufgenommen hat. Diese Hochebene ist in der Richtung von O. nach W. durch einen Ausläufer des Trebewitj von durchschnittlich 500' Höhe in eine nördliche und südliche Hälfte getheilt; jene das Miljatzka-Thal, diese das Żeljesnitza-Thal bildend. Das Igman-Gebirge, dessen früherer Name Smartnitza*) jetzt verschollen ist, fällt in einer steilen, drei Stunden langen Wand schroff nach NO. ab; die auf ihm entspringenden Quellen laufen theils, wie die Zubäche der

---

*) Dufresne: Illyricum Vetus et Novum, 1746, S. 116: *a Bosna fluvio qui a Smartnizae montis radicibus ortus in Savum delabitur.*

Zujewina nach NW. ab, theils sickern sie nordostwärts durch die Kalkfelsen hindurch und brechen mit einer auffallend grossen Wassermenge in einem Bassin nahe bei dem Dorfe Wrelo Bosna (d. i. Bosnaquell) sprudelnd hervor, so dass die Bosna sofort als ein ziemlich breiter Fluss in die Ebene tritt. Am Rande dieses Bassins und zwischen den einzelnen Sprudeln wird eine fette Lauberde vom Berge herab zusammengeschwemmt, welche eine dichte Pflanzendecke schmückt, die durch das tiefer wurzelnde Gesträuch einen festen Halt gewinnt.

Der Berg ist von dieser Seite sehr mühsam zu erklimmen, nicht blos, weil er in einem Winkel von ca. 60 Grad gegen die Ebene einfällt, sondern weil statt gangbarer Zickzackwege nur die Betten einiger Sturzbäche und die Schleifwege, auf denen man das Bau- und Brennholz von der Höhe herabgleiten lässt, hier den einzigen Pfad zwischen undurchdringlichem Gestrüpp bieten. Ein bequemerer Pfad geht in der Nähe von Blažuj schräg aufwärts.

Längs des ganzen Fusses des Igman läuft ein kleiner Bach, an welchem eine Reihe Dörfer liegen, unter denen Wrutschi schon im 13. Jahrhundert genannt wird*) und Hrastnitza durch eine Höhle, die sich unter einem steil überhangenden Felsen 6—8 Klafter tief hineinzieht, bekannt ist.

Das Terrain zwischen diesem Bache und der parallel laufenden Željesnitza, die bei Ilidscha vermittelst einer steinernen Brücke überschritten wird, ist mit Steingeröll übersäet.

Die durchnittliche Meereshöhe der Ebene von Serajewo lässt sich danach bestimmen, dass die Stadt Serajewo 1720', die Bosnaquellen 1750' hoch angegeben werden. Die Ebene ist in ihrer grössten Ausdehnung 4 Stunden lang und ebenso breit und durchgängig angebaut: Weizen, Gerste, Mais, Hafer, Hirse, seltener Roggen und Lein; in der Nähe der Ortschaften Kraut, Hülsenfrüchte und Zwiebeln sind die vorzüglichsten

---

*) In der Stiftungsurkunde des Bisthums Bosnien v. J. 1244 bei Theiner: Mon. Slav. Merid. p. 298: *In zupa Vrhbozna . . . . . Vrudchy, ubi est ecclesia S. Stephani protomartyris.* Alte Säulencapitele sind noch dort vorhanden.

Culturen. Der Wieswuchs ist ein sehr unreines Gemisch von Gras, Schilf und Unkräutern; Klee wird gar nicht gebaut. Die Obstzucht ist durch viele Zwetschgenpflanzungen vertreten; die Vicinalwege und Flurgrenzen durch Hecken aus dornigen und buschigen Sträuchern markirt, seltener durch Anpflanzungen von Bäumen, unter denen die Weiden den ersten Platz einnehmen. Die Hügel, welche die Ebene umgrenzen, sind, nachdem seit Jahrhunderten aller Baumwuchs vernichtet und nichts nachgepflanzt worden ist, mit niedrigem Buschwerk besetzt; ein nennenswerther Waldbestand erscheint erst auf dem Kamm des Igman, auf dem Ostabhang des Trebewitj, auf der Spitze des Glog, eines Vorberges der Osren-Planina und auf der Höhe der Romanja, gemischt aus Nadel- und Laubholz. Der Baumwuchs der Kobilja Glawa ist ein sehr gelichteter Wald von meist verstümmelten Stämmen, der von Jahr zu Jahr weiter urbar gemacht wird; ganz vereinzelt finden sich Reste alter Waldungen und Anfänge neuer Pflanzungen am Nordabhange des Trebewitj oberhalb des Hrit genannten Quartiers von Serajewo, an einer Höhe des rechten Miljatzka-Ufers, eine Stunde westlich der Stadt; am linken Željesnitza-Ufer, bei dem Dorfe Hrastnitza 3 Stunden von Serajewo, und am rechten Bosna-Ufer bei Reljewo, 2 Stunden entfernt.

Was die geologische Formation der Umgegend von Serajewo anbelangt, so ist die Romanja Planina mit dem Trebewitj ein Theil des grossen Kalkgebirges, welches sich nach Ami Boué östlich, südlich und westlich von Serajewo ausdehnt und aus sehr petrefakten-armen grauen und weisslichen Kalken besteht. Vereinzelt findet sich in das Kalkgebirge hinein Brauneisenstein gesprengt, so am Westabhange des Trebewitj und weiter hin am Osren und nordwärts davon. Die Vorberge dieser Gebirgsstöcke sind je nach der Dichtigkeit der Vegetation mit einer mehr oder minder tiefen Schicht Humuserde bedeckt; die Ränder der Ebene von Serajewo, besonders nordwestlich und südöstlich bestehen vorwiegend aus Thon, der zum Brennen von Ziegeln und Backsteinen neuerdings viel verwendet wird. Die Niederung und die Ränder der Flüsse, welche die Ebene durchschneiden, führen eine stark mit Kies und Flusssand vermischte, magere Ackerkrume, welcher bis jetzt die Wohlthat einer rationellen künstlichen Düngung nur von wenigen Grundbesitzern gewährt wird.

Das Trebewitj-Gebirge, welches sich unmitteltar hinter der Stadt am linken Ufer der Miljatzka erhebt, ist am häufigsten von allen das Ziel meiner Ausflüge gewesen.

Um den Trebewitj von seiner Nordwestseite zu besteigen, folgt man dem Bistritza-Bache aufwärts, welcher auf einem der höchsten Plateaus des Trebewitj entspringt, der Stadt ein vorzügliches Trinkwasser zuführt und den grössten Theil ihrer Wasserleitungen am linken Miljatzka-Ufer speist. Wo an seinem rechten Ufer die letzten Häuserreihen der Stadt aufhören, schliesst sich daran die durch fette Wiesen und reiche Obstgärten ausgezeichnete Vorstadt Hrit. Unmittelbar oberhalb derselben kennzeichnen schroffe Klippen den Beginn des eigentlichen Gebirges. Die Bistritza rauscht in einem tief eingewaschenen Felsbette, welches in Zwischenräumen von halber zu halber Stunde die Gewässer mehrerer Seitenbäche, der Dobrawoda, der Rewaska und Berkuscha, aufnimmt und an dessen Wänden zahlreiche Aasgeier horsten, in nordwestlicher Richtung den Berg hinab. Eine Gabelung ihres Thales eine halbe Stunde oberhalb der Stadt ist durch einen massigen Felssturz markirt, der vor 7 oder 8 Jahren hier eine Aenderung ihres Laufes verursachte. Ein frischer Nachsturz an dieser Stelle rührt von den Erdstössen am 12. April 1868 her.*) Weiter oberhalb ist die Schlucht mit kurzem Strauchwerk und Farrenkräutern bewachsen; noch

---

*) Ueber Erdstösse in Bosnien besitze ich folgende Notizen: 1) 15. Juli 1866 in Teschanj; 2) 18. Juli 1866 eine heftige Erderschütterung, welche beobachtet wurde in Gradaschatz Abends 8 Uhr; in Jaitze Abends 9 Uhr; in Maglaj Abends 10¼ Uhr; in Serajewo 11¼ Uhr Nachts; 3) 4. Septbr. 1866 in Banjaluka 7 U. 52 M. früh; 4) 26. Januar 1867 in Prijedor 10 U. Vm.; 5) 15. Febr. 1867 in Banjaluka 2¼ U. Nm.; 6) in Wissoko 21. Septbr. 1867; 7) 30. Octbr. 1867 in Serajewo Abends 8 U. 20 M.; 8) 3. Januar 1868 Abends 5 Uhr in Wissoko; 9) 10. Januar 1868 in Wissoko, auch in Serajewo früh 7 Uhr gespürt; 10) 12. April 1868 (Ostersonntag) in Serajewo zwei heftige Stösse, zuerst 7 U. 20 M. Abends

höher hinauf folgen Alpenwiesen, ostwärts von Buschwald, südwärts von noch höheren Klippen begrenzt, deren eine (etwa 3000' hoch über dem Meeresspiegel) einen prächtigen Blick auf die Stadt und Ebene gewährt. Oberhalb jener Klippenreihe zieht sich eine Alpenwiese, deren Meereshöhe ich etwa auf 3500' schätze, ostwärts zu beiden Seiten des Rewaska-Baches nach dem Dorfe Dowlitji hinauf, auf der unter andrem *Scorzonera rosea W. K.* und *Linum capitatum Kit.* wachsen. Es folgt dann eine Einsenkung des Terrains, das Bett des Dobrawoda-Baches, zu dessen beiden Seiten ein dichter Buschwald, mannigfaltig in Form und Färbung der Blätter und Blüthen, sich wieder zu einem kahlen Plateau hinzieht, auf welchem die Quelle der Dobrawoda entspringt. Bemerkenswerth in diesem Gebüsch sind *Lonicera alpigena*, *Vicia oroboides*, *Pirola rotundifolia* und *Nigritella nigra*. Auf luftiger Höhe an der genannten Quelle geniesst man den herrlichsten Ueberblick über die nördliche Hälfte des Gebirges und die gegenüberliegenden Bergkuppen des Osren und der Romanja. Nach noch weiterem Steigen von ca. 1000 Fuss, welches streckenweise in ein gefährliches Klettern ausartet, da aufwärts von der Dobrawoda wieder ein Kranz von Klippen das Plateau umschliesst, gelangt man an den Rand des Nadelwaldes (*Abies alba*), der, obwohl stark gelichtet, die höheren Kuppen des Gebirges krönt. Nach Südwesten zu fällt der Kamm schroff und steil ab. Die oberste Kante ist so scharf und schmal, dass nur ein einzelner Mann von Fels zu Fels kletternd hinauf gelangen kann.*)

Nach einer Stunde schroffen Abstiegs wird hier in einem Thalwinkel das Dörfchen Medjuwertze erreicht, von wo ein Fussweg die westliche Kuppe übersteigend wieder in die Schlucht der Bistritza hinübergeht.**)

---

mit unterirdischem Rollen, Richtung von SW.; zweiter Stoss Abends 9 U. 12 M., nur wenige Secunden dauernd, undulirend.

*) An den äussersten Klippen fanden sich hier *Eraeanthus dalmaticus*, *Erysimum pannonicum v. dentatum* Koch., *Gentiana crispata*, *Galium corrudifolium* und *Crepis incarnata;* an dem südlichen Abhange, wo nur eine dünne Erdschicht den Fels bedeckt, *Euphorbia myrsinitis* und *Pancicia serbica*.

**) Zwei vorspringende Felskuppen zwischen der Bistritza und Berkuscha, deren schroffste Ablakowina heisst, sind durch das Vorkommen

An der Westseite des Trebewitj ist der Fuss des Berges von den Bewohnern der Vorstadt grossentheils zur Anlage von Obst- und Grasgärten benutzt, welche sich vom Fuss der Miljatzka an der Lehne des Berges eine gute halbe Stunde hinaufziehen. Durch die vom Trebewitj herniederrieselnden kleinen Bäche wird die ganze Gruppe vortrefflich bewässert und der Graswuchs ausserordentlich üppig. An das westliche Ende dieser Gärten schliesst sich die jüdische Gräberstätte, deren enorme monolithe Grabmäler einen grotesken Anblick gewähren.

Jenseits derselben ziehen sich Bergwiesen und Aecker bis nach dem Gehöfte Kowatschitj hinüber; oberhalb des Begräbnissplatzes der Juden führen Triften mit lehmigem Boden nach dem unteren Klippenrande des Trebewitj hinauf. Vereinzelte Klippen reichen bis in die zuerst erwähnte Gartenreihe hinunter und sind mit allerlei Gebüsch bewachsen. Jenseit Kowatschitj setzt sich die Hügelreihe fort bis nach Swrakino Selo (Elsterdorf), einem Landgute, welches als Fundort einer römischen Inschrift bemerkenswerth ist*); bei dem Oertchen Wratitza überschreitet eine schlechte Fahrstrasse nach Lukawitza diese Kette, und von eben diesem Punkte laufen mehrere Fusswege durch niedriges Buschwerk nach dem südwestlichen Abhange des Trebewitj hinauf.

Von der Ostseite der Stadt besteigt man den Trebewitj entweder, indem man von der obersten Miljatzkabrücke südwärts nach dem eine halbe Stunde entfernten Gehölz, welches nach dem Namen seines Besitzers Tschwakitj genannt wird

---

von *Hieracium Waldsteinii* ausgezeichnet; Buschwerk von *Aronia vulgaris*, *Cotoneaster integerrimus* und *Coronilla emerus* hängen über die Klippen hernieder; *Arctostaphylus uva ursi* deckt die höheren Terrassen, während zu beiden Seiten der Bistritza, namentlich auf deren rechtem Ufer, das Vorkommen von *Malcolmia maritima* und von einer neuen Avena-Art, die Janka *Avena Blavii* benannt hat, zu den charakteristischen Erscheinungen der Pflanzenwelt gehören.

*) S. meine bosnischen Inschriften in Monatsber. der Berl. Akad., 1866, Dezember, No. 23: I. O. M. TONITRATORI AVR. MAXIMVS VET(eranus) AVGG., mit Mommsens Note dazu. Der Stein befindet sich gegenwärtig im Garten des französischen Consulats zu Serajewo.

und von Bergwiesen umgeben und durchschnitten ist, und von da über eine kahle Trift nach dem Plateau der Dobrawoda hinaufgeht, oder indem man den über der Ziegenbrücke steil emporragenden, sogenannten Geierfelsen zusteigt, zu denen längs der ganzen Lehne des nordöstlichen Trebewitj ein allmählich ansteigender, den tiefen Einschnitt des Gartschi Dol umgehender Waldweg führt und nach dem Dorfe Dowlitj zuläuft.

Dowlitj gegenüber liegt, durch die Palostitza getrennt, das sogenannte Starigrad. Der Berg und die Burg von Starigrad gehören zu den selten besuchten Oertlichkeiten am linken Miljatzka-Ufer oberhalb Serajewo, weil dahin keine gangbaren Strassen führen. Um dahin zu gelangen, verfolgt man zunächst die alte stambuler Strasse, welche von Serajewo aus eine halbe Stunde weit am linken Ufer der Miljatzka läuft und dann dieselbe in enger Felsschlucht bei der alten Kozija Tjuprija*) (Ziegenbrücke) überschreitet. Nachdem man diese Strasse noch 1¼ Stunde weiter gegangen ist, verlässt man sie an einem Punkte, wo ein alter türkischer Friedhof den Namen Schehidler führt, als Erinnerung an die „Blutzeugen", welche hier beim Kampfe um Starigrad, eine feste Burg der bosnischen Könige, gefallen sein sollen. Diesem Punkte gegenüber, an dem andern Ufer der Miljatzka, liegt in grader Entfernung von einer halben Stunde der felsige Vorsprung einer östlichen Fortsetzung des Trebewitj mit den Ruinen der Burg, deren Name Starigrad übrigens nur „das alte Schloss" bedeutet, während der eigene alte Name dieser Localität bis jetzt nicht ermittelt ist. Der Pfad dahinüber, welcher im rechten Winkel von der grossen Strasse abbiegt, steigt zunächst den rechten Thalrand ungefähr eine Viertelstunde lang durch Buschwerk, Kalkfelsen und Kiesschichten zur Thalsohle der Miljatzka hinab, die man auf einzelnen in ihrem Bette liegenden Felsblöcken überschreiten muss, und klimmt dann am jenseitigen Ufer ¾ Stunden lang bis zur Spitze

---

*) Letzteres ist das ins Serbische aufgenommene und in der Aussprache umgestaltete türkische Wort *Kjöprü*, Brücke.

der Burg hinauf, so dass diese von Serajewo aus bequem in 2½ Stunden zu erreichen ist. Die Miljatzka macht hier einen Bogen nach SW. und nimmt am Fusse des Berges die Paloschtjitza auf, aus deren oberem Thale hauptsächlich das Nadelholz für den Brennbedarf Serajewo's herabgeflösst wird. Ein schmaler Fusspfad führt von der Kozija Tiuprija an diesen Punkt.*) Der obere Theil des Berges läuft in schroffe Kalkfelsen aus, welche die natürliche Substruction der alten Befestigung bilden, von der einzelne Mauerreste und Thurmruinen noch erhalten sind. Das mittlere Plateau des Trebewitj mit dem Dorfe Dowlitj beherrscht den Starigrad auf Kanonenschussweite, und die Sage im Volksmunde behauptet, dass von eben diesem Dorfe aus die Festung in Trümmer gelegt worden sei.

Die alte Stambuler Strasse führt in ihrem weitern Verlauf auf dem linken Ufer der Miljatzka bis zu dem Punkte, wo diese von links den Ljubogoschtscha-Bach bei einem gleichnamigen Han aufnimmt. Das Quellgebiet der Miljatzka und deren oberer Zuflüsse, unter denen die Paloschtjitza von der Landschaft Pale ihren Namen hat, ist ein an Bergwiesen reiches, welliges Terrain am Fusse des Romanja-Gebirges; die Hauptquelle der eigentlichen Miljatzka liegt nördlich von Mokro; zwischen Pale und Mokro liegen zwei kleine Bergdörfer, deren eines von den Eschen Jasen, das andere von den Tannen seiner Umgebung Jelowatz genannt wird.

In dem Tagebuche meiner botanischen Excursionen habe ich unter dem 31. Juli 1868 einen Ausflug nach Mokro und dem Romanja-Gebirge folgendermassen beschrieben: Ich fuhr von Serajewo früh um 4 Uhr nach Mokro, nahm dort Pferde und ritt noch drei Stunden weiter nach der Höhe des Romanja-

---

*) Der Berg von Starigrad ist ziemlich dicht bewaldet, vorzugsweise mit Sumach *(Rhus cotinus)*, Lindenbäumen *(Tilia ulmifolia)* und anderm Gebüsch. Im kühlen Schatten dieses Buschwaldes, der überdies durch eine auf der halben Höhe des Berges entspringende Quelle frisch gehalten wird, sprosst eine bunte Vegetation, aus der ich *Cephalanthera rubra, Neottia ovata, Lonicera alpigena, Clematis recta, Edraeanthus dalmaticus, Draba aizoides, Achillea tanacetifolia, Colutea arborescens, Daphne alpina, Jurinea mollis, Corydallis ochroleuca* nenne.

Gebirges und der Hochebene von Glasinatz, machte dort Mittag, ging zu Fuss auf einem anderen Wege durch den Wald nach Mokro zurück und traf mit Sonnenuntergang wieder in Serajewo ein.

Der Fahrweg führt zuerst nach dem Han Na-hresch*), von wo der Weg nach dem Osren links abgeht. Je näher man dem Hochthal von Mokro kommt, desto veränderter erscheint der Anblick der Natur: prächtige grüne Wiesen nach dem ersten Heuschnitte jetzt in frischen Farben prangend, reich bewässert durch eine Zahl grösserer und kleinerer Bäche, bilden den Vorder- und Mittelgrund; dunkle Fichtenwälder umgrenzen das Ganze und werfen, in unregelmässigen Gruppen sich bis in das Thal hineinziehend, gleichsam starke Schlagschatten auf das Bild. Im Hintergrunde thürmen sich über die Wipfel der Bäume hoch emporragend die schroffen weissen Klippen der Romanja Planina, namentlich die Orlowa Stjena („Adlerfelsen") auf, die in einem Halbkreise das Mokro-Thal umgeben, welches sich von oben gesehen in einem breiten Bogen über Kadino Selo bis nach Rakowanoga hinzieht. Eine besonders pittoreske Partie ist die Umgebung des Han's Sumbulowatz, wo die Strasse in einem weiten Bogen um ein tief eingeschnittenes Thal oben herum geht und links eine steile Felswand, Bjela Stjena (Weissfels), in Sicht hat.**) Eine Viertelstunde weiter ist der Bimbaschi Han, rings von Erlengebüsch umgeben. Der höchste Han von Mokro liegt hart am Rande des Fichtenwaldes, der wie ein breiter Gürtel das Thal vom Felsenkamm trennt.***) Sobald man aus dem Walde heraustritt, erreicht man zwischen zwei Felsbergen hindurch steigend das Plateau der Romanja nach

---

*) Schon unterhalb dieses Han's an einer steilen Felszacke rechts von der Strasse machte ich Halt, um ein paar Exemplare von *Fraxinus ornus* v. *diversifolia* und einige auffallende *Hieracien* zu sammeln. In einer etwa zweistündigen Entfernung von Serajewo markirt das häufige Auftreten von *Calluna vulgaris* eine neue Vegetationsgrenze.

**) Auf den feuchten Wiesen stehen unter anderen die zarte Orchidee *Nigritella globosa*, *Gentiana pneumonanthe*, *Ulmaria pentepetala*.

***) Im Fichtenwalde selbst fand ich: *Asperula odorata*, *Fragaria viridis* und *Hieracium pleiophyllum*.

etwa einstündigem Wege. Das Plateau bietet in geologischer Beziehung einen ganz eigenthümlichen Anblick, indem es bis zur Ebene von Glassinatz hin aus einer zahllosen Menge kesselförmiger Vertiefungen von 10 bis 50 Schritt Durchmesser besteht, in deren Grunde ein üppiger Gras- und Blumenwuchs Platz hat, während die Ränder und das höchste Niveau steinig und weniger bewachsen sind. Spärliche Gruppen von Fichten, Birken und Buchen bringen zunächst noch einige Abwechselung in die Landschaft; weiterhin verlieren sich auch diese und es zieht sich östlich von der Romanja die Hochebene Glassinatz 4 Stunden lang in fast ununterbrochener Flucht ohne Bäume und Sträucher hin. Die höchsten Punkte der Romanja sind einzelne aus jenem Meere von Kratern sich erhebende felsige Kuppen, von denen ich zwei, die südlichste und die westlichste, erstieg. Der Rand des genannten Plateaus nach Mokro zu wird, wie erwähnt, durch einen Kranz von einer mehrere hundert Fuss kerzengerade abfallenden Klippe bezeichnet, auf deren Kamm, wie auf jenen Spitzen, ich eine sehr lohnende Ausbeute an Pflanzen halten konnte.*) Um zu ein paar schönen Exemplaren von *Cirsium montanum* zu gelangen, stieg ich in eine der oben erwähnten kesselförmigen Vertiefungen hinein, die sich durch besonders üppigen Wuchs von Pflanzen auszeichnete. Einem eigenthümlich murmelnden Geräusch folgend, entdeckte ich im Grunde dieses Kessels einen tiefen Felsspalt, in welchen hinein das Wasser einer Quelle und die Abflüsse der umliegenden Ränder sich ergiessen. Diese Erscheinung verdeutlicht das Entstehen so vieler Schlundflüsse in diesem durchklüfteten Kalkgebirge, welche nach einem oft mehrmeiligen unterirdischen Laufe plötzlich am Fusse eines Berges in auffallender Breite und Wasserstärke hervorbrechen. Beiläufig sei hier erwähnt, dass sich an der Romanja-Planina, anderthalb Stunden südöstlich von dem Punkte, wo ich mich befand, eine, so viel ich weiss, noch unbekannte, auch von mir noch nicht besuchte Eishöhle, Ledenitza genannt, befinden soll.

---

*) Darunter besonders bemerkenswerth: *Silene italica, Saxifraga controversa, Anthemis austriaca, Telekia speciosa* und *Geum molle*.

Eine ihrer Natur nach zusammengehörige Gruppe bilden im Nordosten von Serajewo das Mrkwina-Gebirge mit dem Grdolj, das Moschtjanitza-Thal und im Osten das Lapischnitza-Thal, welches oberhalb der Ziegenbrücke von Norden her in die Miljatzka mündet. Kahle, schroffe Kalkfelsen, deren Gipfel oft in malerischen Gruppen drohend über das Thal herabhängen und deren Gerölle in der Sohle des Thales hin und wieder zur Kalkbrennerei verwendet wird, verleihen dem Lapischnitza-Thal den Charakter einer eigenthümlichen Wildheit, der durch die leblose Stille dieses von Menschen und Thieren wenig besuchten Winkels noch erhöht wird. In kleineren Höhlungen und unter dem Kalkgestein hausen hier zahlreiche Schlangen.*) Nach zweistündigem Marsche von Serajewo aus verlässt der Pfad das immer schroffer eingeschnittene Bett des Baches und klimmt über einen etwa 2800′ über dem Meeresspiegel liegenden Kamm (Hresch) an einem vereinsamten Tschiftlik mit Obstgärten und Saatfeldern vorbei nach der jetzigen neuen Constantinopler Strasse hinüber, welche abwärts über die Citadelle von Serajewo nach ca. 1¼ Stunde wieder nach der Stadt führt.

Das Stück zwischen der Ziegenbrücke und der Moschtjanitza ist eine theils kiesige, theils lehmige Berglehne, die, soweit sie nicht cultivirt ist, mit niedrigem Gebüsch und Farrnkräutern bewachsen ist.**)

Unterhalb der Einmündung der Moschtjanitza ist das Flussbett von engen Felsen eingeschlossen. Oberhalb der Stadt bildet die Miljatzka, die hier eine scharfe Biegung von Südosten nach Westen macht, ein Bassin, welches den Namen Bendbaschi trägt. Durch künstliche Nachhülfe ist hier ein

---

*) Die Vegetation des Thales zerfällt in zwei Regionen: die untere unterscheidet sich nicht von der des Miliatzka-Thales oberhalb Serajewo; je höher hinauf, desto mehr Abweichungen: *Corydallis ochroleuca*, *Genista scariosa*, *Onosma stellulatum* und *Arabis alpina*.

**) Noch darunter *Ophrys apifera*. Die rechte Thalwand der Moschtjanitza dagegen, welche in der letzten halben Stunde ihres Laufes eine tief eingewaschene Schlucht bildet, ist eine durchaus steinige und in ihrer Vegetation (*Centrophyllum lanatum*, *Coronaria tomentosa*, *Crupina vulgaris* und *Xeranthemum annuum*) von der gegenüberliegenden Seite verschiedene Partie.

Reservoir geschaffen, an welchem einestheils das Flössholz aus den Fichten- und Kiefernwäldern an der oberen Miljatzka und Paloschtjitza gesammelt wird, andererseits das Wasser eines Mühlgrabens nach der Stadt geleitet ist, während die übrige Wassermasse durch eine schmale Schleuse und bei Hochwasser über ein breites Wehr seinen natürlichen Lauf fortsetzt. Am rechten Miljatzka-Ufer ragen hier auf zwei Vorsprüngen gegenüber der Borja Planina die alte und neue Citadelle der Stadt. Die Bergabhänge fallen steil gegen Süden ein und und bestehen aus einem lockeren Geröll von Thonschiefer, zerbröckeltem Kalk und Lehmerde.*) Die Abfälle des Glog und der Borja Planina enthalten Muschelkalk mit zahlreichen tropfsteinartigen Bildungen in kleinen Formen. Man sieht dies hauptsächlich an den Sprengungsfelsen, welche beim Strassenbau östlich von der Festung, an der Moschtjanitza vorgenommen wurden. Am Abhange der alten Citadelle hat man eine Anpflanzung von Waldbäumen anzulegen versucht, um dadurch dem Gerölle etwas mehr Halt zu geben. Obwohl der grösste Theil der Bäume wegen Mangels an nahrhafter Erde nicht angegangen ist, so sind doch die Abrutschungen des Terrains etwas gehemmt worden, und in den Zwischenräumen spriessen eine Menge Pflanzen, die mit dürrem Boden vorlieb nehmen.**)

In nördlicher Richtung von Serajewo, eine kleine Stunde entfernt, erhebt sich eine zu den Vorbergen des Osren gehörige Bergkuppe, die, wie die ganze Umgegend, längst abgeholzt ist und jetzt nur mit verwittertem Gestein, kurzem kriechenden Brombeergestrüpp und hier und da mit Graswuchs bedeckt ist. Der Berg besteht aus dichtem Kalk; an seinem Südfuss finden sich Steinbrüche von marmorähnlichem Gefüge, aus denen vorzugsweise die Grabsteine für die Friedhöfe Serajewo's

---

*) Hierauf bezieht sich die Notiz bei Róskievicz S. 133: „Der Berg Hum in unmittelbarer Nähe der Stadt besteht wenigstens in den oberen Schichten aus Thon, die Gebirgsabfälle nördlich von Serajewo bestehen aus krystallinischem Kalk."

**) *Fumaria parviflora, Alyssum calycinum, Orlaya grandiflora, Calamintha rotundifolia, Scrophularia canina* und *Datura Stramonium*.

geholt werden. Am Nordfuss dagegen verläuft der Berg in eine muldenförmige Einsenkung, die sich östlich hinzieht und einen reichen Wieswuchs zeigt. Diese Oertlichkeit wird Grdolj genannt; die Kuppe bietet eine schöne Aussicht auf den gegenüberliegenden Trebewitj und beherrscht die ganze Stadt und Ebene von Serajewo.*) Die Einwirkung der vollen Sonnenwärme auf das kahle Gestein giebt der Flora aller dieser nach Süden streichenden Abhänge einen ganz südlichen Charakter. Der höhere Kamm, welcher sich hinter dem Grdolj hinzieht, heisst Mrkwina; sein westlicher Abfall bildet den Rand des Koschowa-Thales. Das Bett der Koschowa ist grossentheils mit Gestrüpp von Weiden, Waldreben und Schilf ,bewachsen, theilweise undurchdringlich. Zu beiden Seiten breiten sich fruchtbare Felder aus. Zwei Brücken von Stein und mehrere Stege von Holz innerhalb wie ausserhalb der Stadt dienen zum Uebergang.

Die Hauptstrasse nach Wissoko verfolgt ein hügeliges Terrain, indem sie am Westende der Stadt die Koschowa überschreitet und an deren linkem Thalrande nach der Kobilja Glawa genannten Kuppe hinauf und von da in das Bosna-Thal niedersteigt. Das ganze Koschowa-Thal bietet den Anblick eines sehr fruchtbaren, abwechselnd durch Aecker, Gärten, Wiesen und grüne Hecken gebildeten, reich bewässerten, in den tieferen Lagen fetten Humus, in den oberen Thon und Schiefer führenden Kessels. Die Hecken bestehen vorzugsweise aus Hartriegel, Massholder, Weissdorn, Kornelkirschen, Rosen und Waldreben. Die Wiesen sind kleereicher als jene am Trebewitj; die reiche Bewässerung gestattet hier die Cultur von Melonen und Pasteken. An mehreren Stellen des Thales sind in neuerer Zeit Ziegelbrennereien angelegt. Culturlos sind nur die höheren und steileren Abhänge, welche mit dornigem Gestrüpp, als Schlehdorn, Wachholder, Brombeeren und andern, bewachsen, als Weideland für die Ziegenheerden der umliegenden Ortschaften benutzt sind. Vor der

---

*) Die botanische Ausbeute ergab: *Calamintha thymifolia, Ononis Columnae, Herniaria incana, Haplophyllum patavinum, Campanula lingulata* und *Helianthemum Fumana*.

Kobilja Glawa nach Serajewo zu liegt der ganz mit Buschwerk bestandene Berg Hum und der kahle Hügel Goritza. Die Hügelreihe, welche den Nordwestrand der Ebene bildet und von der Goritza zunächst der Stadt sich bis nach Reljewo hinzieht, besteht aus einer Kette von wellenförmigen, hie und da durch Aecker, Gärten, Rinnsale von Bächen unterbrochenen zwischen 300—800' hohen Kuppen, deren Sonnenseite mit spärlichem Gebüsch bewachsen ist, während die Spitze mehrerer noch Gruppen von Nadel- und Laubwald bewahrt hat.

Längs dieser Hügel zieht sich in der Richtung auf Wissoko eine im Jahre 1864 gebaute Fahrstrasse hin. Die Miljatzka links lassend, trifft sie auf die Bosna bei dem Dörfchen Reljewo und läuft dann am rechten Bosna-Ufer nordwärts um die Kobilja Glawa herum. An diesem Punkte verengert sich das Thal der Bosna, nachdem dieselbe bis dahin in einem breiten Wiesenbette die Ebene durchschnitten hat. Namentlich treten die Hügel am linken Ufer dicht an das Flussbett heran. Auf dasselbe hinüber führt eine lange hölzerne Brücke; der Uferrand ist zu beiden Seiten mit Weiden und Erlengebüsch besetzt. Der allgemeine Charakter der Vegetation ist von dem der übrigen Hügelränder der Ebene nicht verschieden. Lichtes, kurzes Gebüsch, kümmerlich wachsend, weil es jahraus jahrein von den Ziegen- und Rindviehheerden des Dorfes abgefressen wird, wechselt mit kurzem dürftigen Graswuchs ab. Die Hügel erheben sich terrassenförmig 500 bis 600' hoch.*)

Am rechten Bosna-Ufer bei Reljewo, ¼ Stunde unterhalb der Brücke, steht eine Gruppe mächtiger Weisspappeln, deren Schatten alljährlich zur Erntezeit das Ziel einer Landpartie für die Serajewoer Gesellschaft zu sein pflegt. Wiesen und Felder ziehen sich bis an den Uferrand der Bosna, deren Bett zu beiden Seiten mit Buschwerk von Weiden, Weisspappeln, Schneeballen und anderen besetzt ist. Ein Feldweg führt vom Dorfe Dwor (d. i. Hof) durch Hirse- und Mais-

---

*) Auf einzelnen Grasflecken fand ich hier: *Orchis Morio, Orchis mascula, Orchis simia, Polygala comosa* und *hospita* und andere.

Pflanzungen, Kürbis- und Bohnenbeete nach der genannten Baumgruppe. Eine Viertelstunde stromabwärts geht die Strasse nach Wissoko hart an die Bosna heran, welche dort ein 150 Schritt breites, flaches und kiesiges Bett bildet, dessen Ufer sich besonders auf der rechten Seite in terrassenförmigen Hügeln bis zur Kobilja Glawa hinauf thürmen.*) Die Strasse zieht sich dann in fortwährenden Wellenlinien bis zur Vereinigung mit derjenigen, welche über die Kobilja Glawa läuft, nahe dem Einflusse des Wogoschtscha-Baches in die Bosna herum, welcher etwa $2\frac{1}{2}$ Stunde von Serajewo entfernt liegt. Der Blick in das Wogoschtscha-Thal hinein, welches in einem grossen Bogen von Norden herkommt, zeigt im oberen Laufe am rechten Ufer eigenthümlich gruppirte und geschichtete Felsen, die einen eigenen Ausflug verdienen, aber zu Wagen nicht zu erreichen sind. Die untere Thal-Hälfte ist eine recht gesegnete Aue, deren reiche Ernte und Wohlstand verrathende Anpflanzungen einen wohlthuenden Eindruck hinterlassen.

Die Ebene von der eben erwähnten untern Bosna-Brücke bis zu der oberen zwischen Ilidscha und Blažuj ist ganz flach, von den Nebenflüssen der Bosna und häufigen Gräben durchschnitten, meist Ackerland, hin und wieder Wiesen, von Hecken und Rainen unterbrochen.

Ilidscha am linken Ufer der Željesnitza verdankt seinen Namen den warmen Schwefelquellen, welche hier dicht am linken Ufer des genannten Flüsschens entspringen und von den Eingeborenen und den Patienten des dortigen Militär-Hospitals als Heilbäder benutzt werden. Auf die Vegetation scheinen diese Quellen einen besonderen Einfluss nicht auszuüben; die Ränder des Rinnsals, in welchem die Quelle nach der Željesnitza abläuft, zeigen dieselbe Flora wie die Umgebung der süssen Quellen in der Nähe. Das rechte Željesnitza-Ufer ist hier behufs der Bewässerung der anliegenden Wiesen von zahlreichen Gräben durchschnitten.**)

---

*) Ich fand hier unter andern: *Dictamnus albus*, *Veronica latifolia*, *Lycopus exaltatus* und *Digitalis ferruginea*.

**) An ihren feuchten Rändern und in dem theilweise stagnirenden

Ein merkwürdiges Stück Land in der Ebene ist ein Complex von Aeckern und Wiesen von ca. 4 Hufen im Umfang, welchen der Gouverneur Osman Pascha von den herabgekommenen Erben einer alten bosnischen Familie um den Spottpreis von 75,000 Piastern (kaum 4000 Thaler) gekauft hat. Das Land hat mit geringer Ausnahme 8—10 Jahre brach gelegen; die Wiesen sind theils versandet, theils versumpft. Auffallender Weise findet sich hier die dalmatinische *Scilla pratensis,* wie gegenüber auf den Hügeln von Blažuj der ebenfalls bisher für dalmatinisch gehaltene, aber auch sonst in Bosnien verbreitete *Ranunculus millefoliatus.*

Die Vorberge des Igman bei Blažuj, welche die Ebene abschliessen, laufen westlich nach dem Zujewina-Thal ab, in welchem der Weg nach Mostar kurz hinter der Zujewina-Brücke sich von der Broder Strasse abzweigt. Schmale Hirtenpfade, die sich oft im Gebüsch verlieren, führen hier schlängelnd längs den sanft einfallenden Hügeln den Igman hinan. Kleine Waldbäche bilden feuchte Gründe und berieseln Bergwiesen, in deren üppigem Grase zahlreiche Reptilien, Ringelnattern und gemeine Vipern sich aufhalten. Das dichte Gestrüpp erlaubt nicht überall freien Durchgang und es birgt sich in seinem Schatten manche seltene Pflanze. *) Am äussersten Vorsprunge des Igman, eine Viertelstunde vor Blažuj, wo der Weg nach den Bosna-Quellen von der Hauptstrasse abbiegt, wendet sich diese, welche in ihrem weiteren Verlauf nach Brod später geschildert werden soll, in einem nördlichen Bogen nach Rakowitza zu, einem Dörfchen, hinter welchem das Kobilja-Glawa-Gebirge die Grenze des Kreises Serajewo und den natürlichen Abschluss der Ebene Serajewsko Polje bildet.

Wasser der Umgebung finden sich *Iris pseudacorus, Veratrum album, Lysimachia vulgaris, Typha angustifolia, Alisma Plantago, Nasturtium lippicense* (überhaupt um Serajewo gemein) und andere.

*) *Iris variegata, Aceras hircinum, Chrysanthemum macrophyllum* und *corymbosum, Adoxa moschatellina, Lysimachia punctata,* und als eine Seltenheit auf dem höchsten Plateau des Igman das zuerst von Visiani beschriebene *Eryngium palmatum.*

II.
Von Serajewo nach Konjitza und Mostar.

Im Vertrauen auf die Richtigkeit der Rośkiewicz'schen Karte, wenigstens für die nähere Umgebung von Serajewo, hatte ich sie in meiner Skizze des Ausfluges nach Foinitza und Rama*) zur Ausfüllung der Hauptstrasse von Konjitza bis Serajewo, die ich zur Nachtzeit zurückgelegt hatte, benutzt. Bei den mannigfachen Zweifeln jedoch, die mir gegen jene Autorität aufgestossen waren, nahm ich auf späteren Ausflügen in diese Gegend Anlass zur genaueren topographischen Beobachtung. Ich schlug zu diesem Zweck den Weg über Blažuj nach Tartschin ein, d. i. die Poststrasse nach Mostar, deren erstes Relais 5 Stunden weit bei dem Dorfe Pazaritj sich befindet. Dabei ergab sich denn nun einmal, dass der von Rośkiewicz verzeichnete Berg zwischen Dubowtze und Pazaritj überhaupt nicht existirt, vielmehr die Zujewina, an deren rechtem Ufer Dubowtze und die Fahrstrasse dort liegt, derselbe Fluss ist, an welchem auch Pazaritj liegt, sodann, dass die Strasse in eben diesem Thal der Zujewina hart am Rande des Flusses, welchen sie dreimal überschreitet hinläuft; endlich dass überhaupt die ganze Zeichnung der Partie mit vielen Fehlern, zu denen z. B. der Ortsname Haidrisch statt Hadžitj gehört, aus der alten Ausgabe der Kiepert'schen Karte ungenau copirt ist.

---

*) Berliner Zeitschrift für allgemeine Erdkunde, Band II. 1867.

Das Thal öffnet sich hinter Blažuj in einer Breite von etwa einer halben Stunde; hinter Dubowtze erst rücken die Berge dichter zusammen und sind hier mit Buschwald bald dichter, bald lichter bewachsen; den Hintergrund bildet der hohe und kahle Stock der Hranitzawa-Planina. Hinter Pazaritj, welches in einer Ebene liegt, die von wellenförmigen Hügeln durchsetzt ist, führt die alte Strasse über einen in das Thal der Kortscha bei Tartschin steil abfallenden Berg, während der neue Weg rechts um denselben herum in einer Mulde zwischen schön bewaldeten Hügeln sich hinzieht.*)

Am 17. Mai 1869 bestieg ich von Pazaritj aus die Hranitzawa-Alpe. Von Pazaritj führen zwei Hauptwege nach dem Gebirge, der eine links in östlichem Bogen nach dem Mittelstock, welcher im engeren Sinne Bjelaschnitza heisst; der andere in fast ganz südlicher Richtung auf den westlichen Flügel desselben, der den speciellen Namen Hranitzawa führt. Wir wählten letzteren für den Hinweg, ersteren für den Rückweg. Nachdem man nächst dem Dorfe Pazaritj eine kurze Strecke lang durch Wiesen und Aecker gegangen ist, steigt man sanft Hügel mit Buschwerk (vorwiegend Haselnüssen) hinan, an deren grasigen Abhängen grosse Mengen von *Orchis sambucina* (gelb und purpurn) hervortraten. Nach einer Stunde Wegs werden allmälig Busch und Wald dichter: Tannen und Buchen in bunter Schattirung geben auf stundenlange Strecken der mittleren Region des Gebirges ein freundliches Ansehn.**) Ohne Weg und Steg kletterten wir den steilen Abhang, den tiefe Lauberde bedeckte,

---

*) Die fetten Wiesen zu beiden Seiten der Kortscha, besonders aber das Gehölz am rechten Ufer der Zujevina oberhalb von Dubowtze, gewährten eine reiche Ausbeute an Pflanzen, z. B.: *Linum hologynum, Orchis maculata* var. *ochrantha, Orchis incarnata, Scutellaria altissima, Orobus niger* und *Dianthus deltoïdes*.

**) Am unteren Rande dieser Waldregion herrschen als charakteristische Pflanzen vor: *Dentaria bulbifera, Asperula odorata, Stellularia nemorum, Luzula silvatica, Veronica urticifolia, Doronicum cordatum* und *Dentaria trifolia*; von Sträuchern: *Crataegus monogynus, Lonicera nigra* und *L. Xylosteum* und *Frangula alnus*; *Fraxinus ornus* bildet schöne schlanke Bäume in vollster Blüthenpracht.

hinauf, durchschnitten in der zweiten Stunde das Bett eines Sturzbaches voll schieferigen Gesteins*) und fanden von da aufwärts namentlich den unsern Jägern als Zukost sehr willkommenen Bärenlauch, *Allium ursinum.* Im Uebrigen glich die Vegetation dieser Region derjenigen, welche den Igman in seinen höchsten Theilen bedeckt. Wir mochten so ungefähr bis zu einer Meereshöhe von 4000' gestiegen sein, als wir eine wesentliche Veränderung in der Bodenformation fanden. Die Humusschicht wurde dünner, der Boden steiniger, der Baumwuchs kärglicher, so dass wir durch den Wald hindurch die schneebedeckten Spitzen blinken sahen. Der Weg fing an in kurzen Zickzacklinien steiler bergan zu führen, war jedoch betretener als weiter unten, weil die Fusspfade von den verschiedenen Theilen des Berges, auf denen das Vieh zu den Alpen hinaufgetrieben wird, hier zusammenlaufen. Eine Biegung des Pfades führt auf einen Vorsprung der Alpe, welcher fast unbewachsen ist und wie eine Warte weit ins Land hinauslugt.**)

Etwa hundert Schritte weiter trafen wir auf die ersten Schneeflecken, auf welche sich unsere Führer gierig stürzten, um die trockenen Lippen anzufeuchten, da auf dem ganzen Wege bisher nicht ein Tropfen Wasser zu finden gewesen war. Die ersten Schneeflecken waren noch leicht zu umgehen, es dauerte aber nicht lange, so kamen wir an die Grenze der Vegetation, wo der Weg sich mühsam zwischen verkümmerten Buchen und Legföhren hindurchwand und noch so viel Schnee lag, dass wir quer darüber hinsteigen mussten. Wir sanken dabei stellenweise bis über die Knie hinein.***) Nahe dem Gipfel des Berges, nach vierstündigem Steigen von Pazaritj

---

*) *Petasites* und *Tussilago, Valeriana tripteris* und *montana* und *Cirsium pauciflorum.*

**) An diesem Punkte fanden sich nahe beisammen: *Erica carnea* in vollster Blüthe, *Gentiana excisa* und *Ranunculus montanus.*

***) Am Rande dieser Schneeflächen war besonders *Soldanella alpina* häufig. Die dazwischenliegenden schon vom Schnee entblössten Abhänge und Wiesen waren mit zahlreichen Exemplaren von *Primula elatior* bewachsen. Ebenda standen viele *Crocus vernus* und *Anemone nemorosa* in Blüthe.

aus, kamen wir auf ein kleines Plateau, das, rings von Felsen umschlossen, einen willkommenen Schutz gegen den Wind bot, der sich inzwischen erhoben hatte.*)

Nach einer guten halben Stunde erreichten wir, als gerade die Sonne im Mittag stand, die höchste oder wenigstens eine der höchsten Kuppen der Hranitzawa und genossen von da, da der Buschwald etwa 200 Schritt unter der Spitze aufhört, einen prächtigen Umblick. Der Igman erschien wie ein kleines Vorgebirge zu unsern Füssen. Der Trebewitj, die Romanja und etwas rechts von letzterer ein grosses plumpes Gebirge in weiterer Entfernung begrenzten den Horizont im Osten, die Mrkwina und Wutschjaluka im Nordosten; der Lissin im Westen und die Wrstnitza im Südwesten waren die hervorragendsten Punkte. Der Gebirgskamm, auf welchem wir uns befanden, gestattete eine freie Aussicht nach Südosten nicht, weil noch höhere Spitzen davor lagen. Soweit es sich übersehen liess, besteht das Gebirge aus drei Theilen: dem westlichen, Hranitzawa, dem südöstlichen, Wlahina genannt, und der Verbindungskette zwischen beiden, welche den eigentlichen Namen Bjelaschnitza führt und sich in einem nach Nordosten geöffneten Halbkreise hinzieht.**)

Für den Rückweg schlugen die Führer vor, einen andern Pfad zu wählen als den, welchen wir gekommen waren. Oestlich von dem oben erwähnten Plateau zieht sich eine tiefe Schlucht hin, die in der Richtung auf Pazaritj zu verlaufen schien. Ein Versuch in dieselbe längs ihrem linken Thalrande hineinzusteigen misslang, weil der Schnee stellenweise noch Klafter tief lag; wir mussten daher einen zweistündigen Umweg längs des ganzen Bogens der Bjelaschnitza hoch am Rande der Schlucht machen, um auf deren rechte Lehne zu gelangen. Hier führte der Weg theils über steinige schwach bewachsene

---

*) Die Sonnenseite dieser Felsen war mit zahlreichen Exemplaren von *Draba aizoides* bekleidet. Der Bergkessel bildet in der Mitte eine schöne frischgrüne Wiese, auf welcher *Gentiana verna* und die niedliche *Gagea minima*, und dem Felsenrande näher *Plantago montana* blühten.

**) Auf der Kuppe, wo wir standen, blühten nur wenige Pflanzen: *Thlaspi praecox, Carex sempervirens* v. *laevis* und die seltene *Veronica saturejoides* Vis.

Abhänge, theils über Alpenwiesen und an verfallenen Sennhütten vorüber, zunächst an eine Lache von Schneewasser, um welche herum sich eine üppige Vegetation breitete.*)

Eine Stunde weiter gelangten wir aus dem Gewirre dieses Winkels auf den hohen Nordrand der Bjelaschnitza von wo aus Serajewo hätte sichtbar sein sollen, wenn nicht die ganze nördliche Hälfte des Horizonts in Regen gehüllt gewesen wäre. Wir überschritten sonach den Rücken, der die rechte Flanke der oben erwähnten Schlucht bildet, liessen dann rechts hinter uns das Wlahina-Gebirge, trafen zwei Stunden vor Pazaritj endlich auf eine spärliche Quelle von Trinkwasser, die einzige, die wir auf diesem wasserarmen Gebirge getroffen hatten, und stiegen von da auf einem ziemlich betretenen Wege nach Pazaritj hinunter, wo wir um $4\frac{3}{4}$ anlangten. Diese letzte Strecke war die schönste des ganzen Tages. Ein schattiger Wald, zuerst aus Tannen, dann mit Laubhölzern, als Buchen, Ahorn, Manna-Eschen gemischt, dazwischen ein buntfarbiges und mannigfaltiges Unterholz von Loniceren, Frangula-Arten, Aronia, Cotoneaster und Eichen führte uns nach abermals einer Stunde an eine wunderschöne Felspartie, an deren Fusse grosse Mengen prächtiger Büsche von *Lunaria rediviva* prangten.**)

Das Dorf Pazaritj selbst liegt auf hügeligem Terrain weit zerstreut links und rechts der Strasse. Die Bäche dieser Thalmulde gehen alle zur Zujewina, zur Lepenitza gehören dagegen die Gewässer um Tartschin. Eine halbe Stunde jenseit Tartschin steigt die Strasse die Iwan-Planina hinauf, eine Einsattelung zwischen dem Bitownja- und Bjelaschnitza-Gebirge, auf deren Höhe in einer flachen Mulde der Han und das Dörfchen Bradina zwei Stunden von Tartschin liegen. Der Strassenzug hat wegen ungünstiger Beschaffenheit des Terrains und der jährlichen Beschädiguugen durch das Hoch-

---

*) *Primula, Crocus, Anemone, Doronicum cordatum* und *Rumex alpinus*.

**) In derselben Gegend fanden wir: *Mercurialis perennis, Allium ursinum, Asperula odorata, Dentaria enneaphyllos, Heliosperma quadrifida, Cephalanthera Xiphophyllum, Spiraea ulmifolia, Actaea spicata, Aruncus silvestris, Ruscus hypoglossum, Vicia oroboides*.

wasser so häufig verlegt werden müssen, dass vom Iwan-Han nach Bradina Wege und Stege in den verschiedensten Richtungen führen. Die grosse Feuchtigkeit des Bodens trägt zum Gedeihen des üppigen Waldes von Eichen, Buchen und Ahorn bei.

Von Bradina abwärts führt die erträglich fahrbare neue Kunststrasse, an der zur Verbindung von Serajewo mit Mostar seit einer Reihe von Jahren gebaut wird, am rechten Ufer des Baches Bradin-Potok, allen seinen Windungen folgend, und sodann denjenigen der ihn aufnehmenden, aus einem Thale von links kommenden Teschanitza die bei Konjitza in die Narenta mündet. Der Abstieg nimmt 3, der Aufstieg in umgekehrter Richtung 4¼ Stunde in Anspruch.*)

Bei Konjitza wird die Sohle des Neretwa-(Narenta-)Thales erreicht und der Strom auf einer schönen steinernen Brücke, welche im Jahre 988 von dem serbischen König Hwalimir erbaut worden ist**), überschritten. Die Vorstadt am rechten Brückenkopf heisst wie der Fluss Neretwa; jenseits liegt der eigentliche Flecken Konjitza, berühmt durch seine Wein- und Obstcultur.

Im Narenta-Thale abwärts, auf deren linkem Ufer, wird an einer Strasse gebaut, die bisher noch nicht in fahrbarem

---

*) Die Flora dieses Thales hat vieles eigenthümliche und zeigt einen merklichen Contrast gegen die Nordabhänge desselben Gebirges. Unter den Waldbäumen fällt die Linde mit den unterseits weisslichen Blättern *Tilia argentea platyphyllos* und in grossen Mengen, ursprünglich wohl angepflanzt, *Castanea sativa* und *Juglans regia* auf; am Waldrande häufig *Trifolium patulum* Tausch., *Vicia grandiflora, Moenchia mantica, Silene armeria,* selten *Linum nervosum* W. K. an Felspartien *Colutea arborescens, Anthemis tinctoria, Buphthalmum salicifolium, Centaurea deusta.* Ein besonders interessanter Punkt in botanischer Hinsicht ist eine Stunde vor Konjitza, wo der Weg auf das linke Teschanitza-Ufer hinüber geht, ein schroffer, mit Kalkschutt übersäeter Abhang, wo ich *Aethionema saxatile, Vincetoxicum album, Onosma stellulatum, Globularia cordifolia, Scabiosa graminifolia, Athamante Matthioli, Jurinea mollis* und *Allium carinatum* beisammen fand und ausserdem ein neues *Alyssum* mit silbergrauen Blättern entdeckte, welches später O. von Möllendorff vollständiger sammelte, zu dessen Ehre es Ascherson *Alyssum Moellendorffianum* benannt hat.

**) Dufresne Illyr. Vet. p. 44.

Zustande ist. Sie führt nach drei Viertelstunden an dem Dörfchen Tschelebitj, nach einer ferneren Stunde an einer alten griechischen Kirche gegenüber dem ansehnlichen muhamedanischen Dorf Lisitschitj vorbei*) nach Ostraschatz und ferner Papraschka, 3 Stunden von Konjitza, verlässt hier die Narenta und übersteigt einen Ausläufer des Prenj-Gebirges, der durch zwei nordwestlich streichende Thäler getheilt ist, vorzugsweise aus Thonschiefer besteht und als Standort von *Chamaepeuce stricta*, einer Pflanze der östlichen Mittelmeerflora bemerkenswerth ist. Jenseit der Höhe fällt links von der durch Weingärten laufenden Strasse ein tiefes Thal, von hohen Klippen überragt, ein und mündet bei Gornja (Ober-) Jablanitza in die Narenta, über welche dicht davor eine bei niedrigem Wasserstand genügende Holzbrücke führt und ein neuer Kunstbau von Quadern noch in Arbeit begriffen ist. — Auf dem rechten Narenta-Ufer geht es nun weiter bis nach Donja (Unter-)Jablanitza, durch eine 1½ Stunden lange, enge Schlucht von hohen Felsen, in die die Strasse theilweise eingesprengt ist.**) Bei Unter-Jablanitza setzt man vermittelst einer Fähre auf's andere Ufer hinüber, längs welchem in etwas grösserer Entfernung vom Strome die Strasse bald steigend, bald fallend nun sich fortsetzt. Ein stundenlanger Buschwald, in welchem *Cytisus ramentaceus* dominirt und *Paliurus aculeatus* versprengt vorkommt, geleitet nach Grabowitza, dessen zerstreute Häuser und Fluren eine Erweiterung des Thalbeckens, gegenüber dem tief eingeschnittenen Bett der wilden Grabowitza, füllen.***) Eine ausgezeichnete Felsenpartie ist 1¼ Stunden weiter abwärts der sogenannte schwarze Born (türk. Kara Kainak, serb. Tzrno Wrelo). In einer mehrere Klafter tiefen, geräumigen

---

*) *Convolvulus cantabrica, Haplophyllum, patavinum, Satureja montana v. Blavii.*
**) *Inula candida* und *Salvia officinalis*.
***) Auf einer Wiese fand ich hier *Myrrhis colorata*, eine dalmatinische Charakterpflanze; am Rande des Buschwaldes: *Campanula bononiensis, Cyclamen neapolitanum, Convolvulus cantabrica, Teucrium Arduini* und *T. polium, Centaurea amara, Linum tenuifolium;* auch wird von hier ab *Rubus amoenus* mit leuchtend hellrothen Blüthen häufiger.

Höhle quillt ein klares Wasser, das im Wiederschein des rings herabhängenden, spannenlangen Mooses *Cinclidotus aquaticus* tief dunkelgrün aussieht und im Hintergrunde der Höhle einen kleinen See bildet, welcher bei hohem Wasserstand über den Rand der Grotte austritt und in rauschenden Cascaden zur Narenta abfliesst. Ueber dem Eingang thürmen sich wohl tausend Fuss hohe Felsen auf.*) Die Landschaft nimmt immer mehr ein südliches Gepräge an; die Häuser sind durchgängig schon seit Jablanitza, zum Theil schon in Konjitza mit Steinplatten gedeckt; die Culturen von *Sorghum sacharatum* und *halepense*, die Pflanzungen und das verwilderte Vorkomkommen von Feigen und Granaten sind dem heisseren Klima entsprechend. Nach der Einmündung der Bjela, über welche eine neue steinerne Brücke führt, öffnet sich das Thal der Narenta allmählig, halbwegs zwischen Jablanitza und Mostar (je 4½ Stunde) und erweitert sich nach einer Stunde zu der fast horizontalen Ebene von Mostar, deren Vegetationscharakter eine grosse Zahl von mir und Möllendorff gesammelter Pflanzen als dem dalmatinischen nächst verwandt erweisen.**) Die Strasse von Bjela bis Mostar ist eine solide, ausgebaute Chaussee. Von der Ebene selbst geht die Sage, dass sie ehemals ein See gewesen sei, und man behauptet, dass rings an den Bergen sich hin und wieder noch eiserne Ringe in die Felsen gefügt finden, die zum Anbinden der Kähne gedient haben sollen. Ich möchte hiermit in Verbindung die Angaben des Skylax***) bringen, welche jedenfalls sehr grosse territoriale Veränderungen dieser Gegend voraussetzen und wonach die Narenta 80 Stadien oberhalb ihrer breiten Mündung aus einem weiten See heraustrat, in dessen Mitte eine 120 Stadien lange Insel Platz hatte. Ein Rest

---

*) An ihnen sammelte ich *Chrysanthemum cinerariifolium Vis.* (Insektenpulverkraut), *Moltkea petraea, Euphorbia spinosa* als die ausgezeichneten Species einer überraschend schönen Flora. Von Bäumen ist von hier an abwärts *Celtis Australis* häufig.

**) *Clematis flammula, Asparagus acutifolius, Inula candida, Carlina corymbosa, Tunica glumacea, Clematis viticella, Ruta divaricata.*

***) Scyl. peripl. § 24 (Geogr. Min. I, p. 30).

dieses See's ist vielleicht das heutige Mostarsko Blato, dessen Niveau, höher als das der Ebene, selbst in wasserarmen Jahren einen meilenlangen Sumpf bildet, der durch die Jassenitza nach der Ebene durchsickert.

Ich besuchte am 24. September 1868 diese Gegend auf einem Ritt nach dem erst 1845 neu erbauten Franziskanerkloster Schiroki Brjeg c. 4 St. von Mostar.*) Von Sehenswürdigkeiten auf dem Wege dahin verdienen besonders erwähnt zu werden die grossen Grabsteine in der Nähe von Scharampow am Westrande des Blato, die vielleicht Denkmäler der ostgothischen Herrschaft in dieser Gegend sind. Die meisten sind mit Sculpturen versehen, einer derselben enthielt auf einem schildförmigen Medaillon die untenstehende Verzierung.

*) Ich sammelte bei der Gelegenheit unter andern *Gratiola officinalis*, *Chlora perfoliata*, *Succisa inflexa*, *Abutilon Avicennae*. Möllendorff, der im Jahre 1871 dort war, brachte noch *Heliotropium supinum* mit.

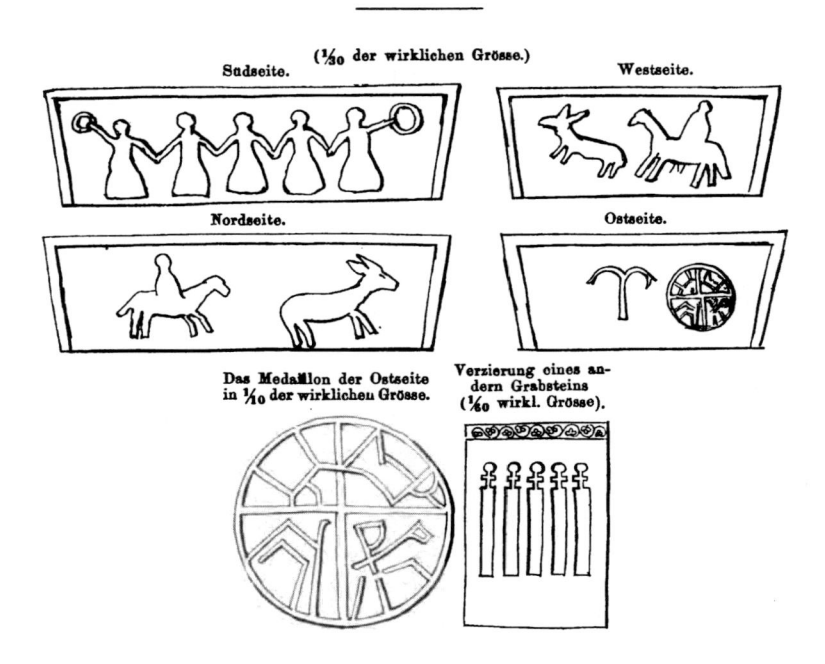

III.

Von Serajewo über Konjitza und Borke nach Mostar.

Die Reise von Serajewo nach Mostar auf der gewöhnlichen Poststrasse habe ich wiederholt, zuerst im Mai 1861, dann im Juni 1871 und in umgekehrter Richtung im September 1868 gemacht.

Eine sehr eingehende topographische Schilderung des Weges findet sich in einer bosnischen Zeitung „Bosanski Wjestnik" No. 3—8 v. J. 1866 gedruckt, die ich im folgenden zur Vervollständigung meiner eigenen Beobachtungen im Auszuge um so lieber wiedergebe, als die Orthographie der Namen von einem Landeseingeborenen herrührt.

Zuerst fällt diese Poststrasse mit der Heerstrasse zusammen, welche das Serajewsko Polje in O.-W. Richtung durchschneidet, und von Omer Pascha 1858 angelegt ist, aber im Jahre 1861 noch so mangelhaft war, dass man meist in Koth und Wasserrinnen durch die Ebene ritt. Nachdem man bei dem Schwefelbad Ilidža eine Brücke über das Flüsschen Željeznitza, welche bis zu ihrer Zerstörung durch Hochwasser um Weihnachten 1870 aus fünf steinernen Bogen bestand, und seitdem in Holzbau hergestellt ist, und ¼ Stunde später die Bosna etwa 1000 Schritte unterhalb ihrer Quelle passirt hat, biegt man, 3 Stunden von Serajewo, am Fusse des Igman mehr nördlich in eine zweite Thalebene, durch die an den Rändern der Hügel hin die Brooder Hauptstrasse nordwärts nach der Kobilja Glawa läuft. Bei einem Han, der zu der Gemeinde Blažuj gehört, biegt der Weg nach Mostar links ab, und zwar der kürzere Reitweg auf dem rechten Ufer des Zujewina-Flüsschens, und der Fahrweg auf deren linkes mittels einer Holzbrücke hinübergehend. Das Thal der Zujewina, die bei Ossjek im Serajewsko Polje in die Bosna mündete, öffnet sich von SW. nach NO., zu beiden Seiten von bewaldeten Hügelketten begleitet.*) Zur Rechten bleibt Wukotina**), ein weit zerstreutes Dorf, zur linken in ¼ stündiger Entfernung Pjewatz, eine Kula (Burg) der Familie Uzunija. Bei dem Weiler Hadžitj führt eine zweite Holzbrücke wieder auf das andere Ufer der Zujewina über; bis nach Dubowatz oder Dubowtze mit einer ehemals berühmten, jetzt aber eingegangenen Gewehrfabrik, bleibt man auf dem rechten und geht dann 10 Minuten oberhalb des Hans wieder auf das linke Ufer zurück. Ein Fusweg quer über das Igmangebirge und nahe dem Dorf Kasatitj laufend mündet bei diesem Han in die Hauptstrasse. Aufwärts von da verengt sich das Thal zu einem Engpasse, den zur Linken das Dubowogebirge, zur Rechten der Gradatz, ein kühn geformter in Höhlen und überragende Klippen zerklüfteter Felsstock bildet.***) Das Dorf Gradatz liegt seitwärts, rechts der Strasse in einen Winkel gedrückt. Nach einer halben Stunde öffnet sich mit einer halbbogenförmigen Krümmung das Thal, welchem hier von SSO. der Bach Krupatz zufliesst, und es breitet sich rings von malerischen Bergen umschlossen der Thalkessel von Pazaritj aus, an dessen Westrande, ½ Stunde von der Strasse und dem Han, das wohlgebaute Dorf gleichen Namens liegt, rings von Ackerfluren umgeben. Am Südrande schiebt sich quer vor den Ein-

---

*) Die Lichtungen massenhaft mit *Artemisia Absinthium* und *Digitalis ambigua* bestanden; auch *Veratrum album*, *Inula hirta*, *Dipsacus silvester* und *laciniatus* sind häufig am Rande des Weges.

**) An derselben Stelle ist Malotina in der beigegebenen Karte vom Consul Sax bezeichnet.

***) An seinen Wänden und Abhängen fand ich *Asperugo procumbens*, *Lavatera thuringiaca*, *Salvia glutinosa*, *Scutellaria altissima*, *Viola mirabilis* u. a.

gang des Thales der Bergrücken Wilowatz, den die neue Strasse umgeht, die alte aber überschreitet und an dessen jenseitigem Fusse, unmittelbar am Abstieg Tartschin mit einem als letzte Station für Fuhrwerke bekannten grossen Han gelegen ist. In neuester Zeit ist die Fahrstrasse noch ³/₄ Stunden weiter geführt bis zum Iwan-Han und stellenweise über die Iwan-Planina hinweg. Hinter Tartschin überschreitet man das Flüsschen Gortscha, an dessen oberem Lauf ein gleichnamiges, von Christen und Muhamedanern bewohntes Dorf liegt. Links behält man ein grosses hohes Gebirge in Sicht, das sich an die Bjelaschtitza anschliesst, und sich 6200' über dem Meere erhebt, so dass selbst im Juni noch seine Spitzen mit Schnee bedeckt sind. Es heisst Radobolje oder Hranitzawa; ein Weg dahin führt vom Fuss der Iwan-Planina links ab. Die Hauptstrasse nach Konjitza zu schlängelt sich über die Iwan-Planina in vielfachen Windungen; die vielen Quellen des Gebirges verursachen oft tiefe Kothlachen, in denen man bis an's Knie einsinkt, und wegen deren die jetzt gebaute Kunststrasse alljährliche Verlegungen und Veränderungen erheischt. Auf der Höhe des Bergrückens angelangt hat man eine doppelte Einsattelung vor sich, in der zu beiden Seiten eine Gruppe von etwa 20 Häusern und Hans liegt, die Bradina heisst. Jenseit der südöstlichen Einsattelung erhebt sich eine höhere Fortsetzung der Iwan-Planina, die, wie ein gleichnamiger Han, Oraschatz heisst. Ueber diesen lief sonst die alte Strasse, die aber wegen der Schwierigkeit des schroffen Abstiegs in das Narentathal verlassen worden ist. Die jetzige Strasse durchschneidet den westlichen Sattel, der eine Wasserscheide zwischen den südlich nach der Narenta und nördlich nach der Sau zu fliessenden Bächen bildet. Bald hinter dem letzten Han von Bradina tritt man in das Thal eines in eine tiefe Schlucht hinabstürzenden Bergwassers, das mit einem andern, von links einmündenden zusammen den Treschanitza-*) Bach bildet und zu beiden

---

*) Teschanitza nach der Vulgär-Aussprache im Schem. Herzeg. 1867 S. 125.

Seiten mit schönen Waldungen aus Eichen, Buchen und Silberlinden besetzt ist; hoch am Rande der Schlucht zieht sich die Strasse allen Windungen folgend 2 Stunden lang allmälig abwärts; zur Hälfte des Weges öffnet sich ein herrlicher Blick auf das Narentathal mit den gegenüberliegenden Gebirgen; die heisse südliche Sonne bedingt an diesem Abstieg einen andern Vegetationscharakter, den namentlich Kastanienpflanzungen bezeichnen. In der Thalsohle der Treschanitza unterhalb des Zusammenflusses ihrer beiden Quellbäche liegen mehrere Mahl- und eine Walkmühle. Der Thalrand besteht aus feinem Kalkschutt, dessen eigenthümliche Vegetation schon erwähnt wurde. Nach etwa 1¼stündigem Lauf von da ab mündet der Fluss, den die Strasse zweimal überschreitet, in die Narenta nahe der Doppelstadt Konjitza, deren zwei Theile, Neretwa am rechten, und das eigentliche Konjitza (auch Konjitj) am linken Ufer durch eine steinerne Brücke verbunden sind; erstere bewohnen vorzugsweise Christen, letztere ausschliesslich Muhamedaner. Das türkische Quartier ist sehr verfallen; der früher bedeutende Handel liegt darnieder und beschränkt sich auf die Ausfuhr von dem Wein und Obst der Umgegend und die Fabrikation von Pferdedecken. Die Meereshöhe der Ortslage wird auf 1200' angenommen. Die Narenta ist hier ziemlich breit, aber flach; das Bett voller Steine und Geröll, zwischen welchem sich zahlreiche Forellen finden; erst unterhalb Konjitza vertieft sich das Bett soweit, dass man auf flachen Kähnen darüber fahren kann.

Der Reitweg nach Mostar führt Anfangs ½ Stunde am linken Ufer der Narenta stromaufwärts bis zur Einmündung des Bjela-Baches, geht über diesen hinüber und herüber, und den schroffen, ebenfalls Bjelo geheissenen Vorsprung des Wrabatz-Gebirges hinauf in tief eingeschnittenen Zickzacklinien, zwischen Hochwald, Buschwerk und felsigen Lichtungen[*]) eine volle Stunde weit; auf der Hälfte des Weges ein vereinsamter türkischer Wachtposten. Der Blick in's

---

[*]) *Centaurea axillaris, Polygala Nicaeensis, Phyteuma orbiculare, Aquilegia vulgaris, Asperula arvensis, Aethionema saxatile, Cardamine copaonicensis.*

Bjelathal von da aus begegnet an mehreren Punkten Resten alter, anscheinend weitläuftiger Baulichkeiten oder Steinbrüchen, die durch das Waldesgrün schimmern.*)

Nachdem man ein kleines Seitenthal, welches den Bjelo vom Wrabatz trennt, (dessen Höhe bei Roskiewicz mit 6600 Fuss zu hoch geschätzt erscheint), durchschnitten, gelangt man auf die Hochebene Borke, die sich fast 2 Stunden lang, rings umkränzt von theils waldigen, theils kahlen Bergen hinstreckt. Sie ist ziemlich gut angebaut und mit mehreren Gruppen von Bauernhäusern und Hans besiedelt, welche in der Regel die zweite Nachtstation der von Serajewo kommenden Reisenden bildet.**) Nach Aussage des Handži, welche der Berichterstatter des „Bosanski Wjestnik" bestätigt, befinden sich ¼ Stunde entfernt von diesem Han mehrere von Menschenhand vollendete Höhlen, die für römische Grabstätten gelten. Auch sollen in der Nähe ein paar grosse 4 Fuss hohe pyramidenförmige Grabsteine existiren, an deren Façaden Reste von Schriftzügen, aber bis zur Unleserlichkeit verwittert, erkennbar seien, welche vom Volke den Grk (Griechen) zugeschrieben werden.***)

Zehn Minuten jenseit des Hans schliessen von beiden Seiten Felsgruppen, die sich allmälig aus den Gebirgen hervorziehen, die Hochebene ab und bilden eine Kluft, an deren

---

*) „Fert traditio in Biela Caesarem Diocletianum caulas animalium ferocium habuisse; interque multa ibidem aedificiorum extantia rudera, putant incolae quaedam insigniora ecclesiam fuisse. Ex lapidibus sectis qui quondam in Biela aedificia constituebant, vulgo putant pontem constructum esse. Montes undique Biela circumcingentes animalibus silvestribus sunt abundantes: item ferri metallis, quin et auri in loco Zlov. a. (Schematismus der Franciskaner.)

**) Breite saftige Wiesen in der Umgebuug des grössesten dieser Hans rechts vom Wege sind merkwürdig wegen des massenhaften Vorkommens von *Scilla pratensis* W. K. und *Orobus albus*. An den Hügeln ebenda bemerkte ich in der Herbstflora: *Inula oculus Christi* nnd *Scabiosa graminifolia*.

***) Die Volkssage versteht in Bosnien unter dem Namen Gerk im allgemeinen die vor der slavischen Einwanderung dort sesshaften Nationalitäten. So wird z. B. die Gründung der Burg Starigrad bei Serajewo den Grk-Königen zugeschrieben.

östlichem Rande ein schmaler, zum Theil in das Gestein gehauener Pfad, stellenweise durch einen Zaun geschützt, in vielen Krümmungen abwärts zur Thalsohle des unter dem allgemeinen Namen Jezero bekannten Bergsees führt. Die Gegend ist wildromantisch: senkrechte Felsen wechseln mit buschigen Abhängen. Die nähere Umgebung des Sees besteht aus sumpfigen Wiesen*), an welche sich am Westende eine gut cultivirte Ebene, besonders Kukurutz-Felder, anschliessen. Man glaubt, dass das Niveau des Sees früher höher lag und diese Felder bedeckte, bis der jetzige Abfluss desselben, der Bach Wlah, sich den Durchbruch durch die Felsen an der Ostseite nach der Narenta zu gegraben hatte. Der Umfang des Wasserbeckens mag $1\frac{1}{4}$ Stunden Wegs betragen, seine Meereshöhe c. 1600 Fuss. Sichtlich ist der scharfkantige Einschnitt des östlichen Randgebirges, durch den der Wlah sich hindurchzwängt, und welcher mit demselben Namen belegt wird, jener Annahme günstig.

An der Südseite dieses Gebirgskranzes zieht sich der Weg durch steinige Waldregionen aufwärts nach der Lipeta.**) Auf der Höhe des Wlah steht ein Wachthaus; ein zweites in einstündiger Entfernung davon sieht man auf einem dominirenden Punkte der Lipeta, die höher, gleichsam eine zweite Terrasse bildend, hinter dem Wlah aufsteigt; eine Einsattelung trennt die beiden in nordwestlicher Richtung streichenden Kämme. Der Lipetapass lässt zu beiden Seiten des unwegsamen und steinigen Pfades die höchsten, im Mai sowie im September schneebedeckten und selbst im Juni nicht ganz schneefreien

---

*) *Carex hirta, C. stricta, C. flava, Equisetum palustre, Aspidium Thelypteris, Galium palustre, Potentilla reptans, Orchis incarnata* und *O. ustulata, Juncus lamprocarpus*. Sonst bietet die Flora von bemerkenswerthen Arten: *Trigonella corniculata, Genista dalmatica, Hieracium subcaesium, Onidium apioides, Cardamine copaonicensis, Erysimum pannonicum*, u. a.

**) Zum ersten Male sah ich hier *Corylus coturna* in prächtigen alten fussdicken Stämmen; sonst fielen auf *Geranium macrorrhizon* und höher oben dichte Decken von *Senecio nebrodensis* auf Lichtungen des Waldes, der an dieser Lehne zum Behuf der Urbarmachung des Bodens vielfach gerodet und niedergebrannt wird.

Spitzen liegen, auf denen ein bedeutender Gemsenstand vorhanden sein soll, und verläuft jenseit des bezeichneten Wachthauses in ein kahles, unbewaldetes, von Felslöchern und Klüften zerrissenes Plateau von etwa ¾ Stunden Länge, das den Specialnamen Batijewitza trägt, und an welches sich das Hochthal von Zemje anschliesst. Am Rande der Batijewitza ragen mehrere Gruppen monolither Grabdenkmäler mit halbverwitterten Sculpturen.*) Den Ostrand der Landschaft bekränzen schöne Buchenwaldungen, in grösserer Entfernung in Nadelwald übergehend. Der Han von Zemje, zugleich Poststation, ist der Kreuzungspunkt der Mostarer Hauptstrasse und eines nach der Zagorje über Kalinowik führenden Saumpfades.

Eine natürliche Grenze der Landschaft, die den Uebergang nach dem eigentlichen Steinland der Hertzegowina bildet, ist das Porimgebirge, der Nordrand der Mostarer Ebene. Von Zemje aus wird der Kamm in einer allmälig ansteigenden Lehne nach 1 Stunde überschritten; jenseits fällt er sehr schroff ab, Steingeröll erschwert auf Schritt und Tritt den Marsch und nöthigt den Reiter abzusteigen, trotzdem die kleinen, sehnigen herzegowinischen Pferde, namentlich die der Postverwaltung, im Bergklettern eines ausgezeichneten Rufes sich erfreuen.

Das Porim-Gebirge**) ist nach der Lage und seiner Bedeutung als politischer Grenze in früherer Zeit wahrscheinlich identisch mit dem Mons Beiram *(Mons Pini)*, der in dem Diplom des Turpimir gegen Ende des 9. Jahrhunderts als das *triplex confinium* zwischen Bosnien, Rascien und Dalmatien figurirt. Von der Höhe geniesst man zwischen zwei thorähnlich auseinandertretenden Felsvorsprüngen hindurch

---

*) In ihrer Umgebung üppige Exemplare von *Asphodelus albus* und *Astragalus illyricus*. Aus der Flora der Zemje Mulden notire ich *Tunica glumacea, Brunella grandiflora, Alyssum montanum;* auch wird von dorther das zur Bereitung des Insektenpulvers verwendete *Chrysanthemum cinerarifolium* nach Mostar gebracht.

**) So schreiben constant die Franziskaner und Kowatschewitj, der Bosanski Wjestnik dagegen Porin.

einen schönen Blick auf das Narentathal. Am Fusse des Gebirges liegen wieder mehrere Hans „Podporinom" d. h. „am Porim", massive plumpe Gebäude, deren düsteres Aeussere und Innere gegen die freundliche Umgebung grell absticht.*)

Vom Fusse des Porim erstreckt sich, von der Narenta durchschnitten hauptsächlich an deren linkem Ufer ein ebenes etwa 3 Stunden langes Terrain mit Steingeröll besäet bis nach Mostar hin, Bjelopolje (weisse Ebene) genannt. An ihrem östlichen Rande schiebt sich eine Reihe von Vorbergen des Welež-Gebirges hin, die mehr oder minder in das Flachland hinaustreten. Längs dieser Ketten theilweise in ihre Buchten hinein gedrückt liegen folgende Dörfchen, die in der Stadt ihren Markt für die Erzeugnisse ihres Mais- und Sorgho-, Wein- und Gemüsebaues finden, von Mostar entfernt: Boschniatze 2¼ Stunde, Potok mit einem Bache 2 Stunden, Liwatsch, bachaufwärts 2¼ St., Kuti 2 St., Wraptschitj 1½ St., Suwidol oder Suhodol 1 St.

Bei letzterem sind hoch am Felsen zwei eiserne in Blei eingelassene Ringe merkwürdig; der Name „Trockenthal" wird daraus erklärt, dass der Grund, auf dem es steht, ehemals unter Wasser, erst mit der Zeit trockengelegt worden sei, was mit der Sage von einem alten Seebecken dieser Landschaft zusammenhängt.

Am gegenüber liegenden Thalrande liegen: Woina 2 Stunden von Mostar, Džebranj 2 Stunden höher im Gebirge, Raschtjane, ¼ Std. am Fusse der Raschka Gora**),

---

*) Die Pflanzen der Umgebung kennzeichnen eine ganz südliche Zone: *Ficus carica* bildet Büsche und Hecken, dazwischen *Punicum granatum*, *Clematis flammula* und *C. viticella*, *Ruscus aculeatus*, *Asparagus acutifolius*, *Carlina corymbosa*, *Ruta divaricata*. Pricot de St. Marie pflückte in gleicher Gegend *Nigella damascena*, *Convolvulus silvaticus*, *Astragalus illyricus* und *Crupina crupinastrum* Vis. — Eben derselbe besass auch die Copie einer römischen Inschrift aus der Nähe des zuletzt genannten Hans: und ein dalmatinischer Ingenieur Hr. Moiza will irgendwo an diesem Abhang des Porim ein altes Gemäuer entdeckt haben, das er „*Torre Romana*" nennt.

**) In R.'s Karte ist irrig das Dorf selbst *Raschka* benannt.

wo ebenfalls ein alter eiserner Ring hoch im Felsengestein gezeigt wird.

Nach dem Uebergang über den erwähnten Bach läuft die Strasse hart an die Narenta heran. Hier liegen auf deren Ufer drei in den letzten Jahren von Omer Fewzy Pascha, damaligem Divisionsgeneral, construirte, mit grosser Umsicht angelegte Pulvermagazine, deren Bau mit Rücksicht auf die bedeutenden Munitionsvorräthe, die in dieser Provinz stets bereit gehalten werden, nothwendig befunden wurde, seit am 24. August 1861 der Pulverthurm in Mostar Feuer gefangen hatte.

Endlich, noch ¼ Stunde vor der Stadt, bietet ein ärmliches Caffeehaus, Salich-Kahwe, — das gewöhnliche Ziel der Mostarer Spaziergänger — dem Reisenden einen willkommenen Rast- und Ruhepunkt und an einem bequemen Badeplatz in nächster Nähe Gelegenheit, sich in den Fluthen der Narenta zu kühlen, bevor er in die Hauptstadt der Hertzegowina einzieht.

Ob Mostar eine schon in alter Zeit gegründete Stadt ist und welchen Namen sie im Alterthum geführt haben möge, ist noch eine offene Frage. Andetrium und Bistuë wofür man es ausgegeben, lagen erweislich viel westlicher; andere haben den Namen nach einer grammatisch unzulässigen slavischen Etymologie auf „Pons vetus" gedeutet und halten insbesondere die berühmte Brücke über die Narenta inmitten der Stadt für römischen Ursprungs.*) — Zugegeben, dass an einer

---

*) Im Gegensatz zu der südöstlichen Hertzegowina, deren landschaftlicher Name *Zachlumia*, *Zakulmia* sich an die noch heute *Zachlum* geheissene alte Burg (türkisch *Zalum-Palanka*) anlehnt, und slavisches *za* — d. i. „hinter, jenseits" enthält, bildete der westliche Theil die Grafschaft Chelm, oder Chlum in lateinischen Urkunden auch *Ochlumia* (Urkunden b. Raynald a. ann. 1220, 37: Stephanus D. G. dux *Ochlumiae* coronatur) oder *terra Cholim* (Theiner Monn. Hung. I, 163.) geschrieben. Die Identität von *Chlum*, *Hlum*, *Hum* steht fest. (Racki Bogomili i Patareni S. 75. Anm. 3.) Wenn also Kirchenschriftsteller die Diöcese, welche die westliche Herzegowina umfasste, als die von *Hlom*, *Hum*, [*Humska*] bezeichnen, so ist das derselbe Name, der in anderen Formen *Kelma*, *Kelmona* lautet. (Schematism. francisc. Herzeg. 1867. S. 13.). Es muss für die Entstehung des

so geeigneten Oertlichkeit, schon in der Vorzeit ein gewöhnlicher Flussübergang sich befand, so ist doch mit Sicherheit die Frage, ob die heutige Brücke auch nur zum Theil aus römischer Zeit stamme, zu verneinen.

In trockenen Sommern sinkt der Wasserstand der Narenta zwar so weit unter das mittlere Niveau, dass sie an mehreren Stellen oberhalb und unterhalb Mostars zu Fuss und zu Pferde durchwatet werden kann. Besonders merkwürdig ist in dieser Beziehung eine Stelle dicht oberhalb der Stadt, welche Skakala genannt wird und bei welcher im Flussbett eine Reihe durchklüfteter und unterwaschener Felsbänke derart zu Tage tritt, dass ihre Hochkanten bei niedrigem Wasserstande natürliche Brückenpfeiler bilden, über die man von einem zum andern springend das Bett leicht passiren kann, während der Strom in tief eingewaschenen schmalen Canälen sich darunter fast unsichtbar durchzwängt. Der gewöhnliche Wasserreichthum der Narenta ist aber, namentlich vom Spätherbst bis in den Juni hinein so gross, dass eine künstliche Ueberbrückung der natürlichen zu Hülfe kommen muss, um den Verkehr beider Ufer zu vermitteln.

Eine Viertelstunde unterhalb des beschriebenen Punktes treten nun die beiden Hügelreihen der Bjelopolje enger zu-

---

Namens angenommen werden, dass es eine bekannte Localität gab welche oder in deren Nähe die Residenz des Sprengels oder der Grafschaft war. Der Berg *Hum* bei Mostar bietet sich hierfür in gelegenster Weise, wie die Gründe die der Schematismus dafür beibringt, sattsam beweisen. (Vgl. Kowatschewitj Opis. Bosn. p. 88.) Diesen Bergnamen nun, mit einer Ableitungsendung welche auch in den Formen *Kelmona*, *Glemona* vorhanden ist, und mit derselben Abschwächung, die heutigen Tages noch aus Humatz *Umatz*, aus Hum *Um* werden lässt, — finde ich in dem Ortsnamen wieder, der im Geogr. Ravenn. 209, 6 in *Unione id est Musaro* steckt. *Unione* nämlich ist Conjektur: die meisten Handschriften haben *umone*, eine *Uinanie*, und — was den Herausgebern entgangen ist — Guidos § 114, 9, 10: *Nerente iunope*, Rav. 380, 7. 8, *Nerente ionopen* ist dieselbe Stadt; es wird auch da *umone* herzustellen sein. Bei *Nerente* ist der Bezug auf den Flussnamen *Narenta* unabweislich; und *Musarum* wäre also der Doppelname der Stadt, der ihr später blieb und in *Mostar* überging. Mit Musaro identisch aber ist *Massarum*, bei Farlati Illyr. Sacr. III, 123, eine der Diöcesen von Spalatro.

sammen, und die Uferränder werden höher und steiler. Hier steht die berühmte Brücke, der Mittel- und Glanzpunkt von Mostar, in einem hohen Spitzbogen über die ganze Breite des Stromes gespannt. Die innere Höhe des Bogens ist 17, 85 Meter, eingerechnet die Balustrade, die ganze Höhe vom Wasserspiegel aus 19 Meter; die weiteste Spannung des Bogens 27,34 Meter; die Breite des Bettes 38,50, die Breite der Brücke 4,55 Meter. Das Ganze ist, architektonisch betrachtet, aus einem Gusse und Style, selbst die Steine der untersten zugänglichen Schicht zeigen keine Spur eines älteren Unterbaues. Weder an der Brücke noch in deren Umgebung finden sich Inschriften, Sculpturen oder sonstige Reste römischer Kunst. Vielmehr sind die einzigen Schriftzeichen daran in zwei ziemlich nahe dem Wasserspiegel befindliche Seitensteine der Brückenlager eingemeisselt und unzweifelhaft türkisch, wenn auch nicht ganz leserlich. Ein Datum in arabischen Ziffern scheint dem letzten Viertel des 15. Jahrhunderts (dem 9. der Hedschra) anzugehören. Da nun überdies zwei andere Brücken in nicht zu ferner Nachbarschaft, die über den Drin bei Prizrend und die sogenannte Ziegenbrücke bei Serajewo über die Miljatzka in ganz ähnlichem Spitzbogenstyl gebaut sind, und das Datum der erwähnten Inschrift mit der Einverleibung der Hertzegowina in die Eroberungen Sultan Bajezids II. durch den Beglerbeg von Bosnien Mustafa Djurewitj im Jahre 1483 ungefähr gleichzeitig ist, so darf mit fast völliger Gewissheit angenommen werden, dass die gegenwärtige Brücke ein Werk der türkischen Herrschaft ist, womit nicht ausgeschlossen sein soll, dass der Baumeister, wie Sax meint, ein Venetianer oder Dalmatiner gewesen sein könne.

Die Stadt liegt zu beiden Seiten der Brücke, der Hauptmasse nach in der Thalsohle, am linken Ufer aber sich an den Berg hinaufziehend. Die Hauptstrassen laufen parallel dem Flusse, in welchen der Bach Radobolje von rechts her, oberhalb der Brücke einmündet. Auf dem linken Ufer bildet die alte Citadelle mit dem Palast des Gouverneurs die Hauptgruppe. Die Stadt hat nach ziemlich verlässlichen Angaben

2200 muhamedanische, 500 griechisch-orthodoxe, 400 römisch-katholische, 100 zigeunerische und 20 hebräische Familien, mag also im Ganzen 14—15000 Einwohner zählen. Sie ist Sitz eines Gouverneurs (Mutessarrif), eines Divisionsgenerals, eines griechischen und eines römisch-katholischen Bischofs, besitzt an 30 Moscheen, 2 griechische und eine katholische Schule, und treibt einen lebhaften Handel mit dem Binnenlande sowohl als mit Dalmatien.*) Die Häuser sind durchgehends massiv und plump gebaut, und mit Steinplatten gedeckt. Wenige nur bestehen aus mehr als einem Geschoss, so dass das Ganze einen gedrückten äusserst kunstlosen architektonischen Eindruck macht. Hin und wieder wird die Einförmigkeit durch eingestreute Obst- und Weingärten unterbrochen und das Profil durch die hervorragenden Minarets der Moscheen gehoben. Die Vorstädte ziehen sich theils südwärts in die Ebene, wo insbesondere das Militärhospital der Garnison und eine im Bau begriffene Kaserne sich abheben, theils westwärts den Radobolj-Bach aufwärts bis zu der Residenz des katholischen Bischofs eine halbe Stunde weit hin.

---

*) Nähere Nachweise hierüber bietet mein Aufsatz: Kulturverhältnisse und commerzielle Lage der Hertzegowina im Preuss. Handelsarch. 1869, I. 16.

IV.
Von Mostar über Ljubuschki nach Gabella.

Schon als ich im Jahre 1861 meine Karte der Hertzegowina bearbeitete, stand mir für die Topographie desjenigen Theiles der Provinz, der sich südwestlich von Mostar erstreckt, ein reicheres Material zu Gebote, als ich verarbeiten konnte, da meine Quellen sich in wichtigen Punkten widersprachen, und ohne eigenes Sehen sich die Ortslagen nicht genau fixiren liessen. Ich habe seitdem bei wiederholten Anlässen meine darauf bezüglichen Notizen gesichtet, und kann danach sowohl meinen damaligen Kartenentwurf stellenweise berichtigen, als auch eine in Rośkiewicz's Karte besonders vernachlässigte Partie in Ordnung bringen, und fülle somit die in meiner Notiz in Zschr. f. Erdkunde 1861, S. 469 angedeutete Lücke aus.

Für das folgende Itinerar stütze ich mich vorzugsweise auf Aufzeichnungen und Skizzen eines europäischen Officiers in türkischen Diensten (Nr. 7 meines Quellenverzeichnisses a. a. O. S. 662), in dessen Begleitung einer meiner Leute diese Tour machte.

Die Strecke von Mostar nach Ljubuschki wurde zu Pferde in $7\frac{1}{2}$ Stunde zurückgelegt. Der Reitweg wendet sich, nachdem er aus Mostar heraus kurze Zeit dem rechten Narentaufer gefolgt ist, am Fusse des Hum-Berges mit einer allmäligen Curve in westsüdwestlicher Richtung, und passirt auf einer gebrechlichen Holzbrücke den Bach Jassenitza, an dessen rechtem Ufer ein gleichnamiges ärmliches Dorf liegt. Jenseit der Brücke folgt ein mäliger Aufstieg etwa eine Stunde weit, um die wellige Hochebene Brotnja*) zu erreichen. Die erste Staffel bildet hart vom rechten Jassenitza-Ufer aufwärts ein hufeisenförmiger Abhang, an dessen innerem Grunde die Jassenitza hervorquillt, oder vielmehr als Abfluss des Mostarsko-Blato durchsickert. Ihr Bett ist mit Schilf und Wasserpflanzen stellenweise dicht bewachsen, ihr Wasser fliesst träge und gilt für ungesund. Am Aufstieg oben steht eine unscheinbare Kaffeehütte, der es indess an Zuspruch nicht fehlte, weil eine schöne Zigeunerin dort ihr Wesen trieb. Ein zweites Kaffeehaus mit einer Cisterne ist ¼ Stunde weiter und gehört zu dem Dorfe Lipschitj (richtiger Sliptschitj) das links vom Wege liegen bleibt. Nach einer morastigen Stelle von ein paar hundert Schritten folgt eine zweite Terrainwelle, an deren Fusse, links der Strasse, die Dörfchen Teptschitj (irrig auf meiner älteren Karte Steptschitj) und Widowitj, 2½—2¾ Stunden von Mostar entfernt liegen. Teptschitj hat reiche Fluren, die sich bis an die Narenta heranziehen, und einen alten Friedhof voller Grabsteine mit Wappen adliger Familien aus vortürkischer Zeit. An einem freundlichen bewachsenen Hügel einer dritten Terrainwelle schneidet der Weg das aus 12—14 Häusern bestehende Dörfchen Pawotscha, mit einer Quelle, die südwestlich abläuft. Nördlich von da in ¾ stündiger Entfernung liegt das katholische Pfarrdorf Gradnitji, eines der drei, welche die Landschaft Brotnja bilden, zu welchem in 20 Ortschaften zerstreut 4000 Seelen gehören und über dessen Reichthum an Eisen und Quellwasser der Schematismus der Franziscaner bemerkt: „Ferri metalla abundantia possidet; et a meridionali conspectu non nimia sed fertilissima planitie gaudet, fontibus insignibus Studenatz ac Sumor".

Weiter gelangt man zwischen zwei Hügeln hindurch nach

---

*) So zu schreiben, abgeleitet von *Brotj* d. i. Krapp, in latein. Urkunden von 1273 Bronch, s. Kovatschewitj, Opis. Bosn. S. 87.

³/₄ Stunden nach Gradatsch, vollständiger genannt Krehin-Gradatsch, weil daselbst nach der Notiz der Franziscaner die Ruinen eines alten Palastes Kreïn-dwor (d. i. Hof der Familie Kreowitj liegen.*) Seine Flur grenzt südlich an die des reichen und schönen Dorfes Blizantzi mit 32 katholischen Familien, im Südwesten an Vionitza, beide in einer Fntfernung von 20 Minuten linker Hand zu sehen; und nordwestlich an die eines türkischen Landgutes, dessen Namen ich nach dem Gehör Enbin-Tschiftlik geschrieben habe, während die türkische Karte Ejjubin-Tschiftlik bietet. Hier ist durch ein Kaffeehaus bezeichnet die Grenze der Kreise Mostar und Ljubuschki, 4¼ Stunde von ersterer, 3¼ Stunde von letzterer Stadt entfernt. Gleich jenseit der Grenze überschreitet man den Bach Lukotsch, der sich 2 Stunden südlich mit der Studenitza vereinigt und in die Trebischat fliesst.**) Die ganze Gegend ist viel wasser- und quellenreicher, als es nach den Karten scheint. Das Thal des Lukotsch ist so tief eingeschnitten, dass, um den Verkehr in dieser Landschaft zu heben, der Bau einer Brücke erforderlich scheint und projektirt ist. Am jenseitigen Thalrand läuft der Weg ziemlich eben, nur halbwegs nach Ljubuschki zu schiebt sich nochmals eine Hügelgruppe quer vor, an der zerstreut die Hütten des Dörfchen Tzrna liegen, und von wo in anderthalbstündiger Entfernung am nördlichen Horizont das grösste Dorf der Gegend Hamzitj***) in Sicht ist, während westnordwestlich Buhowo, und westsüdwestlich die Citadelle von Ljubuschki oder Ljubuschka gezeigt wird. Dieses ist ein fast ganz türkischer Flecken von etwa 600 Häusern, am Südostfusse eines Hügels, auf dem die alte verfallene Burg steht, die zugleich Sitz des Mudirs ist. Von dem ehema-

---

*) *Kremdvor* durch Stichfehler in R's Karte.

**) Vergl. Schemat p. 84: Čerin est ad radices apricas collis silvosi *Irtre* [lies *Trtre*, alias *Tertla*], . . . gaudet . . . famoso fonte Čerin, torrente *Lukoš*"; und Dufresne Illyr. vetus et nov. p. 51: Ljubomir Stephani filius ex *Lucensi* tractu in Chelmensi comitatu oriundi.

***) Auf Kieperts neuer Karte Amsitj, im Schematismus Amzitji, hat seinen Namen von einem türkischen Beg Hamza.

ligen katholischen Kloster, das im Jahre 1563 zerstört wurde, wird nur die Stätte gewiesen, wo es stand; in den letzten Jahren haben sich wieder einige christliche Familien dort angesiedelt; eine kleine griechische Capelle war im Bau begriffen. Die Türken haben 3 Moscheen. Die Krämer des Ortes unterhalten einigen Kleinhandel mit Dalmatien, namentlich dem Marktflecken Wergoratz 2 Stunden und Imoski 5 Stunden entfernt. In der Umgegend wird ein guter Tabak gebaut, der zur Ausfuhr kommt. Um nach Imoski zu gehen, bleibt man am linken Thalrande des Trebischat-Beckens, dessen Zubäche die Landschaft reichlich bewässern, während das rechte Ufer schon deutlich in die dalmatinische Natur dürren Kalkgesteines übergeht. Die Trebischat*) nimmt ¼ Stunde W. von Ljubuschki den Bach Proboj auf, an dessen rechtem Ufer das Dörfchen gleichen Namens, an dessen linkem der Weiler Raduschitj liegt; dann eine Stunde weiter die Witina, an deren, angeblich erst neuerdings durch ein Erdbeben entstandenen Quellen das Dorf gleichen Namens mit einer Kula des Derwisch-Beg Tschengitj auf dem andern Ufer der Trebischat liegt; 1 St. weiter NW. die Neždrawitza, die ebenfalls in nordsüdlicher Richtung zur Trebischat fliesst und ein gleichnamiges Dorf bewässert; endlich nahe bei dem grossen Dorfe Tihaljina (oder wie ich hörte und auf meiner Karte 1861 schrieb: Tiarina), vereinigen sich zwei Wasser, östlicher die Jakschenitza, westlicher die Tihaljina zu einem der Hauptquellbäche der Trebischat.

Der Landstrich von der dalmatinischen Grenze bei Imoski und Runovich nach Ljubuschki zu, und von da nach dem Mündungsgebiet der Trebischat hat ein gewisses klassisches Interesse, weil es der Boden ist, den die Römerstrasse nach Narona durchschnitt, und in welchem römische Cultur eine Zeit lang gewurzelt hat. In einem Berichte an die Königl. Akademie der Wissenschaften in Berlin, der in deren Monatsberichten vom 25. November 1868 nur auszugsweise gedruckt erschienen ist, hatte ich mit Bezug darauf gesagt: „Von der

---

*) *Trebižat* (mit weichem Zischlaut) schreiben die Franciskaner und Kowatschewitj.

Brücke der Cetina (Pons Tilurii) lief bekanntlich die Römerstrasse einerseits ostwärts parallel der heutigen Strasse nach Arzano über den Kamm des Gebirges nach Bosnien hinein, andererseits südöstlich durch das innere Dalmatien über Novae (ad Novas) nach Narona. Ad Novas ist durch Inschriften in der Nähe des heutigen Runovich festgestellt. Diese Abzweigung der Strasse wurde nach meiner Ueberzeugung auch eingeschlagen, wenn man in der Richtung auf Mostar weiter nach dem Innern gehen wollte. Es spricht dafür sowohl der traditionelle Verkehr in dieser Richtung, dessen Knotenpunkt Imoski ist, als auch die Natur des Landes, welche einen ungleich bequemeren Weg hier bietet, als wenn man den Umweg über Duvno nähme". — Und schon in meinem folgenden Bericht an die Akademie (Mon.-Ber. 1870, S. 619) konnte ich bestätigen: „Ueber Runovitj hinaus fehlte es an allen Anhaltepunkten; neuerdings haben sich jedoch Reste der alten Strasse bei Tihaljina und Neždravitza nordwestlich von Ljubuschki gefunden ... Für den weiteren Lauf dieser Route bietet sich ohnehin das Trebischat-Thal als der natürliche Abfluss des Verkehrs nach Narona zu. Auch sollen sich im Trebischat-Thale nach mündlichen Mittheilungen Eingeborener an mehreren Stellen Strecken der alten Strasse erhalten finden".

Wenn also, wie hiernach wahrscheinlich ist, die Strasse von Runovitj aus die Trebischat überschritt und auf deren linkes Ufer hinüberging, so fiel sie ungefähr mit dem obigen Itinerar zusammen.

Folgen wir von Ljubuschki dem Thalwege der Trebischat bis zu ihrer Einmündung in die Narenta. Durch eine angenehm angebaute ebene Landschaft schlängelt sich unser Weg südöstlich, lässt nach einer Stunde einen isolirten Hügel mit dem Kirchdorf Humatz rechts, bei welchem sich nach Angabe des ehemaligen Ortspfarrers römische Meilensteine gefunden haben, und die von mir in MB. d. Akad. 1870, 626 publicirte römische Inschrift eines Bacchustempels.*) Links

---

*) Der fragmentarische Ortsname in No. 2, Z. 2 ILVBIAE erinnert an Bilubium auf der Strasse nach Narona, Itin. Ant. 338, 2; doch lag dies näher nach Salonae zu.

wird zuerst das türkische Landgut Hraschlan mit einer antiken Cisterne berührt und dann Studenitza oder Studenci, so benannt von 3 Quellen, die hier einen Bach bilden, der ¼ Stunde weiter abwärts sich mit dem Lukotsch vereinigt; die Quellen sind in dem Itinerar benannt als Wrelo (was aber auch appellativisch nur Quell bedeutet), Wakuf-Sujy, und Studenitza-woda. Ueber die mittlere derselben hat ehemals eine steinerne Brücke geführt, die jetzt neu gebaut werden soll. Nachdem der Lukotsch auf einer Holzbrücke passirt ist, läuft der Weg am Rande eines Plateaus entlang, wendet sich ganz südlich, und berührt die Dörfer Girtschafs oberhalb, und Trebischat unterhalb der Einmündung des Lukotsch in die Trebischat, beide am linken Ufer. Das letztgenannte Dorf ist erst jüngst durch Ali Pascha Rizmanbegowitj von Stolatz in's Leben gerufen, der hier südlich des Ortes eine Kula gebaut und in der morastigen Niederung umher die ersten Versuche gemacht hat Reis zu bauen, als er vor etwa 26 Jahren Gouverneur der Hertzegowina war. Diese Pflanzungen haben einen immer grösseren Umfang gewonnen; 1867 wurde ihr Ertrag auf 40,000 Kilo geschätzt; 1868 rechnete man auf eine Ernte von 150,000 Kilo.*) Das Thal öffnet sich hier zu einer breiten Mulde, die mit ihren wechselnden Buschwaldstrecken, Ländereien und Anpflanzungen zwischen weit zerstreuten menschlichen Ansiedelungen sich bis zur Narenta heranzieht.

Der Weg fällt dann in den am rechten Narentaufer von Mostar herabkommenden und überschreitet bei einer verlassenen Thurmruine die im Flachlande und Sumpfboden in drei Arme gespaltene Trebischat; zwischen der ersten, ansehnlicheren Mündung und der zweiten liegen ein paar Mühlen, eine desgleichen an dem dritten Arme; in dem ganzen Delta zerstreut das Dorf Struge, zum Kreis Potschitelj gehörig; 1 Stunde von Trebischat, ¼ von Gabella. Letzteres, türkischer Grenzort gegen Dalmatien liegt hart an der Narenta; ist von einer Mauer mit mehreren Thürmen umgeben, die

---

*) Vergl. meinen Aufsatz: „Ueber den Ackerbau in Bosnien" in Annalen für Landwirthschaft 1869, 3. Heft.

eben so unzugänglich als verfallen sind, und besitzt gegenwärtig 500 christliche und nur einige wenige türkische Hausstände. Es ist ehemals die venetianische Zollstätte gewesen, daher der italienische Name, und die vulgäre Bezeichnung Stara- (türkisch Eski, d. i. Alt-) Gabella. Etwa eine Stunde jenseit der dalmatinischen Grenze liegen bei dem Dorfe Vido die Ruinen von Narona, wo noch fortdauernd römische Alterthümer gefunden werden. Die Grenzlinie läuft hart an Gabella vorüber und ist türkischer Seits durch vereinzelte Wachtposten markirt. Die sumpfigen Niederungen, welche das Mündungsgebiet der Narenta charakterisiren, machen Gabella zu einem ungesunden Aufenthalt; die Büffelheerden in den Lachen und Schwärme von lästigen Insekten harmoniren mit der feuchtschwülen Luft der Landschaft. Jenseit der Narenta, ½ Stunde weiter abwärts, liegt das österreichische Grenzstädtchen Metkowitj. Die Verbindungen zwischen Metkowitj und Mostar, eine Verkehrslinie, die für den Handel der Hertzegowina die wichtigste ist und demgemäss stark frequentirt erscheint, läuft in der Regel das rechte Narentaufer entlang, obwohl seitens der türkischen Behörden Versuche gemacht sind, eine bequemere Strasse am linken Ufer zu bauen. Der Weg am rechten Ufer ist nur Reitweg und für Lastthiere gangbar; um ihn fahrbar zu machen, müssten an mehreren Stellen bedeutende Felssprengungen vorgenommen werden, da die steilen Abfälle des Tzrljenitza-Gebirges bis hart an das Flussbett herantreten, und der Pfad hier, besonders nach Hochwasser, selbst für Reiter, wie ich aus eigener Erfahrung weiss, da ich die Strecke mehrfach beritten habe, fast halsbrecherisch ist.

Von der Mündung der Trebischat bleibt man nur eine Stunde weit in offenem Terrain, bis an eine Häusergruppe, die zu dem weiter aufwärts gelegenen Mahalle Tschaplina gehört. Dann bilden die Uferberge einen Engpass von 2¼ Stunden Weges. Wald und Busch von Eichen und Cytisus-Arten, mit eingesprengten Exemplaren von *Celtis australis*, und *Tilia platyphyllos*, Klippen und Geröll, Schlangen und Eidechsen, Gerippe gefallener Thiere und Stümpfe und Wurzelstücken gestürzter Bäume zeichnen ein wildmalerisches Bild, gesäumt durch den hellblaugrünen Streifen des vielfach geschlängelten Stroms. Gegenüber krönt eine amphitheatralische Terrasse der Flecken und die Burg von Potschitelj. Aus dem Passe heraustretend, hat man zur Rechten auf dem linken Ufer der Narenta das serbische Kloster Żitomischlitj mit seinen grossen Haupt- und weiten Nebengebäuden in Sicht; links weichen die Berge in Bogen zurück; ein Sturzbach spaltet ihn in der Richtung von West nach Ost; an seinem rechten Ufer die Gehöfte und Hecken von Kruschewitj. Eine Stunde weiter kommt noch ein Han, dessen Tschardak mit schattenbietendem Dach und gastlichem Wirth, mir wenigstens jederzeit, ein willkommener Rastpunkt war. Je nach der Jahreszeit gab es da vortreffliche Melonen und Trauben. Die Gegend wird von hier an flacher und geht allmälig in die Ebene von Buna über; gegenüber der Einmündung der Buna in die Narenta macht der Weg eine Biegung nach NW. um an die Jasenitza-Brücke heranzugehen. Man kann aber auch statt dessen quer über Unland und Flussgeröll an die Narenta zwischen Buna und dem dortigen Batjewitza herangehen, den Strom an einer seichten Stelle durchreiten, und an seinem linken Ufer zur Stadt gelangen, während die Strasse über die Jassenitza-Brücke auf dem rechten nach Mostar hineinführt. Die gewöhnliche Reitzeit von Gabella nach Mostar ist 7 Stunden.

V.
Von Mostar nach der Sutorina, dem Hafen von Klek und zurück.

Im Mai und August 1861 führten dienstliche Aufträge mich zweimal von Mostar nach der südlichen Hertzegowina, nach Ragusa, nach Klek und den Bocche di Cattaro, einmal zu einer Recognoscirung des Gebietes der damaligen Insurrection, das anderemal auf einer mit dem Generalissimus Omer Pascha und Delegirten der fünf Grossmächte nach Albanien und Montenegro unternommenen Reise behufs einer Zusammenkunft mit Nicolas, dem Fürsten der schwarzen Berge. Aus Reisenotizen, Erinnerungen und topographischen Skizzen, die ich gelegentlich zu Papier brachte, ziehe ich das wesentliche in ein Itinerar zusammen.

Beim Austritt aus Mostar treten die Berge zu beiden Seiten, namentlich aber der Podvelež gleich im scharfen Winkel zurück, und bilden die Ränder der Ebene von Buna, welche 2 Stunden lang und in ihrer grössten Ausdehnung von Blagaj längs des Bunaflusses bis zu deren Einmündung in die Narenta über 2 Stunden breit ist. Ein steiniger unfruchtbarer Boden füllt das ganze Dreieck zwischen beiden Flüssen aus; die Abhänge der Vorberge sind hie und da mit Gärten, Landhäusern und Weinbergen besetzt. Eine Viertelstunde ausserhalb der Stadt gabelt sich der Weg, den man durch Ziehen schmaler Gräben zu beiden Seiten und Beseitigung des gröbsten Steingerölls zu einer Fahrstrasse umgewandelt hat, — einerseits östlich nach Blagaj, andererseits nach Buna, das in südöstlicher Richtung von Mostar 2 Stunden entfernt an beiden Ufern der Buna liegt. Von der alten Stadt Bona, die nach Constantin Porphyrogenetes*) auf dem Berge lag, enthält der heutige Ort wohl kaum noch Trümmer. Ein bemerkenswerthes Gebäude ist nur das Landhaus Ali Pascha's jenseits der Brücke, mit einem durch Cultur und Kunst zu einer freundlichen Oase geschaffenen Garten.**)

Jenseit der Buna, in die sich etwas oberhalb der Brücke noch die Bunitza ergossen hat, klimmt der, damals nicht weiter fahrbare, neuerdings aber chaussirte Weg einen sehr steilen Abhang hinan, dessen Terrainschichten aus Flusskies und Mergel bestehen und auf einen ehemals viel höheren Wasserstand schliessen lassen. Oben angelangt hat man eine weite hin und wieder durch Schluchten unterbrochene und stellenweise mit Eichenwaldungen bewachsene Hochebene vor sich, die Dubrawa. Anscheinend wenig bewohnt und cultivirt, leidet sie namentlich an Wassermangel; wenigstens wird dem Reisenden nur an einer Stelle 1¾ Stunde von Buna bei einer Cisterne mit einem sehr ärmlichen Han die Labung eines Trunkes zu Theil. Inzwischen mag es sich hier, wie in manchen andern Theilen Bosniens verhalten, dass die Dörfer und menschlichen Ansiedelungen sich möglichst fern von den grossen Verkehrsstrassen halten, und wegen der Verbindung mit dem Seehafen Klek sind gerade hier die Besorgnisse der Bewohner vor Frohn- und Transportdiensten, Einquartierung und andern Lasten türkischer Etappenstrassen wohlbegründet: verlor doch der Kreis Stolatz im Feldzuge Omer Paschas 1858 allein über 2000 Pferde. Dass es versteckte Dörfer in der Umgegend geben muss, obwohl nur zwei bis drei, Rotimlje, Hodowe und Trjebanj in der Ferne sichtbar werden, erhellt wenigstens daraus, dass in der Statistik des

---

*) De adm. Imp. 33.
**) Das Klima ist hier so mild, dass selbst Oelbäume gedeihen; Granaten, Feigen, *Vitex agnus castus*, *Plumbago europaea* und *Ruscus aculeatus* herrschen vor.

Bisthums Trebinje*) die Diöcese Dubrawe mit 51 Dorfschaften figurirt. Das ganze Gebiet vom linken Narentaufer, Buna eingerechnet, südöstlich bis nach Montenegro und Dalmatien gehört nämlich nach kirchlicher Eintheilung nicht zum bischöflichen Sprengel Mostar der Hertzegowina, sondern bildet das Bisthum Trebinje, dessen Titular in Ragusa residirt. Das Bisthum zerfällt auf türkischem Gebiet in die sechs Diöcesen Dubrawe, Stolatz, Gradatz, Rawno, Trebinje, Rasno. Die zuerst genannte umfasst den Strich zwischen der Buna, Narenta und Bregawa östlich bis Dabritza**) an der Grenze des Newesinjer Kreises. Von genanntem Han, der zugleich Grenzposten des Kreises ist, steigt man noch eine halbe Stunde weit aufwärts, dann senkt sich die Ebene nach Stolatz zu, das an deren östlichem Fusse liegt. Eine Stunde vor dem Flecken wird das Dorf Poprat passirt, westlich in hügeligem Terrain liegen Tzrnie und Pjeschiwatz (so nach dem Schem. zu schreiben); am Abhang, der sehr schroff in's Bregawathal abfällt, wird ostwärts Argut oder Hrgut gezeigt, und ½ Stunde vor Stolatz rechts des Weges ein merkwürdiger alter Friedhof mit vielen steinernen Grabdenkmälern der ehemaligen Wojwoden von Stolatz, von denen zwei mit folgenden slavischen Inschriften versehen sind, andere mit

1.

ХОНЄЛСКНАО ОІ ІІІ ІІ ПОЄС
НЬОDЬОDАЄСШНПSΝ
ОГ◁.СDОНꝘ◁ЧНΠНΛ◁Πρ
ⅢΛDИ◁✕ЬСНЯНΛНΛ⸈ГGСⅢ
◁ПНΠ◁ПЄ6Ә◁ⅢⷠМОНПО
ЄПОΔ◁ΠСⅢ◁РЬ

2.

НПА◁VЬОΠИ◁✗ОDVə
ᛕYМНРꝘⅢ«ГРꝘⅢНПО(
НYЬ

---

*) Schematismus Dioeceseos Rachusinae p. an. 1866 p. 71 ff: Trebiniensis episcopatus.

**) Dies ist das Dabritza, wo nach meinen Mittheilungen an die Berl. Akad. d. Wiss. (M.B. 1866 S. 851.) eine lateinische Inschrift gefunden ist. Es liegt 1¼ Stunden östlich von Hodowa meiner Karte. (Odovo des Schemat.)

Relieffiguren und kriegerischen Emblemen, als Bogen, Köcher, Schwert, Schild. Einzelne Sarkophage sind 6 Fuss hoch und Monolithen auf Unterbau von Steinplatten.

Stolatz und namentlich die in SW. der Stadt gelegene Citadelle mit ihren eigenthümlichen fünf Thürmen gilt für eine der ältesten Burgen der Hertzegowina. Im frühen Mittelalter soll das Schloss den Namen Berga geführt haben und von ihm auch der am Fusse des Schlossberges vorbeifliessende Bach Bregawa benannt sein. Es wäre dann die Stammburg der Grafen von Braniwoj gewesen, welche um 1244 den Njemanjern von Chelm nachfolgten.*) Noch bis auf unsere Tage sind die Burgherrn von Stolatz die angesehenste Familie des Landes gewesen und haben sich einer gewissen stolzen Unabhängigkeit erfreut, bis die Einführung der administrativen Neuerungen durch Omer Pascha 1851 die Macht des alten Landadels brach. Amtmann von Stolatz war zur Zeit meines Besuches ein Bruder des letzten erblichen Besitzers aus der Familie Rizwanbegowitj, des bekannten Ali Pascha; einer der christenfreundlichsten und besten Gouverneure, die die Hertzegowina gehabt hat. Der Kreis Stolatz ist überwiegend christlich; es kommen auf c. 500 türkische Hausstände 1500 christliche. Die Entfernung von Stolatz nach Mostar beträgt 6 Stunden türkischer Postrechnung.

Von Stolatz nach Ljubinje ist 4¼ Stunde, so dass die Tour von Mostar nach letzterem Orte ein guter Tagemarsch ist. Das Terrain wird hinter Stolatz steiniger, die Vegetation dürftiger und struppiger. Das Thal der Bregawa, über welche 2 Brücken, eine oberhalb, eine unterhalb Stolatz führen, bleibt links, ebenso ein Bach, der von dem Dorfe Wraschnik (oder Pratschnik?) der Bregawa zustürzt. Ein enger vielfach sich durch coupirtes Terrain durchschlingender Pfad führt auf die Höhe des Kubasch-Gebirges, das nach Westen zu in ein weites steiniges Plateau ausläuft. Ausser einem Brunnen auf der Hälfte des Weges sieht man auf der ganzen

---

*) Vergl. Dufresne, Illyr. Vet. et nov. 131: *Comites Branivojenses ex Barga, oppido Chelmensis provinciae, oriundi.*

Strecke durch dies wilde düstere Gebirge keine Spur menschlicher Ansiedelungen, noch auch angebautes Land oder Heerden. Die Dörfer liegen auch hier abseits der Strasse versteckt. Die Gegend ist eine der am wenigsten besuchten der Provinz, da die Hauptstrasse nach Klek von Stolatz aus über Gradatz gelegt ist, und die nach Ragusa in der Regel über Popowopolje geht. Ljubinje ist Stammsitz der Begs, die jetzt den Familiennamen Sirdarowitj führen, in ihrer Verwandtschaft aber mehrere ragusanische Patriciergeschlechter zählen. Ihre Kula liegt oberhalb der Ortschaft am NW. Rande der sogenannten Ljubinjer Hochebene, richtiger eines Kessels, wie sie der mittleren Hertzegowina eigen sind, ringsumschlossen von nackten Kalkbergen, und durchfurcht von einem gewöhnlich trockenen Bachbette, zu dessen Seiten sich die Aecker und Wiesen der Gemeinde 2 Stunden lang hinziehen. Dann steigt der Weg auf und ab über eine Einsattelung zwischen dem Widuscha und Gradina-Gebirge in südöstlicher Richtung auf Trebinje zu. Ein vielgelichteter und kümmerlicher Eichenwald bedeckt meilenweit den welligen Boden. Zur Sicherheit der Reisenden sind die Bäume zu beiden Seiten des Weges auf Flintenschussweite gefällt, seit die Angriffe versteckter Wegelagerer den durchziehenden Transporten zu häufig Gefahren bereiteten. Ausserdem besteht eine Kette von Wachtposten in je einstündiger Entfernung bis nach Trebinje hin.*) Etwa 1¼ Stunde vor Trebinje tritt man aus einem Felsenpass, dessen Umgebung Ilino Brdo heisst, auf ein freies Plateau, die Klitschanj-Planina, wo ein weiter Blick sich nach Südwesten öffnet. Rechts im Grunde sieht man das Kloster Duži, dessen Hegumen Nikiphor**) damals eine gewisse politische Rolle spielte, und

---

*) In der Nähe eines dieser Wachthäuser, wo wir nach 4½ stündigem Ritte von Ljubinje aus einen Halt machten, fand ich den Waldrand dicht voll *Fragaria collina*, mit grossen reifen Früchten am 28. Mai. Aus der Gegend von Trebinje, ohne nähere Angabe des Standortes stammt auch eine noch unbeschriebene neue Art *Helichrysum*, die ich dem Sammeleifer eines leider zu früh verstorbenen landeseingebornen Pflanzenkenners, Constantin Hadži-Ristitj verdankte.

**) S. Zeitschr. f. Erdkunde. N. F. IX, 322 und XI, 471.

darüber hinaus in weitem nordwestlichem Bogen die Mulde Popowopolje, durchschnitten und bewässert von der Trebinschtjitza und deren Zuflüssen und stagnirenden Abflüssen. Links ragen am Horizont über die vorliegenden Ketten kühn hinweg die Grenzberge von Montenegro. Nach einem ermüdenden, schroffen Abstieg von diesem Punkte kommt allmälig Trebinje in Sicht; die letzte Wegstrecke verläuft in östlicher Richtung, hoch am Rande des Thalbeckens der Trebintschitza, dessen Sohle alter Meeres- oder Seeboden gewesen zu sein scheint. Ich habe in der Notiz zu meiner Karte*) die damals neue, jetzt allgemein anerkannte Thatsache nachgewiesen, dass die Trebinschtjitza mit ihrem ganzen Gebiet von Nebenflüssen und unterirdischen Abflüssen theils nach der Narenta, theils direkt nach dem adriatischen Meere zu divergirt. Es war irrig, wenn man früher den Lauf dieses Flusssystems so darstellte, als wenn bei Trebinje das Becken eines Sees zwei von entgegengesetzten Seiten zuströmende Flüsse aufnähme. Vielmehr ist die ganze Einsenkung, welche parallel dem Küstengebirge die Mulden der Schuma und der Popowopolje bildet, von einem und demselben von Bilekj kommenden, von Trebinje ab vorwiegend von SO. nach NW. streichenden Flussbette durchschnitten. Das Wasser dieses Bettes nimmt jedoch keinen regelmässigen Verlauf, sondern verliert sich theils in Sümpfe, theils in Schlünde, so dass, dem Auge erkennbar, die Wassermenge des Hauptbettes in dessen unterem Laufe geringer als in dem oberen ist. Das Ende dieser Wasserader trttt, der bezeichneten Hauptrichtung treu, unter dem Namen Krupa erst in der Nähe des Narentabettes wieder aus einem tiefen Sumpfe als ein träges faules Wasser hervor und vereinigt sich mit der Narenta nahe bei der Metkowitjer Grenze. Ein unterirdischer Zusammenhang besteht zwischen diesem Sumpfe und dem Schlunde bei Hutowo, in welchem die Trebintschitza verschwindet. Die Ebene von Popowo ist bei Hochwasser ein grosser Morast und nur bei niedrigem Wasserstande cul-

---

*) a. a. O. XI, 467 f.

turfähig; einen wahrnehmbaren Abfluss hat dies Becken aber nicht. Auffallender Weise finden sich aber an der nahen dalmatinischen Küste zwei Punkte, wo unterirdische Süsswassermassen sich in's Meer ergiessen. Einer ist der Strom Ombla bei Ragusa, welcher in einer sofort schiffbaren Tiefe und Breite am Fusse einer Felswand aus einem gewaltigen Schlunde hervorbricht, durchaus Süsswasser führt und bei Gravosa sich in's Meer ergiesst. Der andere ist eine unterseeische Flussmündung in der Nähe von Doli, nordwestlich von Slano, 3 bis 4 Fuss unter dem Spiegel des Meeres. Allem Anschein nach entladen sich hier die durch Schlünde durchgewaschenen oder durchgesickerten Gewässer des Trebinjer Beckens.

Trebinje selbst, am rechten Ufer auf hügeligem Boden gebaut und nach türkischer Art mit einer Umwallung und festen Thürmen und Thoren versehen, ist vermöge seiner Lage nahe den Grenzen Dalmatiens und Montenegros ein wichtiger Platz, daher Garnisonsort für ein bis zwei Bataillone Infanterie und einige Artillerie, sowie Sitz einer höheren Verwaltungsbehörde. Die Strassen sind eng und winkelig, die Häuser dürftig und unsauber, der Bazar, trotz der Nähe Ragusa's, ausserordentlich bescheiden versorgt. Von der Herstellung einer Fahrstrasse nach Ragusa ist Jahre lang die Rede gewesen; ob sie zu Stande gekommen, ist mir unbekannt. Ich gelangte i. J. 1861 nach Ragusa mittelst eines 7 stündigen Rittes, erst durch die Trebinjer Ebene, dann bei zwei Wachtposten Ljubowo und Drena vorüber in vielfachen Windungen des Weges zur österreichischen Grenze und überschritt dieselbe nicht auf der gewöhnlichen Strasse, sondern oberhalb der Bucht von Breno, deren grüne Baumpflanzungen in das einförmige Grau der Landschaft stundenlang vorher eine wohlthuende Abwechselung bringen. Der Felsenkamm hinter Breno, den wir überklommen, stürzt so jäh ab, dass die Pferde mit Mühe hinüberzubringen waren. Um so mehr Bewunderung erregte ein Zug Bauermädchen aus der Gegend, die, ihre flachen Marktkörbe frei auf dem Kopfe tragend, mit elastischer Behendigkeit über die Felskanten herniedergestiegen kamen, ohne die mindeste Beschwerde zu verrathen. Durch grössere

Lebhaftigkeit des Temperaments, körperliche Rührigkeit, lebhaftere Farben in der Tracht und mehr Bildsamkeit und Empfänglichkeit im allgemeinen unterscheiden sich überhaupt die südlichen Hertzegowtzen von den Bosniaken in vortheilhafter Weise. Sie sind so ganz desselben Schlages, wie die Montenegriner und Bocchesen; die staatlichen Grenzen haben nicht vermocht, die nationale Zusammengehörigkeit dieser Stämme zu verwischen. Durch die Bewegungen, die im Jahre 1861 den Aufstand in der Hertzegowina, im Jahre 1869 den der Bocchesen hervorriefen, ging als Grundgedanke derselbe Zug nationalen Gemeinsinnes, der die Haltung Montenegros gegen die Nachbarländer kennzeichnet; nur bemächtigten sich der Führung die unwürdigsten Hände.

Während ich von Ragusa zu Wasser mit einem türkischen Kriegsschiffe nach den Bocche di Cattaro, dem herrlichsten Hafen des Mittelmeeres, ging, und dann von Castelnuovo aus die Sutorina, jenen schmalen Landstrich, der hier das österreichische Territorium spaltet, besuchte, hatten meine Leute den gewöhnlichen Landweg auf türkischem Gebiete von Trebinje aus eingeschlagen. Sie kamen am ersten Tage 5 Stunden weit in den Distrikt Zubtzi, indem sie südlich von Trebinje erst das Dratscha-Thal quer durchschnitten, das vielleicht mit dem Drashidol meiner Karte identisch ist;*) dann sich südöstlich wendeten, die Hochebene Schischewo links behielten, und in sehr schwierigem felsigen Terrain zum Theil ohne einen gebahnten Weg, ohne Futter für die Thiere oder einen Trunk Wassers zu finden, stundenlang umherirrten. Am 2. Tage brachte sie ein Führer mit militärischer Bedeckung unter ähnlichen Terrainverhältnissen nach Mrtzinje, hart an der österreichischen Grenze, 4½ Stunde von Zubtzi, ein Marsch von dem ich nur vermerkt finde, dass auf der Hälfte des Weges zur Rechten die Ruinen von Burg und Dorf Jastrebitza (d. i. Geiernest) gesehen wurden, übrigens aber in dem Munde des Volkes die Sage lebt, dass auf den

---

*) *Dratscha* ist der Name des in der ganzen Hertzegowina häufigen Strauches *Paliurus aculeatus*.

Bergen dieser Gegend verschiedene Ruinen alter Städte, deren Ursprung den Römern zugeschrieben wird, zu finden seien. Am dritten Tage Morgens stieg man zur Seeküste der Sutorina nieder, wo ¼ Stunde vom Lande eine elende einzelne Hütte Obdach bot.

Die Bucht, welche dies türkische Stückchen Landes bespült, ist seit Jahr und Tag so versandet und für den Verkehr zu Wasser so unzugänglich, dass nicht bloss grössere Schiffe nicht näher als auf Büchsenschussweite herankönnen, sondern sogar kleine Kähne an dem seichten Ufer derart auf den Grund gerathen, dass wir das Ein- und Ausschiffen nur rittlings auf dem Rücken der Bemannung eines Bootes bewerkstelligen konnten. Was ich von der Sutorina sah, gruppirte sich zu einem Bilde, in dem grasige Hügel mit kahlen Felsen abwechselten, die ein paar Maisfelder umgaben. Ganz vereinzelte menschliche Wohnstätten deuten auf eine sehr spärliche Bevölkerung. Einen ähnlichen Zipfel türkischen Gebietes an der See, zu dem der Zugang nur durch österreichische Gewässer möglich ist, bildet der Hafen von Klek mit seinem Gestade, eine Bucht des sogenannten Canals von Stagno piccolo. Ich ging dahin von Ragusa aus einmal mit einer Segelbarke bis Stagno und von da zu Pferde; ein andermal ritt ich die trefflich gebaute, wenig frequentirte und wasserarme Küstenstrasse über Malfi und Slano. Diese Strasse durchschneidet das Gebiet von Klek eine halbe Stunde landeinwärts von dem innersten Winkel der Bucht und steht auch auf diesem fremden Territorium als Militäretappenstrasse ausschliesslich unter österreichischer Oberhoheit und Aufsicht. Im rechten Winkel schneidet sie die türkische Militärstrasse nach Stolatz. Zwischen dem Kreuzungspunkte und der Küste liegt das aus wenig Hütten bestehende Dörfchen Nëum mit ein paar römischen Inschriftssteinen; unten am Ufer sind eine Anzahl Schuppen zur Unterkunft von Truppen und Aufbewahrung von Materialien und Vorräthen gebaut, da ab und zu türkische Regierungs-Transportschiffe hier ihre Ladung löschen. Handelshafen könnte Klek, da es tief, geschützt und geräumig genug ist, mit unleugbarer Bedeutung für die Herzegowina werden, ist's aber Dank der österreichischen Eifersucht nicht. Das Terrain steigt vom Gestade stufenweise in einer von höheren Bergen umgebenen halbkreisförmigen Einbuchtung aufwärts bis zur Strasse, die in einer Höhe von etwa 500 Fuss über dem Meeresspiegel oben am Rande hinläuft. Weiter landeinwärts folgt dann der Sattel von Moschewitj mit gleichnamigem Dorfe in einstündiger Entfernung. Die Berge sind mit dichtem Buschwerk bewachsen, aus dem sich einzelne Baumgruppen abheben. Die genannte österreichische Strasse führt, stellenweise an Sümpfen vorüber und durch Kunstbauten über diese hinweggeleitet, in $3\frac{1}{4}$ Stunde nach Metkowitj an der Narenta. An deren linkem Ufer entlang kehrte ich nach Mostar zurück.

Die Zuflüsse Krupa und Bregawa und zwischen beiden ein morastiges Terrain von einer anderthalbstündigen Ausdehnung werden im Hochsommer ohne Schwierigkeit zu Pferde passirt; in nassen Jahreszeiten ist der Weg auf dem andern Ufer vorzuziehen. Eine halbe Stunde jenseit*) der Bregawa liegt das grosse Dorf Tassowitj, bis wohin die Narenta für Kähne von mittlerer Tragfähigkeit bequem schiffbar ist. Mehrere grosse Gehöfte mit zweistöckigen Wohnhäusern und eine zahlreiche Heerde stattlichen Rindviehs deuten auf eine gewisse Wohlhabenheit des Ortes, die allerdings zum Theil ihren Grund in dem hier lebhaft getriebenen Schmuggelhandel haben soll. Eine Fähre über die Narenta stellt den Verkehr mit dem andern Ufer her, ein Feldweg in der Thalsohle geht nach dem Flecken Potschitelj. Die Mostarer Strasse aber, wie sie wenigstens bei meinem Besuch angelegt war, verlässt das Flussbett gleich hinter Tassowitj und steigt erst allmälig, dann in ziemlich steilen Windungen auf das Plateau von Dubrawa hinauf, so dass sie Potschitelj im Rücken umgeht, und durchschneidet da eine öde und unfruchtbare Landschaft, die überwiegend mit Buschwald bewachsen, und nur hie und da urbar gemacht worden ist. Auf der Nordseite dacht das Plateau sich ebenso steil nach Buna zu ab, und man kommt

---

*) Nicht dicht an derselben, wie die Karte von Roskiewicz hat.

auf die Stolatzer Strasse kurz vor dem genannten Orte. Der einzige Vortheil, den diese Linie vor dem Weg am rechten Narentaufer voraus haben zu sollen schien, war der, dass man so von Mostar auf türkischem Boden nach Metkowitj, beziehungsweise nach Klek gelangen könnte, ohne den auf österreichischer Seite gelegenen Uebergang über die Narenta zu benutzen.

VI.
Beschreibung der grossen Strasse von der dalmatinischen Grenze durch die Hertzegowina nach Bosnien.

Unter dieser Ueberschrift bietet das 18. Kapitel einer in Belgrad in serbischer Sprache gedruckten Beschreibung Bosniens*) eine topographische Skizze einer viel betretenen und in alter wie neuer Zeit wichtigen Verkehrsstrasse, welche die östliche Hertzegowina durchschneidet.

Zur Vervollständigung des Materials in dieser wenig besuchten Gegend gebe ich zuvörderst den betreffenden Abschnitt hier nach einer von mir veranlassten Uebersetzung des Herrn Božitj wieder.

Die Hertzegowina hat vier grosse Querstrassen: 1) von Cattaro über Rizano, Grahowo, Nikschitj und Jezero nach Taschlidże und Prijepolje, 2) von Ragusa über Trebinje, Gatzko und Fotscha nach Tschainitj, wo sie auf die constantinopolitanische Heerstrasse nach Bosnien trifft; 3) von Ragusa über Ljubinje, Stolatz und Mostar nach Duwno, 4) von Ljubuschki über Mostar nach Konjitza.**) Die zweite der genannten Heerstrassen verläuft folgendermassen:

Von Tzarina, an der Grenze des Weichbildes von Ragusa, beginnt ein betretener Pfad, der jedoch auf 4 Stunden so felsig, steinig und beschwerlich ist, dass Lastpferde denselben kaum beschreiten können. Dann folgt die von einer

---

*) Kowatschewitj *Opis Bosne;* ein Auszug aus des Franziskaners Jukitj genannt Boschnjak grösserem Werke.

**) Der Autor kennt natürlich noch nicht die neuerbaute Narentastrasse.

guten Strasse durchzogene Ebene von Trebinje. Beim Passiren dieser kleinen Festung wird der Fluss Trebeschnitza*) im Sommer durchwatet, im Winter auf einem kleinen Kahn passirt. Von Trebinje bis zum Berge Gliwa ist die Strasse felsig; dann durchschneidet sie eine waldige Gegend und läuft in gut gehaltenem Zustande über die Dörfer Maowsko, Skrbotno, Orah, Tschepelitza (Grenze zwischen den Kreisen Trebinje und Gatzko), dann steigt sie im Gebirge Drakulitja aufwärts und geht ¼ Stunde lang durch einen Engpass, jenseit dessen sich wieder eine Ebene öffnet. Bis zum Städtchen Biletj ist der Weg schlecht. Von hier aus betritt man eine schöne Strasse, die durch Waldungen führend die Dörfer Bogdaschitji und Trnowitza berührt; in letzterem bietet ein Han dem Wanderer einige Erholung. Hinter diesem Dorfe steigt man wieder durch dicht bewaldete Höhen; darauf ein Wachtthurm. Hinter dem Gebirge passirt man eine Ortschaft Korito, von wo man wieder aufwärts steigt und in 5 Stunden über den nackten steinigen Höhenzug Kobilja-Glawa nach Tzrnitza gelangt. Hier entspringt ein Bach aus einer immerfliessenden Quelle. Dann wird die acker- und weidenreiche Landschaft Gatzko durchschnitten 2 Stunden auf guter Strasse bis zum Dorfe Liknik.**) Von da schlängelt sich ein gangbarer Weg durch Forsten und kahle Triften nach dem ansehnlichen Dorf Wrba, welches am Fusse des Tschemerno-Gebirges liegt. Obgleich über dasselbe eine gangbare Strasse führt, so ist es doch sehr beschwerlich zu bereisen, da man weit und breit kein Dorf oder sonstige Unterkunft antrifft. Erst nach einem zweistündigen Marsche über diese Oede hinaus kommt man nach Sutjeska und weiter in die Dörfer Trpowa, Luka und Grab. Hier beginnt die Grenze des Kreises Fotscha und

---

*) So hier; sonst schreiben Kowatschewitj und Alexitj Trebinschtjitza und habe ich Trebintschitza, Trebinjschtitza und ähnliches gehört.

**) Vulgo Lipnik; auch *Lipa* Linde wird landschaftlich *Lika* gesprochen. S. meine Bosnisch-türk. Sprachdenkmäler. S. 34 u. 232.

die Landschaft wird belebter; der erste Ort heisst Belegije, jenseit dessen der unwegsame Pass Prosjetschnitza; die Dörfer Suha, Tjentischte und Porojewitji an bequemer Strasse, die zuletzt nochmals über einen Berg, auf dem das Džemat Belene liegt, nach dem Drinathal hinabsteigt. Ehemals wurde dieser Strom nahe bei Fotscha mittelst einer Brücke überschritten; seit diese aber verfallen ist, werden Reisende und Güter zu Nachen übergesetzt. Eine Viertelstunde von dem Landungsplatze (Skela) entfernt liegt die Stadt Fotscha mit etwa 10,000 Einwohnern, Muhammedanern und Orthodoxen, berühmt durch Fabrikation und Ausfuhr von Säbeln, grossen und kleinen Handschar-Klingen. Der Ort hat 17 Moscheen, darunter 9 mit Blei gedeckt. Von Fotscha ab fällt der Weg nach Tschainitj mit der grossen Ragusaner-Strasse zusammen, und schliesst sich dort an die constantinopolitanische an.*)

Von älteren Itinerarien fällt mit dieser Strasse theilweise zusammen das der im J. 1792 von Ragusa nach Constantinopel geschickten Gesandschaft**) und das des Jean Chenan, der im Jahre 1547 auf der Reise von Ragusa nach den Silberbergwerken von Karatowa und Jagodina die Stationen *Trebign, Sernich* und *Cochio* berührte, in denen Trebinje, Tzrnitza und Fotscha wiederzuerkennen sind, wie ich bereits in den Monatsberichten der Berl. Akademie, Decbr. 1866, angedeutet habe.***)

Auf meiner Karte der Hertzegowina vom Jahre 1861 ist

---

*) Von neueren Reisenden hat der Botaniker Knapp das Stück zwischen Fotscha und Gatzko bereist, als er den Wolujak besuchte: er ging über das Dorf Wrba und die Bergwiesen der Tschemerna, wo einzelne Sennhütten, nach dem Dorfe Isgor, bestieg von da den Wolujak bis in die Krummholzregion, entdeckte dort einen grossen Alpensee und fand von besonders interessanten Pflanzen auf dieser Tour: *Alsine falcata, Silene multicaulis* u. *S. acaulis*, *Saxifraga aizoides*, *Erigeron glabratus*, *Salix retusa*, *Gnaphalium supinum* u. a.

**) Abgedruckt bei Engel, Geschichte des Freistaates Ragusa S. 317.

***) Das interessante Bruchstück seiner Reisebeschreibung ist nach dem Manuscript der Pariser Bibliothek (Fonds Baluze Nr. 8471) abgedruckt bei Chopin u. Ubicini, *provinces Danubiennes* S. 477.

diese Route nur der Hauptsache nach eingetragen, noch weniger genau aus derselben Quelle bei Roskiewicz, daher ich hier einige Details aus den Aufzeichnungen meines Dragomans Markowitj und türkischer Officiere aus Omer-Pascha's Generalstab gebe. Wenn man von Trebinje kommend sich der Mulde nähert, in der Bilekj liegt, so erblickt man den Ort eine Stunde vorher von einem Wachposten aus, der auf dem Vorsprung eines nach NW. abfallenden Hügels liegt. Eine Viertelstunde vor der Stadt liegt ein vereinzeltes Landgut nahe den „Schlünden", aus denen unterirdische Gewässer in südöstlichem Laufe hervorbrechen und vermuthlich zur Trebintschitza rinnen. Von Bilekj geht man zunächst in nordwestlicher Richtung an dem Weiler Balika, der rechts bleibt, vorüber nach Ogulischte (d. i. Bienenkorb) eine gute halbe Stunde weit, von wo ostwärts 1 Stunde das Thal und Dorf Trisindol liegen bleibt. Es folgen Neu- und Alt-Dubrawa, letzteres nur aus 3 türkischen und 2 christlichen Häusern bestehend, in westlicher Richtung und je viertelstündiger Entfernung; 10 Minuten weiter rechts am Abhang Bogdanitza, und nach einer nördlicheren Wendung des Weges nach ¾ Stunde, also von Bilekj etwa 2 Stunden entfernt Trnowitza mit einem Wachposten für 20 Mann. Nach einem halbstündigen Aufstieg von da kreuzt man einen Fussweg, der von Plana nach dem mit zehn Häusern eine Stunde nordostwärts gelegenen Prerawa, führt; überschreitet dann eine Einsattelung in dichtem Buschwald, tritt aus diesem bei einer Lichtung, wo auf einer isolirten Kuppe das Wachthaus Ladżowa ragt, heraus und folgt dann eine gute Stunde weit einer Senkung, wo viel Steingeröll auf eine alte Wasserrinne deutet, bis zu dem Blockhaus „Palanka", wo das einzige Trinkwasser auf der ganzen Tour aus einer alten Cisterne gewonnen wird. Die Lage von Korito, ¾ Std. weiter, entspricht der Bedeutung des Namens „Mulde"; jenseits des kleinen Oertchens steigt der Weg wieder aufwärts; nach 1½ Stunde passirt man abermals eine Palanka, von wo noch 3 Stunden nach Tzrnitza sind. Oestlich von Korito liegt in einstündiger Entfernung Bitelina oder Bitelitza.

Ein anderer Weg von Bilekj nach Korito wird bei zeitweiliger Unsicherheit der genannten Hauptstrasse mit einem Bogen über Plana gewählt; die Wegstrecke beträgt dann 6 Stunden, 3 von Bilekj nach Plana, 3 von da nach Korito. Man nimmt zu diesem Behuf die Richtung westlich von B. auf Podwisin. Dies liegt am Rande der Hochebene von Bilekj so, dass Bilekj, Podwisin und Neu-Dubrawa ein gleichseitiges Dreieck bilden und zwischen die beiden letztgenannten Punkte in eine Linie die Dörfer Zaduschi*) und Pridwor (10 Häuser) fallen. Nordwestlich von Zaduschi klimmt der Pfad in einer steilen Windung abwärts nach einer Cisterne und erreicht, 2 Stunden von Bilekj, 1 Stunde von Plana einen zerfallenen Han. Plana selbst streckt sich weit zerstreut in südnördlichem Bogen um einen mit einer verlassenen Capelle gekrönten Hügel lang hin und zählt einige 80 Häuser. Etwa ¼ Stunde südwestlich liegt der Weiler Jeganjaditza, halb türkisch, halb christlich; und in gleicher Entfernung nordwestlich das 10 Häuser zählende Dörfchen Getsch, nahe einer Quelle, die nach der Schlucht von Fatnitza zu abzulaufen scheint.

Im Volksmunde führt diese alte Hauptstrasse der östlichen Hertzegowina den Namen Drum (vom griech. $\delta\rho\acute{o}\mu o\varsigma$); wenigstens schrieb mir Omer Pascha in einem Billet vom 8. Juli 1861 mit Bezug auf die Bewegungen im Kreise Bilekj, wo damals Derwisch Pascha kommandirte: „So eben erhalte ich einen Rapport von Derwisch Pascha, in welchem er mir bekannt giebt, dass 14 Dörfer jenseit des Weges Drum wohnend, welche sich seit vorigem Jahre aufgelehnt hatten und ausgewandert waren, um die Erlaubniss in ihre Dörfer zurückzukehren gebeten haben."

Auch dieser alte Name weist darauf hin, dass einstmals hier eine der Hauptverkehrsadern des Handels vom adriatischen Meere nach dem Binnenlande verlief. Die römische Militärstrasse nach dem durch antike Monumente beachtenswerthen Taschlidža fiel allem Anschein nach in dieselbe

---

*) Auf meiner Karte irrig Zavuschi, bei Rosk. Zadovišće.

Richtung. Einer Mittheilung eines türkischen Militärarztes zufolge wären neuerdings auch in der Nähe von **Tzrkwitza** römische Alterthümer zu Tage getreten.

In ethnographischer Hinsicht verdient dieser Landstrich besondere Aufmerksamkeit. Täuscht mich meine Beobachtung nicht, so ist die eben beschriebene Linie von jeher eine Völkerscheide gewesen und ist noch jetzt die Grenze, wo das albanesische (altillyrische) Element in das slawische hineinragt. Jetzt, wo die Ueberschichtung des Autochthonenvolkes durch Einwanderer überhaupt in Bosnien völlig das alte absorbirt hat, ist es nicht leicht, irgend welche charakteristische Kennzeichen für Ueberbleibsel der Vergangenheit aufzustellen. Dennoch möchte ich auf eines aufmerksam machen, das noch näherer Beachtung werth ist. Es sind dies die **einheimischen Vor- und Zunamen**. Es ist eine ohnehin bekannte Thatsache, dass in Bosnien und der Herzegowina auch die Muhamedaner, welche von den alten Einwohnern des Landes abstammen und zum Islam erst seit dem 16. Jahrhundert und theilweis noch später übergetreten sind, die Sitte bewahrt haben, Familiennamen zu führen. Ich habe deren aus verschiedenen Theilen der Provinz mehrere Hunderte gesammelt und dabei die Bemerkung gemacht, dass die Namen, — besonders aber die Familien-Namen (denn türkische Vornamen kommen dabei wenig in Betracht) desto urwüchsiger und charakteristischer sind, je abgelegener die Gegenden, aus denen sie stammen. In meiner Sammlung markirt sich als besonders eigenthümlich der Abschnitt **Fotscha** und Umgegend durch die oft fremdartigen, d. h. weder türkischen noch slawischen Klänge der Namen.

Hier eine Reihe von Namen muhammedanischer Einwohner von Fotscha, die ich einer Subscriptionsliste (Bosna 1870 Nr. 220. 222) entnahm: Ibrahim Beg *Poplata*. Zaïm *Muschan*. Mulla Mustafa *Omerbaschitj*. Ibrahim Spahi *Boron*. Husein *Marowatz*. Hadži Salih Aga *Schuschewitj*. Hadži Ibrahim *Hajdo*. Murad *Osmanowitj*. Mulla Omer *Dehlitj*. Hadži Alemdar *Schiloj*. Zaïm *Mirojewitj*. Salih Aga *Hasitj*. Hasan Beg *Kutalija*. Mehmed Beg *Utschakny*. Džanko *Nezir*. Hadži Mehmed

Tataragitj. Abdi Aga *Schiloj.* Mulla Mustafa *Bakitj.* Edhem *Karahasanowitj,* Hadži Aga *Adanowi.* Molla Ahmed *Plawi,* Muschan Aga *Schokalija.* Hasan Bekir *Schokalija.* Abdi Beg *Schukalo.* Ibrahim *Kulosmanowitj.* Abdi *Schewajlija.* Mehmed *Kehajitj.* Hadži Ibrahim *Ehlitj.* Gül Beg *Mreljowitj.* Osman Beg von *Viehowitj.* Hadži Suleiman *Nukhowiti.* Mulla Mehmed *Granoj. Vukan.* Mulla Abdi *Jagno.* Ibrahim *Tjuritj.* Hamza Beg von *Bjelaschtitza.* Ali *Konopatz.* Abdi *Zebinatz.* Mujo *Wranitj.* Abdi Hodža *Tjozo.* Osman *Ferhatowitj.* Hadžo *Lokdla.* Ibrahim *Effenditj.* Bekir *Tschoro.* Abdi *Hadžimeschitj.* Derwisch Aga *Tschilik.* Omer *Paro.* Mujo *Muhowitj.* Mehmed *Paschowitj.* Bego *Kurtowitj.* Suleiman *Hadžitj.* Arif *Bukwa.* Murad Beg *Hrende.* Mehmed *Pijano.* Ibrahim Spahi *Radowitj.* Mujo *Raschljanin.* Hodža *Kutijasch.* Mustafa *Agowitj.* Ibrahim *Hasanowitj.* Omer Spahi *Borowina.* Ali *Karowitj.* Ahmed Aga *Nazitj.* Derwisch Aga *Duowitj.* Mustafa *Gradischitj.* — So constant, wie hier, fand ich den Gebrauch von Familiennamen nirgends sonst im Lande. Für Sachkenner ist kaum nöthig besonders hinzuzufügen, dass die in — *itj* auslautenden, slawische Patronymika sind, wie sie von jeher[*]) zur Bildung von Beinamen verwendet wurden. Das Wurzelwort solcher Ableitungen ist entweder der Vorname des Vaters oder eines berühmten Ahnen: Ferhatowitj von Ferhad, Hasanowitj von Hasan; oder dessen Standesname, z. B. *Kehajitj*, wenn der Vorfahr Kehaja, *Paschowitj* oder *Paschitj*, wenn er Pascha, *Hadžitj*, wenn er Hadži, *Effenditj* wenn er Effendi war; oder sie sind Ortsnamen, wie dann deutlich ist, wenn, wie z. B. „Osman Beg von Vichowitj", die Herkunft noch durch eine Präposition ausgedrückt ist; überall nachzukommen ist da nicht möglich. Verständlich sind auch einfache slawische Beinamen mit appellativer Bedeutung, wie *Bukwa* (Buche), *Hrende* (Hobel) [auch albanesisch], *Konopatz* (Hanfstrick), *Kutijasch* (Kistenmacher). Viele aber lassen sich in keine der gewöhnlichen Kategorien classificiren,

---

[*]) Eines der ältesten Beispiele aus südslavischem Gebiet ist wohl der judex Marianorum Drosaicus bei Pertz, Mon. Germ. VII, 17 ums Jahr 836.

und werden, je reicheres Material dieser Art gesammelt wird, desto interessanteren Stoff zu ethnologischen Vergleichungen und Studien bieten, zumal neben den von Hahn*) zusammengestellten Familiennamen aus der Riça, Elbassan und Berat.

Auffallend ist ein anderes onomatologisches Factum. Bei den Inschriften von Taschlidža hat Mommsen**) auf die antiken einheimischen Frauennamen mit der Endung — o hingewiesen, wie Panto, Tatto, Testo, Titto, Tritano, Vendo, Livo, welche, (wie ich in meinen bosnisch-türk. Sprachdenkmälern S. 117 Anm. 1 andeutete) die Bosniaken noch heut zu Tage lieben, wenn sie Maria in Maro, Fatme in Fato und ähnlich umformen. Noch häufiger aber sind die Mannsnamen mit der Endung — o; ja man kann behaupten, dass fast alle Rufnamen, gleichviel ob christlicher, türkischer, slawischer oder nicht slawischer Herkunft, landesüblich nach dem gleichen Schema gemodelt worden. Wenn man die ähnliche Erscheinung bei den Albanesen beobachtet, wo Frauennamen wie Biljo, Zoro, Kondo, Laljo, Liljo, Chawo, Hajdo, Drano und eine noch grössere Zahl Mannsnamen mit derselben Endung gebräuchlich sind***), so kann man sich des Eindrucks nicht erwehren, hier eine nationale Eigenthümlichkeit vor sich zu haben, die nicht durch die Annahme eines durch die katholische Geistlichkeit vermittelten romanischen Einflusses erklärt werden kann, zumal gerade in der östlichen Hertzegowina und dem alten Rascien die katholische Kirche so gut wie gar keine Bekenner zählt. Gerade aus dieser Gegend aber kann ich den überwiegenden Gebrauch der in Rede stehenden Namensformen belegen. In Unterschriften, slawischen und türkischen, von Dokumenten, zum Theil bis über 100 Jahre zurückreichend, habe ich folgende männliche Nomina propria gesammelt: Ago, Amo, Anto (Antonius); Bajo, Boro, Božo; Dimo, Džanko; Erko; Frano (Franciscus), Feizo; Gatscho, Gèrgo (Gregor), Gjorgjo (Georg), Gorilo; Hadžo,

---

*) Albanesische Studien II, 118.
**) Anm. zu No. 9 meiner Inschriften in M. B. der Berl. Akad. 1866. — Vgl. schon Dando bei Plin. 7, § 155.
***) Hahn a. a. O. S. 116 ff. führte einige dreissig dergleichen auf.

Hajdo, Huko; Janjo, Janko, Jaro, Jowo (Johann), Jotzo, Jožo, Jusso (Joseph), Juro, Jwo (Johann), Jwko; Kajo, Klitscho, Kozo, Kristo (Christian), Kreho, Kurto; Lako, Lazo (Lazarus) Limo, Lowro; Mano (Manuel), Marko (Markus), Mato (Matthaeus), Mandžo, Meho (Mehmed), Memo, Medo, Miho, Mitscho (Michael), Mujo (Mustafa), Musto (desgl.); Niko (Nikolaus); Paro, Pawo (Paul), Petko und Pero (Peter); Rajko, Rako, Ramo; Salko, Seido, Schischko, Simo (Simon), Spaho, Spaso, Suljo (Suleiman), Stanko, Stewo (Stephan), Stoscho; Tafo, Tescho, Todo (Theodor), Turmo; Wasso (Basilius); Zango, Zuko.

Ich kann nur die Worte Hahns wiederholen: „Unseren Nachfolgern möge das Studium dieses mehr als billig vernachlässigten Gegenstandes dringend empfohlen sein".

VII.
Von Serajewo nach dem Treskawitza-Gebirge und zurück. 27.—29. Juli 1871.

Unter dem Kranze von Gebirgen, der von jedem höheren Punkte bei Serajewo den Horizont abschliesst, imponirt keines mehr als die Treskawitza (im Volksmunde Treschkawitza) durch ihr mächtiges Schulternpaar und ihr felsgekröntes Haupt auf dem stattlichen Rücken, dessen Höhe mit 6600 Fuss sicher nicht zu hoch angegeben wird. So leicht dieser Gebirgsstock auch zu erreichen, so wenig ist er doch besucht, und vor mir ist wohl kein Reisender oben gewesen. Im Sommer 1872 sind meinem Beispiele zwei jüngere Freunde, Herr v. Möllendorff und v. Schlemmer, gefolgt, und ersterem verdanken die Pflanzenliebhaber in Deutschland eine reiche von dort mitgebrachte Ernte.

Ich besuchte, wesentlich um botanischer Zwecke willen, die Treskawitza den 27.— 29. Juli 1871; die sonstige Ausbeute an geographischem und geschichtlichem Detail war geringer, als auf irgend einer anderen Tour in Bosnien. Das Gebirge ist eine menschenleere Wildniss, die reine Natur in ihrer ganzen Jungfräulichkeit. Seine nähere Kenntniss füllt aber immerhin eine Lücke in unserm Wissen von Bosnien aus.

Morgens 8 Uhr ritt ich von Serajewo ab, durchflog rasch die Ebene von Lukawitza bis in den südlichsten Winkel, wo die Željeznitza bei Boikowitj aus dem Engpasse heraustritt, und bog da in ein von dem Vorsprung der Bjelaschtitza herlaufendes Seitenthal, überklomm dann den Sattel, der nach Ober- und Unter-Presnitza hinunterführt und machte da von 11 Uhr 50 Minuten bis 12 Uhr 20 Minuten eine kurze Rast. Nach einer Stunde erreichte ich das Dörfchen Gleditj, auf einem fruchtbaren Wiesengrunde, am Fuss der abgeholzten Vorberge des eigentlichen Treskawitzastockes.*) Die Wiesen und Aecker ziehen sich in einer flachen Mulde nördlich bis Umrani, westlich bis Motschewina hin. Die Hügelkuppen sind steinig und wenig bewachsen.

Um 2¼ Uhr gelangte ich in das, unmittelbar am Fuss des Gebirges gelegene, saubere kleine Dorf Dujmowitj oder Dimowitj, liess die Reitpferde dort, und stieg in Ermangelung eines Führers um 3 Uhr zu einer Recognoscirung in's Gebirge hinauf, von der ich nach fünfstündigem Marsche Abends wieder in's Quartier zurückkehrte. Es giebt nur einen Weg, auf dem vom Dorfe aus die Heerden auf die Alp getrieben werden, durch den Wald. Diesem folgte ich zwei Stunden lang bald steil, bald mässig sanft aufwärts bis zur Grenze der Baumvegetation, wo beim Austritt aus dem Hochwalde die Alpenmatten, der Felsenschutt und Kräuterduft die Grenze der Vegetation bilden, die auf den Bergen Mittelbosniens durchschnittlich in einer Höhe von 5000 — 5500 Fuss liegt, und wo sich vor und neben dem Wanderer die kühn geformten Zacken und schroffen Wände der Felsen himmelhoch über einander bauen. Der prächtige Waldgürtel, der das ganze Gebirge ausser der Südseite umzieht, besteht überwiegend aus Laub-, weniger aus Nadelhölzern, und ist oben von einem schmalen Saum krüppelhafter Zwergformen, unten von einem üppigen Buschwald, in dem mir *Rhamnus alpina* häufig aufstiess, eingefasst. Der Aufstieg quer durch diese Region in vorwiegend südwestlicher Richtung nahm etwa 2¼ Stunde in Anspruch und führte nach den ersten anderthalb Stunden

---

*) Hier *Gentiana utriculosa*, *Linum hologynum* und *tenuifolium*, *Prunella grandiflora*, *Scutellaria altissima*. Eine stark behaarte Form von *Stachys annua*, die ich früher auf dem Starigrad bei Serajewo und auf den Serpentinfelsen von Maglaj beobachtet und gesammelt hatte, fand sich auch hier vor.

an einer Quelle vorüber.*) Ich setzte meine Wanderung bis zu einer am südwestlichen Plateau dieser Zone sickernden Quelle fort, die in eine tief nach SO. eingeschnittene Schlucht abfliesst und ihre Wasser vermuthlich einem Nebenbache der Narenta zusendet, so dass hier die Wasserscheide zwischen Adria und Donaubecken läge, und kehrte dann auf ungefähr demselben Wege wieder zurück.

Am folgenden Morgen brach ich mit allen Vorbereitungen für eine weitere Besteigung versehen, um 5 Uhr auf; von Dujmowitj bis zu der zuletzt genannten Quelle ohne längeren Aufenthalt, als den zur Sammlung von Pflanzen nöthigen, zu Pferde. Ein Führer übernahm es, von hier ab die Pferde über den Kamm des Gebirges nach der Ostseite zu führen; ein anderer begleitete mich auf der Fusstour zu den höchsten Gipfeln, bei der wir hier und da einem betretenen Hirtenpfade nachgingen, meist aber uns den eigenen Weg über Matten und Felsen, Schluchten und Schneefelder, Geröll und Gestrüpp suchten. Um den Südgipfel herum, wo tief unten die Slimena-Schlucht mit dunkelm Nadelwalde sich hin-

---

*) An ihrem Rande grosse Gruppen der *Telekia speciosa Baumg.* Eine überaus reiche und zum Theil seltene Vegetation charakterisirte überhaupt die subalpinen Gebirgswälder auf dieser Seite: *Ranunculus aconitifolius, Dentaria bulbifera, Allium ursinum, Cephalanthera rubra* mit bleichpurpurnen Blüthen, *Doronicum cordatum, Aconitum lycoctonum, centaureo kotphyana, Heuff., Mulgedium Pancicii, Adenostyles albifrons, Betonica alopecurus, Phyteuma orbiculare,* die seltene *Achillea multifida* (gris.) und eine *Campanula,* die sich später als *C. trichocalycina* Ten. herausstellte (vgl. über die eigenthümliche geographische Verbreitung dieser Pflanze von Algier über Sicilien, Creta und die Bocche di Cataro bis Bosnien, Ascherson in Bot. Zeit. 1872, S. 634) fielen mir schon auf diesem Spaziergang längs des Weges auf; und gleich beim Austritt aus dem Walde, um die scharfe Kante herum, die im Profil des Gebirges sich als eine fast senkrechte Felswand markirt, und wo der leise Zephyr, der unten kaum die Baumwipfel wiegte, als pfeifender Sturm um die Ecke brauste, hob die Region der alpinen Kräuter auf Felsen und Wiesen an: *Achillea Clavenae, Pedicularis verticillata* und *comosa, Primula longiflora, Hieracium villosum, Trifolium noricum* u. *badium, Edraeanthus serpyllifolius, Oxytropis campestris* u. a. a. Auch die noch wenig gekannte *Pancicia serbica,* die ich in Bosnien an mehreren Standorten nachgewiesen habe, fand sich vereinzelt vor.

zieht, klommen wir zuerst an einer Felsspalte hinauf*), mussten aber wieder umkehren, und einen glatt und rund sich vor uns erhebenden Kegel, dessen dürftiger kurzer Graswuchs das Klettern unter Benutzung aller Gliedmassen nöthig machte, hinaufkriechen. Mein Alpenstock erschlug dabei eine Schlange, die v. Möllendorf als *Coluber austriacus* bestimmt hat.

Auf der Höhe angekommen, breiteten sich vor uns in terrassenförmigem Aufstieg bis zu den schneebedeckten Gipfeln die grünen, blumigen und saftigen Matten aus, auf denen Schaf- und Rinderheerden hie und da zerstreut grasten und an den Lachen in den natürlichen Vertiefungen zur Tränke gingen.**)

Um 12½ Uhr gelangte ich so unter fortwährendem Steigen auf den Gipfel, der mir unter allen, die das Hochplateau überragen, der höchste schien und rastete dort eine Stunde im Genuss der herrlichsten Luft und eines prachtvollen Panoramas, das namentlich nach der Nordseite sich öffnete, während südwärts das Gebirge weniger rasch abfällt, und darum nicht viel Fernsicht gestattet. Schon der Aufstieg von der Südseite her (von der Quelle an bis zum Gipfel in vorwiegend nördlicher Richtung) war durch die Unmöglichkeit bedingt, die schroffen Abhänge auf der Nordseite emporzuklimmen. Namentlich steigen dort die letzten Felskronen, die wir von der Rückseite erstiegen hatten, hunderte von Fussen senkrecht auf, ganz anders als z. B. die Gipfel des Seetz und der Wranitza, die bis auf ihre Spitze wellig geschwungene Contouren zeigen, und eher schon dem Durmitor vergleichbar, der

---

*) Sie bot von interessanten Pflanzen *Saxifraga media*, *Edraeanthus dalmaticus*, *Dianthus strictus*, *Drypis spinosa*, *Chaerophyllum fumarioides*, *Bupleurum ranunculoides*.

**) Ich sammelte hier *Jasione supina*, *Linum capitatum* u. L. *extraaxillare alpinum* Wahl), *Thlaspi alpinum*, *Pedicularis leucodon*, *Silene Sendtneri*, *Homogyne alpina*, *Gnaphalium norwegicum*, *Arabis alpina*, und höher hinauf *Erigeron alpinus*, *Bellidiastrum Michelii*, *Asplenum viride*, *Alyssum Wulfenianum*, *Onobrychis vicifolia* v. *Scardica*, *Alchemilla alpina*, *Gentiana verna*; an Schneerändern: *Soldanella alpina*, *Viola biflora* und *calcarata* (var. Zoysii Wulf), *Primula acaulis*, *Crocus banaticus*; in den Felsspalten: *Dryas octopetala*, *Cerastium Moesiacum*, *Veronica aphylla*, *Alsine Arduini*, *Silene fruticulosa*, *Cochlearia saxatilis*.

ausser einer grossen Analogie in der Flora auch diese zackigen nackten Felsen gemein hat. Die Schichten des Gesteins, meist Kalk, der in den höheren Regionen in Dolomit übergeht, verlaufen aber auf der Treskawitza in einen sehr stumpfen Winkel, oft sogar wagrecht; seltener sieht man massive grosse Blöcke. Auch die Flora zeigt vorzüglich kalkliebende Pflanzen.*)

In südlicher Richtung entsendet die Treskawitza einen erkennbaren Ausläufer am linken Rande der schon erwähnten Slimena-Schlucht. Südöstlich sieht man so weit das Auge reicht nur einen flachen breiten Rücken, der unter dem Namen Zelengora**) befasst wird und nach der Zagorje-Landschaft abfällt.

Ostwärts verläuft der Hauptkamm des Gebirges, indem sich nach einem etwa eine Stunde langen Zwischenfeld voller Löcher und muldenähnlicher Vertiefungen, in denen der Schnee festliegt und Thiere und Menschen trägt, ein zweiter, — im Profil der Mittelstock, erhebt, und daran in nochmals gleicher Entfernung sich der östliche Abschnitt mit einer schroff abfallenden Felskrone schliesst. Auf diesem Kamme wanderte ich an zwei Stunden über die Mittelgruppe, die in der Nähe ein kesselförmiges Rondel bildet, noch ein gut Stück hinaus, bis zu einem Punkte, wo ein schmaler aber betretener Pfad, der nach Kalinowitj in der Zagorje gehen soll, unsern Weg kreuzte. Dieser Fusspfad führt nach Angabe meines Führers an drei Seen vorüber, die in südöstlicher Richtung von da — er wusste nicht in welcher Entfernung — liegen,***) und die ich auf dem Kärtchen angedeutet habe, ohne ihre genaue Lage verbürgen zu können. Von diesem

---

*) Ausser den genannten fand ich auf dem höchsten Kamme einzelne Gruppen von *Pinus Mughus* Slop. *Edraeanthus Kitaibelii*, *Scabiosa silenifolia* und ganz einzeln *Malcolmia orsiniana* Ten.

**) So gesprochen, nicht wie die Grammatik verlangt Zelena Gora (grüner Berg).

***) Vielleicht ist einer von diesen der See (Jezero) der Zelengora, den der Botaniker Knapp von Kalinowitj aus im Sommer 1869 besucht hat, wobei er u. a. *Cochlearia saxatilis*, *Anemone narcissiflora*, *Veronica aphylla* fand.

Punkte wendete ich mich zur Rückkehr am Nordostabhang des Gebirges. Auf Alpenwiesen und an den Felsenabstürzen fand ich noch schöne Pflanzen.*) Auf einer dieser Wiesen tummelten sich, unter eine weidende Heerde der kleinen bosnischen Gebirgspferde gemischt, unsere Rosse. Nachdem wir sie eingefangen und bestiegen, ritten wir einen verhältnissmässig bequemen Pfad zu Thale, der in vielen Windungen meist durch schönen Wald von Buchen, Ahorn und anderen Laubhölzern nach 2 Stunden an den Fuss des Gebirges auf eine Lichtung führte, nach deren Ueberschreiten wir um 7¼ Uhr in das ärmliche Dörfchen Brutusitz kamen, wo das Nachtquartier bei einem Bauer genommen wurde, der seit Jahren mein Lieferant frischer Butter gewesen, und der es übernahm, am andern Morgen, wenn er zu Markte ging, eine Pferdelast meiner Pflanzen mit zur Stadt zu nehmen.

Von Brutusitz aus bietet sich ein ergreifend schöner Blick auf die Treskawitza. Das Profil, welches ich davon hier entwarf, hat nicht den Zweck, die landschaftliche Herrlichkeit dieses schönen Gebirges auch nur entfernt zu veranschaulichen, sondern soll nur in grossen Zügen die wunderbare Form des ganzen Stockes in seiner majestätischen Grösse und Harmonie wiedergeben, und die ungefähre Abgrenzung der Vegetationszonen, wie sie sich mir nach den Eindrücken des Tages eingeprägt hatte, darstellen. Was die dunkeln Schatten des Abends bald verhüllten, zeigte sich am andern Morgen früh bei der ersten Morgenbeleuchtung in den schärfsten Umrissen noch einmal und, dem Naturbett im Heuschober meines Bauern zeitig Lebewohl sagend, trat ich die Rückreise an, von jedem Punkte, der eine Aussicht bot, nochmals das Auge zu dem schönen Berge zurückgewendet.

---

*) *Gentiana lutea, Anemone narcissiflora, Plantago montana* und eine *Plantago*, die Dr. Ascherson als ähnlich der *P. gentianoides* bezeichnet, *Ajuga pyramidalis; Cirsium pauciflorum W. K.* am Rande des Waldes war weiter abwärts häufig, es liebt feuchte quellige Orte in Bergwäldern; eine von der Thüringer Heimath bekannte Wiesenblume, *Trollius europaeus,* sah ich hier, in einer Meereshöhe von c. 5500 Fuss zum ersten Male in Bosnien wieder.

Brutusitz liegt oberhalb des weiten Thales, in welchem die Gemeinde Trnowo sich in weit zerstreuten vereinzelten Gruppen über eine Stunde weit hinzieht, und welches die Željeznitza mit mehreren Nebenbächen reich bewässert. Der Waldweg, den ich einschlug, um weiter abwärts in das Thal niederzusteigen, führte durch Baumschläge und Niederholz über feuchten weichen Boden*) quer durch einen Bach, der oder dessen gesammtes Bett, wenn ich recht hörte, den Namen Lutschidol (vielleicht Wutschidol „Wolfsthal"?) trägt, und mündete nach 1¼ Stunden auf die Strasse längs der Zelesnitza, die ich von der Durmitor-Reise her kannte. Damals hatte ich, hauptsächlich wegen des Regens, der die Aussicht hinderte, von der Treskawitza wenig gesehen. Nur der Blick von Krblina und der Zagorje aus bestätigt nach meiner Erinnerung die Beobachtungen meines diesmaligen Besuches insofern, als die Abhänge der Zelengora, nach der Hochebene Zagorje zu, sehr allmälig verlaufen, der südliche Ausläufer der westlichen Treskawitza aber, von Südosten gesehen, sich wie eine Treppe von ungeheuren Felsen ausnimmt.**) Ueber den Pass von Tzrweni-Klanatz wurde nach sechsstündigem Ritte von Brutusitz am 29. Mittags Serajewo wieder erreicht.

---

*) Wo *Cytisus Tommasinii* häufig.
**) Wenn ich die Tour, die ich diesmal gemacht, mit der Roskiewiczischen Karte vergleiche, so ergiebt sich als höchst wahrscheinlich, dass mein Rückweg nach Brutusitz mit dem Pfade zusammenfällt, den R. von Turowi aus über den Wratlopass nach Hotowlja und Kalinowitj laufen lässt, zumal uns in Trnowo der gleiche Weg als eine unter Umständen zu Pferde wohl zu forcirende Passage bezeichnet wurde (vgl. Sax in Mitth. d. Wiener Geogr. Ges. 1870 S. 99); als sicher aber betrachte ich es, dass die Treskawitza in der Hauptsache weiter nach Westen liegt, als R. angiebt, dass dagegen die Wisotschitza nicht, wie er zeichnet, eine Verbindung zwischen Bjelaschnitza und Treskawitza bildet, sondern südwärts näher der Narenta gerückt werden muss, wie ich sie denn in jenen Tagen wiederholt vor Augen gehabt habe, weit rückwärts hinter einer Linie, die von der Treskawitza nach der Bjelaschnitza läuft.

VIII.
Von Serajewo über Gatzko nach dem Durmitor und Mostar .19. — 28. August 1869.*)

Die erste Tagereise ging über den „rothen Pass" Tzrweni Klanatz**) und am Han Ilovitza, nahe dem Einfluss der Tzerna Rjeka in die Željeznitza vorbei***), nach dem Han von Trnowo, 6 Stunden von Serajewo.

Am zweiten Tage umgingen wir in östlichem Bogen das Treskawitza Gebirge, indem wir zuerst den nach Fotscha führenden Weg über Toschitji und den die Wasserscheide der Drina bildenden Sattel Zelenidol einschlugen, in das Dobropolje Thal hinunter und dann am südlichen Thalrande im Zickzack emporstiegen, und bei Krblina $3\frac{1}{4}$ Stunde von Trnowo-Han, das Plateau Zagorje, das wellenförmige und sterile Hinterland der Treskawitza, erreichten und bis Kalinowitj, $3\frac{1}{2}$ Stunde weit durchschnitten.†) Die Handels-

---

*) Diese Reise machte ich in Gemeinschaft mit dem K. österr. Viceconsul Sax, der eine Beschreibung davon, die in topographischer Beziehung fast überall mit meinen Beobachtungen stimmt, im XIII. Bande der Mittheilungen der Wiener Geogr. Gesellschaft (1870 S. 97—115) mit einer Karte gegeben hat, die wir in verkleinertem Masstabe und mit den erforderlichen Berichtigungen in Ortslagen und Namen reproduciren.

**) *Hier Alnus incana, Spiraea ulmifolia, Rhamnus alpina, Acer pseudoplatanus* und *platanoides*.

***) *Plantago carinata, Cytisus Tommasinii, Spiraea cana, Anthericum racemosum, Galium purpureum, Calaminthe thymifolia.*

†) Auf dieser Strecke *Triticum spelta* (cultivirt), *Onosma stellulatum, Sesleria autumnalis, Gentiana crispata* Vis., *Silaus virescens, Dianthus corymbosus,*

strasse von Dalmatien (Narenta-Mündung) nach Fotscha kreuzte, wie eine uns begegnende Karawane lehrte, diese Landschaft beim Han Kalinowitj. Im Uebrigen bestätigte sich meine frühere Angabe,*) dass die Zagorje eine spärlich bevölkerte und wenig cultivirte „steinreiche" Landschaft ist, und A. Boués Hoffnung in seiner Kritik meines damaligen Aufsatzes, dass hier noch wichtige Entdeckungen auch in ethnographischer Beziehung zu machen seien, war eitel.

Am dritten Reisetage bot der Uebergang über die „Wolfsberge" Wutschja Brda, der Abstieg in das obere Narentathal und der Uebergang in die Hertzegowina vieles Interessante. Anfangs steinig, dann mit Buchenwald bestanden, fällt die Wutschja-Brda-Gruppe nach Süden terrassenförmig ab,**) geht dann in Bergwiesen und kräuterreiche Hügel über und schliesst mittelst einer Einsattelung, in welcher die Wässer in natürlichen Mulden stagniren, sich an das kuppelähnliche mächtige Dumosch-Gebirge an, längs dessen Südwestabhang wir das, wegen seiner zahlreichen frischen Quellen Bjele Wode „Weisswasser" geheissene, steil abfallende, reich bewaldete Terrain durchschnitten.***) Nach 6¼ stündigem Marsche von Kalinowitj, passirten wir um 1¼ Uhr die Neretwa, die schon hier, etwa 3 Stunden unterhalb ihrer Quelle, durch ihr hellbläulichgrünes Wasser auffällt, und rasteten bald darauf in dem Dörfchen Mjedenik†) Nachmittags setzten wir den Ritt noch eine Stunde weiter fort zum Dörfchen Kokotina

---

Scorzonera rosea, Gentiana germanica, Eryngium amethystinum, Euphorbia myrsinites, Galium purpureum, Plantago carinata, Alsine setacea, Veronica spicata, Digitalis ambigua, Artemisia absinthium, Odontites rubra, Euphrasia officinalis, Juniperus Sabina.

*) Ztschr. f. Erdk. XI. N. F. S. 468.

**) Aus der Felsenflora notire ich: *Alyssum Wulfenianum, Betonica alopecurus, Salvia glutinosa*, am Waldrande die sehr seltene *Pancicia serbica*, auf der Wiese *Scorzonera rosea*.

***) Hier *Astrantia major, Lophosciadium Barrelieri, Peucedanum austriacum, Quercus cerris, Asperula odorata, Silaus virescens, Parnassia palustris, Carpinus betulus, Cornus mas u. C. sanguineus.*

†) Das Ufergebüsch bildet hier vorzugsweise *Salix incana*.

mit einem Landgute meines Gastfreundes Haidar-Beg-Tschengitj, wo wir Quartier und — als neuestes Produkt seiner Landbau-Reformen — ein Gericht Kartoffeln fanden.*)

Den folgenden Tag ging unser Weg über einförmig kahles steiniges Hügelland**) abwärts über Jugowitj, an Wischnjewo vorbei†) in das Hochthal von Gatzko, in welches man unterhalb des Dörfchens Gratschanitza eintritt. Rings von hohen Bergen umgeben macht diese Ebene den Eindruck eines alten Seebeckens, von dem die Gewässer in der Richtung nach Newesinje ihren Abfluss gehabt haben. Nach etwa fünfstündigem Ritt von Kokorina aus erreichten wir die Ortschaft Metochia, Sitz der Distriktsbehörden und Garnison eines Bataillons. Der griechische Name bedeutet eine zu einer Parochie eingepfarrte Filialgemeinde. Gatzko selbst, (türkisch gesprochen Gatschka) findet sich in älteren Schriften Gretzka geschrieben††) und weist also ebenfalls auf eine Colonie aus einem griechischen Kloster hin.†††)

Nach einem Rasttage auf dem Schlosse Lipnik, dessen Besitzer der begüterte Ded Aga Tschengitj ist, und wo mir unter andern Proben von Brauneisenstein und Braunkohle gezeigt wurden, die in der Nähe bei Aptowatz vorkommen sollen, ritten wir am 24. August nach Kloster Piva über die Hochebene Rawno durch die Region des seit dem Auf-

---

*) Von seltenen Sachen botanisirte ich dort *Cephalaria alpina*; von gewöhnlicheren waren vorherrschend: *Anchusa officinalis, Xanthium strumarium, Amaranthus retroflexus, Polygonum auriculare, Leonurus cardiaca, Origanum vulgare, Verbascum nigrum, Stachys recta, Ebulum humile, Eryngium amethystinum, Agrimonia eupatoria, Mentha pulegium.*

**) *Onosma stellulatum, Carlina acanthifolia.*

†) *Acer campestris, Populus tremula, Gentiana cruciata,* und an einem Felsenpasse *Satureja montana* (var. *Blavii* Asch.), *Marrubium candidissimum, Berteroa incana, Seseli varium, Hieracium Waldsteinii.*

††) Dufresne Illyr. V. et N. 130: *Bosinenses reges occupant Neuesium* (Nevesinje), *Debarum* (Dabra mit einer röm. Grabschr.), *Grecka aliaque oppida quas possidebat Miroslavus comes Chelmensis.*

†††) In botanischer Beziehung war dieselbe wenige Tage vor mir von dem Wiener Botaniker Knapp durchforscht worden, der hier den schönen, ausgezeichneten neuen *Dianthus Knappii* mit gelben Blüthen entdeckte.

stande von 1861 gezogenen mit kleinen Forts auf Bergspitzen und Pässen befestigten Grenzcordons, der von irregulären Milizen unter dem Commando des oben genannten Tschengitj besetzt ist. Das Hauptquartier, wo auch reguläre Truppen cantonniren, ist Goratzka. Durch dichten Buschwald*) steigt man von da nach Piwa hinab; wo wir trotz der späten Abendstunde freundliche Aufnahme beim Prior fanden. Das Kloster liegt in einer der landschaftlich schönsten Gegenden der östlichen Hertzegowina, tief in einem von waldigen Bergen umschlossenen Kessel am Bache Sinjatz, der die Gewässer eines kleinen Bergsees zur Piwa ableitet. Die Legende führt es auf zwei Brüder zurück, die zur Zeit der türkischen Eroberung nach Constantinopel geschleppt, es dort der eine zum Pascha, der andere zum Bischof gebracht haben, und dies Kloster in dankbarer Erinnerung an ihre Heimath gestiftet haben sollen. Die alte in Rundbogenstil gehaltene, der Gottesmutter geweihte, Klosterkirche ist in der Mitte und in den Seitenschiffen bis in die Kuppel hinein mit Wandgemälden bedeckt, deren eines eben jene Gründungssage in der Darstellung eines einen Bischof umarmenden Paschas veranschaulicht. Während des Aufstandes von 1861, wo das Kloster einer der Brennpunkte des Kampfes gewesen war, hatten die Mönche eine Zuflucht in Montenegro gefunden; ein Theil der Klostergebäude war zerstört und erst jetzt wieder im Aufbau begriffen. Die türkische Herrschaft hat bis heute noch nicht vermocht, sich in dieser Gegend ganz festzusetzen; namentlich sind Gornja (Ober-) Piwa und Drobnjak zwei fast ganz unabhängige Distrikte, obwohl das türkische Militär seine äussersten Vorposten bis Bezoj jenseit des Flusses vorgeschoben hat. Die politische Grenze der türkischen Verwaltung, die Linie über welche hinaus kein bewaffneter Türke den Fuss setzen darf, ohne als Feind betrachtet zu werden, läuft von der Komarnitza aus ungefähr parallel mit dem rechten

---

*) Darin *Acer monspessulanum*, *Prunus padus* und *Rhamnus frangula*, am Rande fand ich ein Exemplar der seltenen, noch wenig bekannten *Stachys anisochyla Vis. Panc.*

Piwa-Ufer in 1—1½ stündiger Entfernung nach Tzrkwitza zu, und von da in der Richtung nach Kolaschin dem linken Tara-Ufer entlang. Seit 1861 ist der Uebergang über die Piwa, eine kleine Stunde aufwärts vom Kloster, in den Händen der Türken, indem Omer Pascha dort eine feste Brücke schlagen liess, die heute seinen Namen trägt.

Durch Vermittelung des Priors gelang es mir für den Besuch jenes noch unerforschten Gebietes jenseit der Grenzlinie, Drobnjak und Durmitor, einen griechischen Popen zu gewinnen, der für die nöthige Benachrichtigung der freien Gebirgsbewohner und die Beschaffung sicherer Führer sorgte.

Am 25. August früh um 4 Uhr wurde aufgebrochen und der Weg über die Piwabrücke zunächst nach Borkowitj und Nikolindol, dem äussersten Grenzdorfe von Oberpiwa genommen.

Das Durmitorgebirge steigt von dieser Seite in drei mächtigen Absätzen empor, welche ebensoviel Vegetationszonen markiren. Zunächst von der Brücke an, welche eine Meereshöhe von 2500 Fuss hat, fällt der Thalrand 1800—2000 Fuss hoch steil ab, so dass zu Pferde der sehr beschwerliche Weg in kurzen Zickzacks kaum ersteigbar ist.*) Von Borkowitj an folgt ein etwa drei Stunden breiter Gürtel von baumlosen, grasreichen Triften und Weiden, der sich bis zu einer Meereshöhe von 5500 Fuss hinaufzieht, und innerhalb dessen eine reiche Flora von Alpenkräutern**) meist noch in voller Blüthe sprosste. Dieses Weidegebiet ist der beständige Zankapfel und Schauplatz des Streites zwischen den Bewohnern von Drobnjak und ihren Nachbarn. Die Heerden von Borkowitj

---

*) Während dieses Aufstiegs sammelte und beobachtete ich: *Artemisia camphorata, Clematis vitalba, Ligustrum vulgare, Melampyrum nemorosum, Allium flavum, Bupleurum kargli Vis., Laserpitium marginatum, Salix caprea, Satureja pygmaea, Hyssopus officinalis, Seseli Tommasinii, Peucedanum Neumayeri, Centaurea alpina.*

**) *Onobrychis vicifolia var. Scardica Gris; Cerastium silvaticum* u. *grandiflorum WK; Linum capitatum; Stachys alpina; Androsaces villosum; Chrysanthemum graminifolium; Pedicularis comosa; Armeria canescens; Phleum alpinum;* in besonderer Häufigkeit *Gentiana crispata Vis., Allium carinatum; Dianthus silvester, atrorubens* und *ciliatus Guss.*

und Nikolindol dürfen nicht eine Stunde weit über das Weichbild des letztgenannten Dörfchens hinaus, ohne von den Leuten von Drobnjak als herrenloses Gut heimgetrieben zu werden. Eben dort befindet sich eine Quelle, an welcher die von Drobnjak allein behaupten ihre Heerden tränken zu dürfen. Nach 4½stündigem Ritt vom Kloster aus — ungerechnet den Aufenthalt in Nikolindol, wo wir unsre Leute und einen Theil der Bagage zurückliessen — waren wir an den Punkt gekommen, wo in der Regel die Drobnjak ihre Wachen aufgestellt halten, um den Zugang zu ihrem Gebirge zu überblicken. Der zu solch weiter Umschau geeignete hoch emporstrebende Felsengürtel umgiebt wie ein Wall das eigentliche Hochgebirge auf dieser Seite und schliesst ostwärts mit dem von einer abenteuerlich in die Wolken ragenden Spitze gekrönten sogenannten Sattelberg (Sedlo) ab.

Wir rückten noch drei Stunden weiter in das Gebiet von Drobnjak hinein. Das Hochgebirge ist unbewohnt und ausser einigen Sennhütten*) stiessen wir auf keine Stätten menschlicher Niederlassung. Grosse Heerden von Horn- und Schafvieh weideten auf den Alpenmatten, der einzige Reichthum dieses Gebirgsvölkchens. Die Hirten, deren wir ansichtig wurden, versteckten sich; einzelne, denen ich begegnete, als ich fern von meiner Begleitung eine abgelegene Felspartie durchwanderte, waren von Furcht so überwältigt, dass sie zitternd baten, ihnen nichts zu Leide zu thun. Sie hatten, wie ich später erfuhr meine Botanisirbüchse für eine andere Büchse angesehen. — Die Zahl der Bewohner der Gebirgslandschaft wird nach „Flinten", d. h. nach waffenfähigen Männern angegeben. Ganz Drobnjak soll 2000 wehrhafte Männer zählen, zur Vertheidigung ihrer Felsen gewiss genug. — Nachdem wir über die Alpenwiesen-Region hinaus in die Felsengruppen soweit gestiegen waren, als es nach Ansicht der Führer möglich war, liessen wir unsre Leute bei einem kleinen Bergsee mit hellem grünem Wasser (daher Zeleni-

---

*) Bobanj genannt, auf der nördlichen, nicht wie Sax angiebt, der Papan schreibt, auf der südlichen Seite des Weges.

Jezero genannt) und kiesigem Grunde, zur Mittagsrast zurück, während deren ich meine Durchforschung der nächsten Spitzen und Kuppen fortsetzte. Ich erklomm botanisirend noch einen Felsenkamm*), von vielleicht 6000 Fuss Meereshöhe. Nördlich neben mir lag der höchste Dolomitkegel des Gebirges in einer Höhe von noch etwa 2000 Fuss, leider von dieser Seite aus nicht zu ersteigen; Oestlich breitete sich eine weite herrliche Landschaft aus, rechts von dem Kutschki Kom, links vom Ljubuschnja-Gebirge begrenzt, unter uns im Vordergrunde das Bett der Tara, an deren linkem Ufer die Landschaft Jezera muldenförmig, wie ein altes Seebecken, sich etwa zwei Meilen weit hinstreckt und jenseits dessen der Blick über Taschlidža hinaus bis nach Serbien hinüber schweift.

Der Rückweg nach Piwa wurde in sechs Stunden fast auf derselben Route zurückgelegt, nur dass ich von Nikolindol durch eine tiefe Schlucht auf dem halben Wege von Dubljewitj direkt nach dem Piwaufer hinunter gerieth und dort die Strasse nach Bezoj kreuzte.**)

Am 26. August wurde der Rückweg bis Lipnik fortgesetzt,***) am 27. durch die Ebene 2¼ Stunde bis Wratitza („das kleine Thor"), dann noch ¼ Stunde bis Fojnitza in einer Engschlucht, durch welche einst die Gewässer der Ebene ihren Ablauf genommen haben müssen und bei Hochwasser im Frühjahr öfters jetzt noch nehmen.†) Weiter nach dem Klotscha-Passe 2¼ Stunde; hier wird die Thalsohle verlassen und nach einer halben Stunde das hochgelegene Fort Zahlum erreicht, mit Trümmern alter Baulichkeiten, die auf

---

*) Hier *Dryas octopetala, Alsine Arduini Fenzl., Arctostaphylos uva ursi;* *Edraeanthus tenuifolius* (WK.) *ADC., Trifolium noricum; Cystopteris fil. frag. var. alpina; Carex sempervirens v. laevis Kit.;* und ein *Sempervivum (Heuffelii);* unten am See *Parnassia palustris* und *Myosotis alpestris.*

**) Hiernach konnte ich die Lagen dieser beiden in Saxens Karte mit einander vertauschten Dörfer berichtigen.

***) Auf dem Abstieg von Rawno sammelte ich noch *Hieracium Waldsteinii, Silene virescens, Tunica saxifraga.*

†) An Felsen sammelte ich *Heliosperma Tommasinii* (Vis.) Gris. bisher nur in Montenegro bekannt, sowie *Ceterach officinarum;* an Lachen *Scirpus palustris,* mannshoch dichte Büsche bildend.

eine bedeutende Vergangenheit des Ortes, wahrscheinlich der ehemaligen Residenz der Grafen von Chelm oder Zachlum, hinweisen. Diese Grafschaft, die in ihrem territorialen Umfang zur Zeit ihrer grössten Ausdehnung, ganz wie ehemals das Fürstenthum von Narenta, von den Inseln des Adriatischen Meeres bis nach Konjitz an der Narenta reichte, hat eine mehrhundertjährige Geschichte, die auch für die mittelalterliche Geographie dieser Gegend manches Interessante enthält.*)

Weiter nach einer Stunde Abstieg über den steilen Felskamm Bratatz**) in die Ebene, in der bald darauf vermittelst einer Brücke ein seichtes Wasser passirt wird; nach weiteren 1¾ Stunden durch einen Eichenwald nach Newesinje. Am 28. August nach Mostar, sechs Stunden über Poljane und Paljew-Dol, zwei Džemaat (Gemeinden) in halbstündiger

---

*) Nach dem venetianischen Chronisten Johannes (Pertz Script. RR. Germ. VII, p. 16—32.) war der erste *Dux Narrentanorum Sclavorum* um 836 Chr. Muisclavus; um 875 Domogoj, † 876; ihm folgt Sedesclavus f. Tibimiri 877; diesem entreisst Brenemir 877 das Herzogthum; mit ihm machen 887 die Venetianer Frieden. Um 998 erscheint ein Surigna *Sclavorum regis frater* als *princeps Narrentanorum*; sichtlich derselben Völkerschaft, die Constantinus Porphyrogenetes in die Provinz Zachulmia ansetzt. (Const. Porph. de adm. imp. 31.) Im Jahre 1181 nennt eine Epistel des Papstes Alexander IV. einen Miroslav als *Comes Tacholmitanus* (l. Zacholm. Theiner Mon. Slav. Merid. I, 1.) denselben, den Dufresne (Illyr. V. et N. p. 180) nach Orbini als ersten Grafen von Chelm, Bruder des Serbenfürsten Stephan Njemanja, seit 1177 regieren lässt, nachdem um 1150 nur ein *Toparchus Chelmensis*, (Dufresne a. a. O. p. 53) dem auch die Insel Meleda unterstand, vorhanden gewesen war. Sein Nachfolger Andreas, zweiter Graf von Chelm um 1240, verlor den grössten Theil seines Besitzes, darunter Nevesinje, Dabra und Gatzko, sowie die diesseit und jenseit der Narenta an die Grafschaft Cettina stossenden Striche, und behielt nur Bisza, Leca, Popowum (Popowo) und Stagnum (Stagno). Es folgten dann die Grafen aus dem Hause Branivoj, deren Heimath Barga *oppidum Chelmensis provinciae* war, und denen der König von Bosnien Stephan III. i. Jahre 1358 denjenigen Theil des *Chelmensis tractus quae maris littoribus ad Neuesium et Cognizium protendebatur*, nahm. (Dufresne a. a. O. 180. 119. 120. Das Wappen der Grafen von Chelm, ein Arm mit einer Keule, ist ebenda Taf. 1, 10 abgebildet.)

**) *Alsine Jacquini Hoch; Scilla autumnalis; Herniaria glabra; Hyssopus officinalis; Satureja montana; Cephalaria leucantha.*

Folge von einander in welligem Terrain aufsteigend, dann eine Stunde lang bis **Pakratschuscha** oder **Pakratschitj** auf dem Rücken eines bebuschten steinigen Berges entlang*) von da nach **Blagaj**, an der bekannten Bunaquelle, zwei Stunden vor Mostar absteigend.**)

Die Ebene bis Mostar bot natürlich nichts Neues.

---

*) Wo eine sehr interessante Flora mir unter anderm eine von Ascherson für neu erkannte und benannte *Crepis Blavii* lieferte.

**) Ganz deutlich setzt bei diesem Abstieg nach Blagaj eine andere Vegetation ein: *Cytisus ramentaceus, Ruscus aculeatus, Paliurus aculeatus, Vitex agnus castus, Clematis flammula; Punicum granatum, Centaurea punctata* Vis; *Linaria dalmatica;* bei Blagaj selbst: *Aster amellus, Tribulus terrester, Heliotropium europaeum* und *supinum; Plumbago europaea, Inula candida; Teucrium polium; Asparagus acutifolius.*

IX.
Von Serajewo nach Taschlidža und zurück über Wischegrad.*)
20.—27. August 1866.

20. August. Von Serajewo nach Pratscha. Die ersten 3½ Stunden führten erst in dem Miljatzka Thal aufwärts, dann von Ljubogoschtscha an über einen mit Fichten bewaldeten Rücken in die fruchtbare Ebene Pale, wo nahe dem Han die Paloschtitza den Bach Repasnitza von Osten her aufnimmt, rings von waldigen Bergen umschlossen. Vom Han erhebt sieh in N. 20 O. die höchste Kuppe der Romanja, fast völlig isolirt, nicht als eine Kette. Etwa eine Stunde hinter Pale liegt, der Romanja gerade gegenüber, so dass eine die Spitzen verbindende Linie unsre Strasse in rechtem Winkel schneidet, der rechts bleibende Berg Vitez, wonach der nächste Gemeindebezirk (Džemaat oder Nahije) benannt ist, getheilt zwischen den Kreisen Serajewo und Tschelebipazar, so dass die Grenze des ersteren 5½ Stunde von der Stadt liegt, durch ein Wachthaus auf einem Hügel gekennzeichnet. Eine Stunde weiter, nachdem man einen herrlichen Buchen-

---

*) Einen ausführlichen Bericht über diese Reise hat mein damaliger Begleiter, der französische Consulatskanzler E. Pricot de Ste. Marie im Bulletin de la Société de Géographie 1868 (XV. p. 497) und 1869 (XVII. p. 126) gegeben. Die Darstellung leidet oft an Unklarheiten; die Orts-, Berg- und Flussnamen sind, grösstentheils durch Schuld der ungenügenden Correktur, oft nicht wiederzuerkennen; alle in vorliegendem Berichte erscheinenden Varianten der Orthographie sind durchaus als Berichtigungen jener Fehler des französischen Textes anzusehen.

wald passirt, kommt man an ein anderes Wachthaus, 5½ Stunde von Tschelebipazar, welches zu letzterem Kreise gehört und wie der Berg, auf dem es liegt, Wrch-Prtscha heisst. Auf dem Abstieg von da geniesst man ein weites Panorama: südwärts am fernsten Horizont die Spitze des Durmitor, etwas rechts davon im Vordergrund der Korjen, noch weiter rechts die Jahorina-Planina, deren Profillinie der Vitez abgrenzt; eine Lücke in dem Profil der Jahorina wird mir als das Thal der Tzrna Rjeka bezeichnet, die man auf dem Wege von Serajewo nach Fotscha passirt. Der Wrch-Prtscha ist die Wasserscheide; einerseits quillt dort die zur Miljatzka fliessende Paloschtitza, andererseits steigt man in's Thal der zum Drinagebiet gehörigen, hier schon breiten, also weiter herkommenden Pratscha hinab. Nach 1¼ Stunden vom Wachtposten am Bache abwärts erreichten wir das gleichnamige aus nur 14 Häusern bestehende Dörfchen; die dazu gerechnete Gemeinde (Džemaat) dehnt sich wohl an 1½ Stunde aus. Ehemals soll hier eine bedeutende Ortschaft gelegen haben*), die durch die Pest entvölkert wurde; an der Strasse kurz vor Pratscha liegen viele Grabsteine zum Theil mit Sculpturen, deren Ursprung die Ueberlieferung auf die Zeit der Grk (Griechen) zurückführt.

21. August. Von Pratscha nach Tschajnitza. Man folgt ein paar Minuten dem Pratschabach, der sich dann nach Osten wendet, links hoch überragt von den Ruinen der Burg Pawlowatz. Weiterhin thalabwärts sieht man Rassoha an einer Berglehne und noch eine halbe Stunde weiter die Dörfer Tschajnowitj und Renowitza, überragt vom Gossinje-Berg. Wir gehen mehr südlich, überschreiten einen Pass (Derbend), dessen engste Stelle Sokolina (Falkenfelsen) heisst, und erreichen auf einem schmalen gewundenen Pfade im Schatten von Buchen nach 1¼ Stunde die Quelle Radolawitza. Rechts von dem Passe streckt sich nordsüdlich die dichtbewaldete Wand des Poglej, an welcher das Džemaat

---

*) Theiner Monn. Slav. Mer. p. 298: *Pracha Byscupnia* in einem Documente v. J. 1244, ist vielleicht damit identisch.

Komrani oder Kaschtjari (Löffelmacherdorf) weit zerstreut liegt, während gegenüber östlich eine mässige Höhe Wutschja-Brda genannt wird. Jenseit des 10 Minuten langen Passes beginnt ein grünes Wiesenthal mit einem Bergwasser Barska Rjeka, das die Grenze zwischen den Kreisen Tschelebipazar und Fotscha, also auch zwischen Bosnien und der Hertzegowina bildet, und den Namen von dem Dörfchen Bare hat. Es wird $^3/_4$ Stunden weit bis zu den gleichnamigen Hans in östlicher, zuletzt etwas südöstlicher Richtung verfolgt. Südlich liegt quer vor dem Thal der Berg Predo mit dem Dorfe Bukwitza, dagegen O. 20 S. der Pretulj über dem Bara-Grunde, mit dem Dorfe Tschemernitza. Eine Viertelstunde unterhalb der Hans verlassen wir das Thal und steigen den zu Tschainitza gerechneten Nadgorje-Berg hinan, auf dessen Höhe sich ein Rückblick nach der Jahorina öffnet, vor welcher ein dunkler Gipfel als Tzrni Wrch (Schwarzspitz) bezeichnet wird. Am Fuss des Nadgorje am rechten Ufer der Bara, nicht sichtbar, liegt ein Dorf Puloge, über welches von der Höhe aus ein Weg nach Tschemernitza führt. Der Nadgorje ist ein Vorberg des Ranjen, der nach 1¼ stündigem Aufstieg 3¾ Stunde von Pratscha erreicht wurde. Dieser ausgezeichnete Punkt*) bietet einen weiten Umblick über den grössten Theil der obern Hertzegowina: ganz deutlich ist der Durmitor zu sehen und vor demselben in parallelem Profile die Ljubuschnja, im mittleren Abschnitt des Gesichtsfeldes das scharf eingeschnittene Felsenthor des Sutschesa-Passes, und ganz links in etwa achtstündiger Entfernung eine grosse, groteske Berg-Masse, die Wijogor heissen soll. Der Weg führt wieder steil ab, das Dorf Karowitj nahe rechts berührend, Osjetschani aber in fast einstündiger Entfernung links lassend, nach einer Stunde zum Weiler Podranjen; dann senkt sich das Thal sanft noch 1¼ Stunde bis zum ganz christlichen Dorfe Goražda von etwa 100 Häusern am linken Ufer der Drina, die c. 150 Schritt breit auf einer Fähre übersetzt werden muss, da von einer früheren Brücke nur noch die fünf

---

*) Auf Roskievicz's Karte viel zu weit gegen Süden gerückt.

Pfeiler stehen. Dicht unterhalb der Brücke ergiesst sich der vom Ranjen niederrieselnde Bach, Ranjenska Rjeka. — Die Strasse folgt nun zunächst ein kleines Stück der am rechten Ufer aufwärts nach Fotscha führenden, wendet sich aber dann südlich und südöstlich über mehrere Terrainwellen dem Bache Wrisoje folgend, 1 Stunde aufwärts durch Erlen- und anderes Gebüsch zwischen den zerstreuten Häusern der südlich an Bedžojna grenzenden Gemeinde Kozara zum Han am Fuss des gleichnamigen Berges, der in einer weiteren Stunde erstiegen wird. Ein kurzer Abstieg führt von hier in die hohe Thalebene Miljona mit einem kleinen Weiler an üppigen Wiesen, längs deren der Bach Janje nordwärts zwischen steinigen Uferrändern, die abwärts noch enger und steiler zusammentreten, abfliesst. Von hier noch eine Stunde bachaufwärts, liegt in einem lauschigen Winkel das Städtchen Tschajnitza, Hauptort eines Kreises, der sich in einem schmalen Streifen nördlich bis an das Gebirge Ranjen, östlich bis an den Lim, einschliesslich Rude, westlich nur bis gegen das schon zu Fotscha gehörige Džemaat Lupoglaw erstreckt. Der Kreis hat nicht mehr als 1350 Häuser; die Stadt 350, überwiegend Muhammedaner. Der Mittelpunkt der orthodoxen Christen und Ziel jährlicher grosser Wallfahrten zum Marienfest ist die geräumige vor 7 — 8 Jahren neugebaute Kirche, neben der die schöne Moschee Sinan Begs*) sich durch ihr Alter von c. 400 Jahren auszeichnet.

22. August. Von Tschajnitza nach Taschlidža. Der Kessel in dem Tschajnitza liegt, wird von den Abhängen des Tschiwidži Brdo im Norden und denen des Strugoj im Südosten gebildet, an letzterem hinauf führt unser Weg durch einen dichten Tannenwald das Gebirge Kowatsch hinauf; dessen Vorberge hier den Localnamen Konjski Glob (vgl. Rosstrappe) haben. An zwei kleinen Seen vorüber wird nach 1¾ Stunde bei einem Wachtposten die jetzige Grenze des Regierungsbezirks Taschlidža passirt. Weiter geht es quer

---

*) Vermuthlich ist dieser Sinan Beg derselbe, der zweimal, i. J. 1470 und 1486, Gouverneur von Bosnien war.

über einen kleinen Bach ½ Stunde weit durch den schönen Laubwald der Swetlo Borje, welchem ostwärts gegenüber der breite Berghang Podblatzi mit moorigen Wiesen liegt, jenseit dessen sich weit sichtbar der Jawor-Berg erhebt. Hier beginnt der weit gedehnte Plateaurücken des Kowatsch, rechts und links durch tiefe Thäler begrenzt, nach denen zwei Quellbäche, Kamena woda und Sawina woda, nordöstlich ablaufen, und in deren südlichem Theile 2 Stunden vom Wege entfernt das Dorf Maritji liegt. Weiter folgt nach 1¼ Std. der Weiler Poljane, von wo im SW. die hohen Kämme der Ljubuschnja sichtbar sind, und mit dem Eintritt und Abstieg in das alte Rascien die Landschaft kahler und dürrer wird; und nach ½ Stunde der Han Gwozdje (auf Eisen deutend), der sammt dem in den Winkel einer Halde gedrückten Kaffee des Jahja-Pascha zum Džemaat Boljenitj gehört. Nach einer kurzen Rast im Schatten einer benachbarten Moschee geht es weiter über den steinigen Krtsch durch einen tiefen Grund; nach einer Stunde führt rechts ein Weg nach Bistritza und ein andrer nach Uglesnitza ab; 1 Stunde weiter kreuzt man die Jugoschtitza und schneidet quer über die Höhe Gnilo-Brdo; von ihr geht es hinab in das Thal der Kotowuscha-Woda mit zwei Dörfern, Wukalitza links und Kotlina rechts des Weges, der ¼ Stunde weiter am Quell Hradžalina vorbeiführt. Nach noch einer Viertelstunde verlässt man das Hügelland, und steigt in die offene Thalebene hinab, in deren Mitte, etwas näher der NO. Seite die Stadt Plewlje oder Taschlidža, ein freundlicher und gastlicher Ort, sich in Sternform ausbreitet.

23. August. Aufenthalt in Taschlidža. Das Städtchen zählt gegenwärtig beiläufig 460 türkische und 250 christliche Häuser mit zusammen ca. 7000 Bewohnern, 7 Moscheen und 1 christliche Kirche. Unter den Moscheen ist die berühmteste die, welche den Namen Husein Paschas, Statthalters von Bosnien im Jahre 1594, trägt, der nach der Sage die Stadt angelegt, richtiger wohl nur Türken dort angesiedelt haben soll, denn schon 1547 wird sie unter dem Namen Plewnie genannt. Dass hier eine alte römische Stadt lag, ergiebt sich

aus zahlreichen in Häusern und Moscheen verbauten Trümmern von Säulen, Capitellen, Piedestalen, Sculpturen und etwa 20 lateinischen Inschriften, von denen aber leider keine den alten Ortsnamen bewahrt hat.*) Die meisten derselben fanden wir an dem sogenannten Ilino Brdo (Eliasberge) eine kleine Stunde SO. von der Stadt, aber gerade hier waren auch zu dem in Gang befindlichen Neubau der Kapelle des Heiligen vielfach schon antike Steine wieder benutzt und zerschlagen worden.**) Die Ebene von Taschlidža zu beiden Seiten des Tjehotinaflusses ist rings von hohen Bergen umschlossen und dehnt sich in Form eines S etwa 2 Stunden in die Länge bei ¾ Stunde durchschnittlicher Breite aus. Die Tjehotina, welche zwischen den Bergen Korjen und Miljétino-Brdo aus einer engen Schlucht in die Ebene tritt und sie beim Dorfe Gostetz durch eine ähnliche Schlucht wieder verlässt, empfängt in der Nähe der Stadt die dieselbe durchfliessenden Bäche Wreschnitza, Wrbnitza und Skakawatz, welche von den Bergen am Nordrande, Boja, Runitza und Borowatz herabkommen. Inmitten der Ebene erhebt sich am südlichen Flussufer ein etwas höherer Hügel Pljesch und im Westen schliessen die Komine und der Zetzji Tjelo (Hasenwimper), zwischen denen der Fluss die Ebene verlässt, den Bogen. Taschlidža ist als Handels- und Garnisonstadt einer der belebtesten Punkte im Südosten der Provinz.

24. August. Von Taschlidža nach Banja. Bald nachdem man die Stadt auf der Ostseite verlassen, ersteigt man den Hügel Golubinje, an dessen Nordfuss das Kloster Troitza zu sehen ist, und dann den bedeutenderen Tzrni-Wrch mit lichtem Fichten- und Kiefernwald und grasigem Boden, nach der ersten Stunde passirt man zerstreute Gehöfte der Gemeinde Zeljenitza, links bleibt Tschemerna; nach einer weiteren Stunde, bei dem in einer Thalmulde gelegenen

---

*) Abgedruckt mit Th. Mommsens Bemerkungen im Monatsbericht der Berl. Akad. d. Wiss. 1866. S. 838 ff.

**) Dagegen sollen die gewöhnlich als Eski-Kassaba (Altstadt) bezeichneten Ruinen bei dem 1½ Stunde W. von der Stadt gelegenen Dorfe Kukanj nur einer namenlosen mittelalterlichen Burg angehören.

Ogreda, überschreitet man die Grenze des Kreises Prijepolje und ersteigt in einer halben Stunde den Rücken der Babina Planina, auf der die c. 30 Häuser des Dorfes Babinje im Umkreise einer Stunde weit zerstreut liegen. Drei Viertel Stunden weiter folgt ein tiefer Einschnitt, der Hanina-Grund, dann der Scherbetina-Berg, auf dessen Höhe ein Weg nach Prijepolje sich abzweigt, das $3\frac{1}{4}$ Stunde entfernt sein soll. Von dem Kreuzwege aus sieht man nordwestlich auf einem Bergrücken das Dorf Butschje und näher im Grunde liegen die zu Prijepolje gehörigen Wrbowo und Butinje. Eine kleine Stunde von da führt zu dem in frischen Wiesen gebetteten Alpendorf Totze, das am SW.-Fusse des Pobjenik gelegen, das obere Ende eines 4 Stunden weit nach SO. sich erstreckenden Hochthales beherrscht, welches die langgestreckten parallelen Rücken des Babina und des Pobjenik trennt; durch dasselbe ist im S. 38 O. die Stadt Prijepolje, dahinter das Schloss Hissardžik und in S. 55—60 O. das entferntere Gebirge Zlatar sichtbar. Es bedurfte voller 2 Stunden, um von hier über den Rücken und längs der Lehne des Pobjenik in vornehmlich nordoestlicher Richtung an den Dörfern Marschitji und Kalafatowitj (ungenau auch Kalopotowitj gesprochen) vorbei und über zwei Sturzbäche hinweg steil hinab in's enge Thal des Lim zu gelangen, der hier die Grenzen der Kreise Taschlidža und Nowawarosch bildet, und vermittelst einer Fähre übersetzt wird. Jenseits wurde die Hauptstrasse von Constantinopel, die sich um den zuckerhutähnlichen Bergkegel Ostrik herumwendet, gekreuzt und im $\frac{1}{4}$ Stunde seitwärts gelegenen, durch bebuschte Hügel gedeckten Kloster Banja bei dem zufällig anwesenden Bischof von Serajewo Quartier genommen.

25. August. Von Banja nach Wischegrad. Nach einem Besuche der. 28 — 30° R. warmen eingefassten Stahlquelle, welche dem Kloster den Namen gegeben hat, und einem Blick in die Kirche, in der sich mehrere altslawische Inschriften finden, brachen wir $7\frac{1}{2}$ Uhr auf; den Lim abwärts am Ostufer, angesichts der in schönen Linien einfallenden Bergkette am Westufer, die nächst dem Pobjenik sich in der Lissa-

Stjena und dem Bitsch*) fortsetzt, erreicht man nach 1¼ Stunde das ansehnliche Dorf Priboj von 50 Häusern und bald dahinter am Zusammenflusse zweier kleinen aus NO. kommenden Bäche die Ruinen einer durch Säulentrümmer, Grabsteine und alte Fundamente kenntlichen serbischen Ortschaft, die im Befreiungskriege 1815 zerstört worden sein soll. Eine halbe Stunde weiter passirt man den Punkt, wo der von Norden kommende Uwatz sich am Fusse des Wrschka-Berges in den Lim ergiesst; die serbische Grenze ist hier nur 1 Stunde entfernt und ihre Wachtposten auf dem Cigla-Berge in Sicht. Der Uwatz (auch Wuwatz geschrieben) bildet die Grenze auch zwischen den Kazas Nowawarosch und Wischegrad, und wird auf unserm Wege zwischen dem Dörfchen Ratscha am linken und Sterbci am rechten Ufer vermittelst einer Brücke überschritten. Die Thalsohle verlassend stiegen wir**) nicht ohne Schwierigkeit in schlüpfrigem, zähem, weissen Thonboden, dann durch lichten Kiefernwald den Bjelo Brdo (weisse Höhe) hinan, an dessen Südseite sich die zerstreuten Häuser und Gründe der Gemeinde Budimlje mit einem alten slawischen Friedhof hinziehen. Oben auf der Höhe beim Han von Bjelo Brjeg ist die Wasserscheide, von der in NNW. Richtung der Weljepolje-Bach, dessen Quellen in ostwestlichem Laufe unsere Strasse kreuzen, läuft; während jenseit des Thales von Budimlje eine mit Kiefern bewachsene Parallelkette, Warda***) genannt, ihre Bäche dem Lim zusendet. Eine kleine halbe Stunde weiter abwärts ist noch ein Wachtposten Wran-Stjena; dann folgt der schöne Laubwald des Lipanj, an dessen Ostfusse, gegenüber den Höhen von Tabatschitza,

---

*) Er liegt vom Kloster aus in N. 20 W., nicht in WSW. wie Roskiewicz angiebt.

**) Augenscheinlich weiter östlich biegend, als die von Rosk. eingetragene Strasse; die Passage des Gebirges ist durch Ibrahim Pascha i. J. 1865 verlegt worden, um sie fahrbar zu machen.

***) Falsch bei Ste. Marie: Vanda, Tabouchitza; die ganze Tagereise ist auf dieser und der folgenden Seite durcheinander geworfen, anscheinend durch Unordnung in den Notizblättern.

diesseits des Weljepolje-Baches der Han Hadži Mujo liegt. Nachdem man in nördlicher Richtung das Wasser passirt, kommt der rothe Kegel des Stolatz in Sicht, an dessen Fusse nach einer Stunde man den Bach Jablanitza durchschreitet, der von Westen kommend sich bald darauf bei dem Dorfe und Schlosse Dobrunj in den Hrsaw (Rsawa) ergiesst. Diese in der serbischen ältern Geschichte öfters genannte Burg, von der noch Mauerreste, Grotten und andere bauliche Trümmer übrig sind, und welche zeitweilig ein serbisches Kloster barg, wäre einer näheren Untersuchung wohl werth. Nach ¾ Stunden im Thalweg des Hrsaw wendet derselbe sich scharf westlich und ein freier Durchblick am Wachtposten Kaldyrym zeigt im Westen das Semetj-Gebirge, und vor ihm den Zaglawak; nördlich ist der Holo Brdo oder Bjesko auf serbischem Gebiete in Sicht. Nach einem kurzen Abstieg wird der Fluss überschritten und der Weg läuft nun, durch künstliche Nachhülfe hier fast ununterbrochen fahrbar gemacht, am rechten Ufer entlang, das mit einem stark gelichteten Gemisch von Laub- und Nadelhölzern, Baum und Busch, bestanden ist, bis näher an Wischegrad heran das Thon- und Schiefergestein in festere braunrothe Felsmassen übergeht, auf dem nur noch kurzes Gestrüpp fortkommt. Das Städtchen selbst mit seinen 125 Häusern ist unbedeutend und verschwindet in den Senkungen des Terrains. Mehr in's Auge fallen die Befestigungswerke auf den Hügeln rings umher, und ein sehr schönes Monument ist die Brücke über die Drina, in elf Bogen gebaut von Mehmed Pascha Sokolowitj*) nach einer Inschrift am Wachthurm daselbst i. J. 985 d. H. d. i. 1577.

26. August. Von Wischegrad nach Rogatitza. Von der alten Citadelle aus, die ich am Morgen vor der Abreise erstieg übersieht man den ganzen Kessel: im NO. begrenzt ihn der Moljewnik, darunter der Janje-Berg; im Osten der Stolatz, den wir vor Dobrunj sahen; im Norden ein anderer

---

*) Sokolly Mehmed Bey wird als letzter Beg und erster Pascha von Bosnien in der Liste der Gouverneure in den Jahren 981—991 d. H. aufgeführt.

Stolatz auf serbischem Gebiete; nach Westen bricht die Drină durch, an deren linkem Ufer die Sucha Gora, und südwestlicher die Butkowa Stjena und der Kopilo den Rand des Kessels bilden. Zwischen letztgenannten beiden Bergen stiegen wir eine halbe Stunde hinter der Stadt zuerst in SW. dann in NW. Richtung den Abhang Ljeska hinauf, an dessen Fuss ein Han, Mameledji, und auf dessen Rücken ein zweiter Borowina liegen, 1 Stunde von einander entfernt; vorwiegend Kieferwaldungen, auf den höheren Spitzen Tannen; eine Stunde weiter auf der Höhe ist die Grenze des Kreises Wischegrad. Bis zum Semetj-Han hinauf dauert der Anstieg noch ¾ Stunde. — Weitere Beobachtungen auf dieser Tour, hinderte der Regen. — Von dem Han, in den wir uns geflüchtet hatten, bis Rogatitza legten wir in langsamer Gangart die Strecke in wenig über 3 Stunden zurück. Dieser Abstieg geht über Bergwiesen, durch Nadelwald und stellenweise über steinige Triften, zuletzt über Hügel mit Buschwald 2 Stunden weit bis zur Thalsohle der Turska Rjeka; ¼ Stunde vor Rogatitza wird noch ein Bach, die Sutjeska überschritten. Der Ost selbst liegt inmitten reicher Fluren und üppiger Wiesen, durch welche sich die Rakitnitza schlängelt, er hat 2 Moscheen, Hunkjar Džami und Sultan Bajezid, mit schadhaften Minarets; 290 türkische, 3 christliche Häuser; das ganze Kazà 2400 Christen und 2600 Muhammedaner in zwölf Džemaats. Wohlhabende türkische Beg's sind hier der Stamm einer Bevölkerung, die den Ruf fanatisch, ungastlich und der Regierung feind zu sein, hat und verdient. An einem Hause im Orte fanden wir als Thürstein eine römische Inschrift, den Grabstein eines Decurionen der Colonie Risinium, halb in die Erde vergraben; wir hatten ihn eben blosgelegt und abgeschrieben, als der Hausherr Abdi Effendi mit lautem Geschrei und geschwungener Waffe herbeistürzte, weil wir einen von Vater auf Sohn vererbten Zierrath seines Hauses entweiht hätten. Dies Benehmen liess uns natürlich von weiteren Nachforschungen abstehen, auch würde uns ein anderer, angeblich im Harem des Jussuf-Agha-Arnautowitj befindlicher Inschriftstein jedenfalls unzugänglich geblieben sein.

27. August. Von Rogatitza nach Serajewo. Bei Nacht und Nebel ohne Führer in einer unbekannten Gegend wår es anfangs unthunlich, topographische Einzelnheiten zu notiren. Nach vierstündigem scharfen Ritt passirten wir den Weiler und Han Tankowitj, einem Beg gehörig, dessen Kula (Burg) nahe dabei liegt. Ein grosses gewölbtes Grabmal steht hier rechts vom Wege. Wir befinden uns auf der Hochebene Glassinatz, einem steinigen, unfruchtbaren Plateau, das sich drei Stunden in die Länge und Breite hinzieht. An seinem westlichen Ende 5½ Stunde von Rogatitza, 6½ von Serajewo liegt der Han Podromanjom, am Fusse der Romanja-Planina.*) Nach einem mähligen Aufstieg auf breitem Wege, zu dessen beiden Seiten Gebüsch von Haselstauden, Birken und Fichten, und überall eine lebendigere Flora mehr Abwechselung in die Landschaft bringt, trifft man auf dem höchsten Punkte des Weges ein Wachthaus. Von da fährt die alte Strasse kurz und steil in's Mokrothal hinab, die neue in einem südlichen Bogen durch prächtigen Hochwald nach Mokro, noch 4 Stunden von Serajewo. Dies ist ein Complex von Han's und Bauerhäusern am Westflusse des Gebirges, wo ein bedeutender Handel mit Bau- und Brennholz getrieben wird. Die Strasse von hier nach Serajewo ist, oder war wenigstens ein paar Jahre lang in fahrbarem Zustande; der schwierigste Abstieg ist ½ Stunde vor der Stadt nach dem Moschtjanitza-Thal zu, wo das Plateau der Borja steil abfällt. Ein schön gepflegter Buchenwald liegt hier am nördlichen Abhang versteckt, rechts der Strasse. Jenseit der Steinbrücke der Moschtjanitza betreten wir Serajewo wieder durch das alte befestigte Thor von Constantinopel (Stambul-kapussy.)

---

*) Aus der Flora dieser Gegend notire ich: *Tragopogon orientalis, Gnaphalium silvaticum, Gentiana cruciata, Helianthemum vulgare, Euphrasia officinalis, Ulmaria filipendula, Anchusa officinalis, Carlina vulgaris, Hypericum perforatum;* Anthemis austriaca, höher oben *Linum flavum, Gentiana germanica, Malva moschata, Epimedium alpinum, Polygala comosa, Origanum vulgare, Cirsium eriophorum, Scabiosa holosericea, Campanula persicifolia* u. *glomerata, Pteris aquilina* u. a.

X.
Von Serajewo nach dem Ozren und zurück über Pale.

Das schöne Waldgebirge des Ozren habe ich wiederholt, 1868, 1869, 1871 besucht; znm erstenmale gelegentlich der Anwesenheit von Franz Maurer, der auf meinen Rath den Rückweg von Serajewo über Kladina, Tuzla und Bertschka, als die am wenigsten besuchte und bekannte Strasse einschlug, und dieselbe auch ausführlich beschrieben hat. Ich begleitete ihn am 29. Juni 1868 bis zur Höhe des Ozren, leider bei sehr ungünstigem Wetter. Die landschaftliche Aehnlichkeit, die das Gebirge mit unseren mitteldeutschen Nadelwaldbergen Thüringens und des Harzes hat, tritt mit einigen natürlichen Modificationen auch im Charakter der Flora im einzelnen hervor. Es lassen sich von den Ausläufern, die das rechte Ufer der Moschtjanitza bilden, bis zu seinem Gipfel, der die Höhe von 4800 Fuss haben soll, 3 Zonen unterscheiden. Die unterste umfasst die unbewaldeten, abgeholzten und nur kümmerliches Buschwerk hervorbringenden, der Südsonne ausgesetzten und wegen des theils schieferigen, theils kalkigen Bodens ohnehin nicht reich bekleideten Abhänge von der Stadtmauer von Serajewo aus etwa 1¾ Stunde nordostwärts bis zu dem Han von Drljewatz. Bis hierher waltet die gleiche Vegetation vor, welche den Gürtel vom Hum über dem Schlossberge bis nach der Lapischnitza charakterisirt. Die zweite Zone beginnt von da ab aufwärts d. h. in einer Höhe von ca. 2500 Fuss mit einem stark gelichteten Fichtenwalde, welcher während 1½ Stunden ein sanft aufsteigendes hügeliges Plateau bedeckt, das ringsum von höheren waldigen Bergen bekränzt wird. Er ist durch einzelne Culturstellen, Aecker und Bergwiesen unterbrochen; aus der Flora der letzteren ist die schöne *Pancicia serbica* und weiterhin an dem Han Jezero, so benannt von einem kleinen Weiser, *Arnica montana* beachtenswerth. Von diesem Plateau gelangt man auf den Rücken der Wutschjaluka, deren Gipfel rechts liegen bleibt und deren Namen (Wuks Gefilde) auf einen alten bosnischen Helden, Namens Wuk (Wolf) zurückgeführt wird, der auf einen Ritt von Belgrad nach Jaitze hier gerastet haben soll, und welchem auch die Anlage eines langen Pflasterweges, der von hier nach dem Ozren hinüberführt (Duga Kaldyrma), zugeschrieben wird. Dieser Berg ist vom Ozren durch einen tiefen Einschnitt getrennt, welcher die Strasse hinab und hinaufsteigt, und zu welchem parallel mit dem genannten Pflasterwege zwei Bäche in nördlicher Richtung hinabstürzen. An der Stelle, wo die Schlucht überschritten wird, liegt der Han Toplitza. Der Nordabhang der Wutschjaluka ist dicht bewaldet mit prächtigen Fichten, in den tieferen Lehnen mit Weissbuchen (*Carpinus betulus*) und Ahorn (*Acer pseudoplatanus*).*) Auf der andern Seite der Schlucht wird der Waldrand so dicht, dass nur ein schmaler Pfad sich durch die Stämme hindurchwindet, und nur an wenigen Stellen Windbrüche und Forstschäden einzelne Lichtungen gebildet haben. Nachdem man eine Stunde lang aufwärts hier durch gestiegen ist, öffnet sich nach Nordosten hin ein weiter Blick in ein tiefes Alpenthal, in dessen Grunde das Dörfchen Rakowanoga zerstreut liegt. Mit einer Wendung des Weges kommt man 4½ Stunde von Serajewo von Norden herauf an einen Han.**)

Die Besteigung der von hier nur 20 Minuten SO. entfernten höchsten Kuppe des Ozren, unternahm ich in Beglei-

---

*) Am Rande *Vaccinium myrtillus*, *Asperula odorata*, *Valeriana montana*; auf Bergwiesen: *Silene Sendtneri*, *Thalictrum aquilegifolium*, *Viscaria viscosa*, *Mulgedium alpinum*.

**) Von 4000 Fuss an aufwärts nimmt die Vegetation der niederen Pflanzen einen etwas anderen Charakter an: hier war damals *Gnaphalium*

tung meines Bruders und mehrerer Damen zu Pferde am 3. September 1868. Die Kuppe ist ganz kahl, nachdem man durch einen lichten, grasigen Wald von lauter „Christbäumchen" gewandelt ist. Die zerklüfteten höchsten Felspartien bestehen aus Dolomit. Der Umblick ist überaus lohnend: man überschaut — nicht zu viel gesagt — hier den grössten Theil Bosniens. Das Meer von Bergen, in deren Mitte man sich befindet, ist so gewaltig, dass es z. B. schwer ist, den Trebewitj bei Serajewo heraus zu kennen, so unscheinbar verschwindet er unter der Masse. Die Ranjen-Kette bei Goražda ist ebenso deutlich im Gesichtskreise, wie die Berge hinter Tuzla und die hertzegowinischen Gebirge jenseit der Narenta. Der Ozren ist bei dieser herrlichen Fernsicht einer derjenigen, von A. Boué*) vergeblich gesuchten Punkte im mittleren Bosnien, der zur Errichtung geodätischer Signale sich vorzüglich eignen würde und an dessen Horizont sich dann als weiterer Signalpunkt die Spitze des Ranjen anschliessen müsste. Es kommt der Umschau vom Ozren weniger seine absolute Höhe zu statten, da bekanntlich oft noch weit höhere Berge keinen freien Umblick bieten, als vielmehr die Lage inmitten eines weiten Kessels in nicht zu grosser Nähe von höheren Bergen. Uebrigens bedeutet der Name selbst im Südslawischen — von *ozrjeti* „umherschauen" — soviel als „Fernsicht", und da derselbe Name für mehrere Kuppen in Bosnien (auch in Serbien) wiederkehrt, so ist mit Sicherheit darauf zu rechnen, dass jeder derselben die Mühe der Ersteigung durch eine schöne Aussicht lohnen werde.

Ein andermal nahm ich den Rückweg von **Drljewatz** abwärts am **Glogberge** (wo *Scorzonera rosea* wächst) und wandte mich oberhalb des **Na-hresch-Hans**, den Grund **Brussulje** rechts lassend, nach dem **Sumbulowatz** zu, beim gleichnamigen Han die Strasse nach Mokro verlassend. Ein

---

dioecum, *Trifolium alpestre*, *Orchis sambucina*, und vereinzelt *Lilium pyrenaicum*; bei einem späteren Besuch im Herbst *Gentiana ciliata* u. *germanica*, *Senecio nemorensis* vorherrschend charakteristisch.

*) Beiträge zur Erleichterung einer geogr. Aufnahme der europäischen Türkei S. 9.

schmaler Wiesenpfad über verschiedene nach SW. rinnende kleine Wasseradern durch welliges Terrain führte nahe an den Fuss der kühn von der Romanja vorspringenden Orlowa Stjena (Adlerfelsen), an deren Ausläufern, mässig bewaldeten Hügeln, zwei kleine ½ Stunde von einander entfernte Dörfchen, nördlicher Jelowatz, südlicher Jassen, liegen. Von letzerem steigt man in einer weiteren halben Stunde in die Ebene und zum Han von Pale hinab, zuletzt über eine schöne Bergwiese.*)

Von Pale kehrte ich NW. über Ljubogoschtscha, das Dorf Pribram zur linken lassend, in das Thal der Miljatzka zurück. Eine halbe Stunde unterhalb ihrer Biegung von N. nach W. verengt sich das Bett durch dicht herantrètende Felsen.**) wo eine Brücke auf das rechte Ufer hinüberführt. Ein Fusspfad führt beim Dörfchen Puloge von dieser Seite den Starigrad hinan.***)

---

*) *Gentiana utriculosa, Orchis incarnata* u. *ustulata*.
**) *Onosma stellulatum* u. *Spiraea cana*.
***) An den Hügeln von hier bis gegenüber von Starigrad ist sehr häufig *Ranunculus millefoliatus* und *Aristolochia pallida*.

XI.

Von Serajewo über Wissoka und Sutiska nach Zenitza und zurück über Bussowatscha.
5.—9. September 1867; 14. August 1868; 31. October 1870.

Von Serajewo 2 Stunden entfernt liegt das wohlhabende Dorf Wogoschtscha, dessen Fluren der gleichnamige Bach durchfliesst. Am rechten Ufer seines Oberlaufes sieht man eigenthümlich grotesk gruppirte Felsmassen; das untere Thal ist eine gesegnete Aue, die Getreide-, Obst-, Gemüse- und Holzhandel treibt. — 1 Stunde weiter der unbedeutende Han Semissowatz*), aus dessen Namen wohl der auf alten Karten hier verzeichnete, nicht existirende Ort *Serinje* entstellt ist. In der vierten Stunde wird der kleine Bach Misotja passirt, und 20 Minuten weiter die wasserreichere Stawnja**). Nahe ihrer Mündung liegt am linken Ufer der Bosna das Dorf Kadaritj, etwas weiter abwärts als Luka, welches letztere die Grenze des Kreises Serajewo gegen Wissóka bildet, zu welchem Wlaschko und Ljubnitj***) gehören. Im Misotjathal aufwärts, rechts der Strasse liegt am Südab-

---

*) Nicht *Seminowa* wie Roskiewicz's Karte hat.
**) Zwar nannte mein Führer diese Bachnamen in umgekehrter Folge, dass er sich aber irrte und die oben angegebene, wie sie auch Roskiewicz in seiner Karte giebt, richtig ist, bestätigen auch die Angaben über den längeren Lauf der Stawnja aus ihrem hohen Gebirgsthale von Waresch bis zur Bosna in O. Sendtners Itinerar (Ausland 1848 Nr. 166, 167) und in Kowatschewitj's Beschreibung von Bosnien (serbisch, Belgrad 1875).
***) Nicht *Laschko* und *Pluvnitj*, wie R. schreibt.

hange der Hügel des rechten Ufers das Dorf Misotja, und 1 Stunde weiter aufwärts die Ruinen der Burg (Kale) von Dubrownik, einer ehemals ragusanischen Colonie die hier zur Zeit des Ban Kulin (1171—1207) die Bergwerke ausbeutete*). Unterhalb des Einflusses der Lepenitza überschreitet man die aus mächtigen Holzstämmen gezimmerte Bosna-Brücke, dicht vor dem halb christlichen, halb türkischen Flecken Wissoka, mit im Ganzen 400 Häusern, an einem Bergabhang, auf dessen Spitze die gleichnamige alte Burg gelegen haben soll.

Nach Sutiska gehen von hier zwei Wege, die sich im Gratschanitza-Thal**) gabeln; einer im Thale aufwärts, der andere quer über die Berge. Einen Ort dieses Namens, der im Thale liegt, bekam ich nicht in Sicht. Ich wählte den Pfad über's Gebirge und kam nach 1¾ Stunde von Wissoka aus an das Dörfchen Mrschnitza in einer hügeligen Landschaft, in deren grösstem Theil nichtssagendes Gestrüpp von Haselstauden, Schleebüschen und Brombeeren vorherrscht, näher den Häusern Fruchtgärten und Ackerland. Den gleichen Charakter trägt die ganze Gegend bis nach Warosch (so spricht man hier statt Waresch) hin, 2¼ Stunde über Sutiska hinaus. Von Mrschnitza steigt man in zwei Stunden, links die Flur von Boretschanj streifend, rechts in etwa ⅔ Stunden Entfernung Trnowtzi sehend, in das Thal der Trstionitza hinüber, in dessen Winkel Kloster Sutiska liegt, das man jedoch nicht eher erblickt, als bis man auf Büchsenschussweite herangekommen, eine scharfe Biegung des Weges nach Osten macht. Das Kloster, eine der ältesten Niederlassungen der Franziskaner in Bosnien, hat das Privilegium des Glockengeläutes seit Anbeginn der türkischen Herrschaft genossen, sowie auch die katholischen Bauern der Umgegend, welche Schutzgenossen des Klosters sind, eigene Freiheiten haben.

---

*) Nach Schimeks Geschichte Bosniens fiele der Beginn dieses Bergbaus schon in die Zeit des Ban Grubessa (1101—1109).

**) R's. Karte hat an dieser Stelle den Flussnamen *Podvinaska*, gewiss nur eine irrthümliche Wiederholung der weiter aufwärts als Zufluss der Bosna von ihm bezeichneten *Podovinca*.

Ihre Verdienste werden auf die Hülfe zurückgeführt, die sie bei dem Verrath der benachbarten, etwa 1¾ Stunde entfernten, alten Königsburg Bobowatz leisteten*). Von der Burg sollen jetzt nur dürftige Ruinen übrig sein. Im Dorfe Sutiska wird noch ein altes verfallenes Gemäuer als die ehemalige *Curia Regum* gezeigt. Die Kirche und das Klostergebäude liegen in einen Thalwinkel gedrückt, 100 Schritt vom Dorfe aufwärts, und treten hinter ihm die Bergwände so dicht zusammen, dass der Hintergrund wie ein geschlossener Kessel aussieht; ebensoweit abwärts vom Dorfe liegt die türkische Moschee.

Ich ritt am andern Morgen von Sutiska das genannte Thal abwärts, durch Fruchtgefilde, die der goldnen Aue oberhalb des Kyffhäusers glichen. Am rechten Thalhange hoch oben liegt Teschowa oder Teschewo; die südlicheren Abfälle derselben Seite sind ehemals Weinberge gewesen und namentlich gilt dies von der Localität Piwnitza, einem Hügel, an dessen Fuss ein freier Platz, der den Namen Tergowischte bewahrt hat, der „alte Marktplatz" des Fleckens, der so weit abwärts lag, gewesen sein soll. An dem nächsten Hügel liegt Halinitji (Aljinitji) tiefer als Teschewo, 1 Stunde von Sutiska, und weiter abwärts folgen nun Bjelawoda oder Bielopolje im Besitz der Katholiken, Raz ein Landgut eines türkischen Begs Tscholakowitj, der durch seine Gastfreiheit berühmt ist, und in der Thalsohle Obra, der Stammsitz der jetzt muhammedanisch gewordenen Familie Obralitj. In Obra sind alle römisch-katholischen Bauern Grundbesitzer seit Sultan Mehemmed des Eroberers Zeit; auch haben sie das Recht, vor Gericht bei Streitigkeiten gegen Türken als vollgültige Zeugen gehört zu werden. — Auf dem linken Thalhange steigen die Fluren von Trnowtzi, gegenüber von Teschewo, und von Milatschitji gegenüber von Halinitji herab, wo, wie man mir erzählte, im Sommer eine Seuche

---

*) *Dufresne Illyr. Vet.* .p 12?: Mahumetus Sultanus Bosniam ingressus Bobazium munitissimum in monte situm oppidum quodque Bosniae Regum caput fuit, a Radace, olim Manichaeo, deinde Christiano mentito, per proditionem recepit. Chalkokond. p. 534, 15 ist $\varLambda o\beta o\beta i\chi\eta$ in $Bo\beta o\beta i\chi\eta$ d. i. Bobowatz zu bessern.

Menschen und Vieh befallen hatte, die zahlreiche Opfer forderte. Näher an der Bosna, 1¾ Stunde von Sutiska liegt sodann weit zerstreut das halb christliche, halb muhammedanische Dorf Tschatitji. Unterhalb der letzten Häuser desselben passirte ich zu Pferde in einer mässig tiefen Fuhrt die Bosna und kam nach Deboj (*Dobuj* im Schematismus der Franziskaner), historisch berühmt als Lagerplatz des Prinzen Eugen auf seinem Zuge gegen Serajewo, wie Merians Theatr. Europ. XV, 127 erzählt: „Von Senitza d. 21. Oktober kam man abermals an die Bosna, worüber aber die Brücken so ruiniret waren, dass man sie nicht zu repariren begehret, sondern die Reuter mussten die Musquetier hinten aufsitzen lassen und solchergestalt die Armee den Fluss passiren; eine Stunde von dem letzten Lager traf man doch einen ziemlichen Berg an, darüber der Weg zwar gut, der Berg jedoch so hoch war, dass man 2 Stunden darüber zu marschiren hatte. Hinter diesem Berge passirte man abermals die Bosna auf einer vom Feinde unbeschädigt gelassenen Brücke und schlug sich zu Doba nieder".

Ich kreuzte hier die neue Chaussee von Wissoka, die bis hierher auf dem linken Bosnaufer 3¼ Stunde weit gelaufen ist, und nun ¼ Stunde vor Kakanj, wo ehemals eine Brücke war, jetzt aber nur eine miserable Fähre arbeitet, auf das rechte hinübergeht. Ich folgte ihr in der entgegengesetzten Richtung als in der die Kaiserlichen einst hier gezogen waren. Kakanj am linken Ufer der Ribnitza mit einer Holzbrücke darüber und einer Moschee ist ein ärmlicher kleiner Ort. Eine viertel Stunde jenseits am Fuss des Berges, der das rechte Ufer der Ribnitza und der Bosna bildet, liegen Steinkohlen. Die Strasse, eben im Neubau begriffen, war steinig und schlecht; sie wendet sich sehr bald in rechtem Winkel vom Bosnathale ab, und geht über das Osjetschani-Gebirge, dessen weicher Mergelboden mit kümmerlichem Birken- und Haselgebüsch, sich zur Anlage einer festen Strasse wenig eignet. Auf der Höhe liegt der Han und das türkische Heiligengrab Posawtschi, von wo noch zwei Stunden allmähliger Abstieg nach Zenitza sind. Je näher der Stadt, desto mehr nähert man sich wieder der Bosna, die dicht vor dem Eingange vermittelst einer Holzbrücke passirt wird.

Die Rückreise machte ich diesmal und wiederholt über Bussowatscha, weil gerade diese, obwohl so viel frequentirte Partie, auf keiner Karte genau dargestellt ist. In der That sind die sich widersprechenden Angaben von Reisenden nur verständlich, wenn man weiss, wie oft die Versuche, einen bequemen und insbesondere für Militär- und Lasttransporte praktikabeln Weg zwischen Bussowatscha und Zenitza herzustellen, gemacht, wieder aufgegeben und wieder aufgenommen worden sind, je nachdem die Terrainhindernisse sich in einer oder der andern Richtung für türkische Ingenieure unüberwindlich zeigten, oder Naturkräfte und Naturereignisse, wohin namentlich die alljährlichen Ueberschwemmungen gehören, stärker waren, als der Menschen Kunst.

Ich selbst habe die Strecke Zenitza-Bussowatscha ($4\frac{1}{2}$ bis 5 türkische Stunden) auf vier verschiedenen Strassen zurückgelegt.

Im Frühjahr 1861 (den 7. Mai), wo noch keine Fahrstrasse in dieser Richtung bestand, und die Wege in Folge anhaltender Regengüsse grundlos waren, schlug ich von Zenitza den kürzesten und geradesten Reitpfad ein. Er führte ziemlich nahe am linken Bosna-Ufer hin; an einer Stelle, 1 Stunde von Z., so dicht über die Uferböschungen, dass das Terrain unter den Füssen der Pferde in den Strom abrutschte. In einem Thalwinkel, wo sich in die Bosna von S. kommend die Laschwa ergiesst, wurde letztere, damals aussergewöhnlich überufervoll und reissend, durchritten, in der Mitte verloren die Pferde den Grund unter den Füssen und schwammen eine Strecke. Jenseit schlängelte sich der Weg durch buschiges, hügeliges Terrain in südlicher Richtung noch $1\frac{1}{2}$ Stunden bis nach Bussowatscha hinüber, wobei die Laschwa bald in Sicht war, bald sich unsern Blicken entzog.

In den Jahren 1869 und 1870 ist der erste Theil desselben Weges bis an die Laschwa-Mündung als Fahrweg ausgebaut worden, und war im Spätherbst 1870 ziemlich vollendet und fahrbar, nur jene Stelle eine Stunde S. von Zenitza, wo ein nicht zu umgehender Bergabhang von weichem Mergelboden dicht an die Bosna herantritt, war eine so gefährliche Passage, dass ein Dutzend Leute, die mir der Gouverneur eigens zu diesem Zweck mitgegeben hatte, den Wagen halten und heben mussten. Die Laschwa überschreitet diese Kunststrasse erst eine gute Stunde weiter aufwärts, wo sie von W. nach O. läuft und ihr Bett enger ist, vermittelst einer hölzernen Brücke; von da nach Bussowatscha ist noch eine gute halbe Stunde, am linken Ufer des Baches, der durch den Ort fliesst.

In den dazwischenliegenden Jahren wurde für Fuhrwerke eine andere Strasse benutzt, die auch gegenwärtig, nachdem jener Weg in Folge einer Abrutschung wieder unbrauchbar geworden, die einzige offene Passage ist. Diese macht einen bedeutenden Umweg über das Wetrenitza-Gebirge und Witez und zwar ebenfalls in mehrfachen Linien.

Zwischen Bussowatscha und Witez*) läuft die alte Hauptstrasse von Serajewo nach Trawnik auf dem rechten Laschwa-Ufer bis zum Dorfe und dem alten Han Witez über eine Hügelkette steigend und fallend 1¼ Stunden; biegt dann N.N.-östlich, überschreitet auf der alten Holzbrücke die Laschwa zwischen dem alten und dem neuen sogenannten Compania-Han und vereinigt sich da mit der im Jahre 1866 von einer türkischen „Land-Transport-Compagnie" gebauten neuen Strasse.

Diese verlässt 20 Minuten hinter Bussowatscha am Rande der Anhöhe das alte Geleise und geht über den Hügel hinunter durch die Flur des Weilers Nowoselo, bleibt dann ¼ Stunde am rechten Ufer und passirt auf der sogenannten neuen Brücke die Laschwa, an deren linkem Rande sie dicht am Bett in schmalem schön bewaldeten Thale entlang geht.**) Das Hochwasser in den Weihnachtstagen 1870 hat aber die neue Brücke zerstört und die Strasse theilweise fortge-

---

*) Dieser Name (mit weichem z zu sprechen) bedeutet im bosnischen Idiom „Ritter", als Ortsname also etwa „Rittershaus".

**) Hier *Cephalaria pilosa, Cyclamen europaeum, Digitalis ferruginea, Actaea spicata*.

schwemmt; und nun ist seitdem abermals ein neues Tracé versucht worden, welches die oben erwähnte untere Brücke der Laschwa, die auch beschädigt war, aber im Jahre 1872 wieder reparirt worden ist, benutzt, um auf das linke Ufer zu kommen, und diesem entlang, etwas höher als früher, nach dem Compania-Han läuft. Die Distanz beträgt trotz der fast horizontalen Nivellirung in Folge dieses Umweges so viel, dass ich nach Vitez wieder fast $1\frac{3}{4}$ Stunden gebrauchte, als ich, zuletzt am 2. November 1872, hier durchreiste.

Der Weg geht dann $3\frac{1}{2}$ Stunde über die Wetrenitza, die erste Hälfte steigend, die andere fallend, durchschnittlich NO. etwas mehr N. — Zenitza selbst wird auf der nach Wranduk weiter laufenden Route nicht berührt, sondern bleibt rechts in Gärten und Hecken versteckt liegen.

In Bussowatscha liess ich mir von dem katholischen Pfarrer Fr. Augustinus die umliegenden Dörfer nach Lage, Namen und Entfernung angeben und habe auch daraus manche Bereicherung unserer Karten schöpfen können.*)

---

*) Hinsichtlich der Vegetation ist ein bemerkenswerther Punkt die Gruppe von Thonschieferfelsen $1\frac{1}{2}$ — 2 Stunden östlich von B., wo sich neben *Impatiens noli tangere, Viscaria viscosa, Gentiana asclepiadea*, in grosser Menge die reizende Campanulacee *Symphyandra Wanneri* mit milchweissen bewimperten Blüthen findet, die übrigens im ganzen Bosna - und noch mehr im Wrbas - Gebiet viel verbreiteter ist, als man bisher meinte.

XII.

Von Serajewo über Trawnik und Skender-Wakuf nach Banjaluka.
August 1871.

Von der Broder Hauptstrasse zweigt sich bei Vitez der Weg nach dem 2 Stunden entfernten Trawnik ab, und läuft in ganz flachem Terrain längs der Laschwa, auf einem oder dem andern Ufer, je nachdem man den Fluss bei Witez überschreitet oder erst bei dem Han ¾ Stunde vor Trawnik, der der Familie Tezkeretschitj, einer der vornehmsten der Stadt, gehört. Von da an geht nur eine und zwar gut chaussirte Fahrstrasse längs des rechten Ufers bis dicht vor die Stadt, die durch einen Engpass den Blicken bis zuletzt entzogen bleibt.

Halbwegs auf dem rechten Ufer (am Zuflüsschen Kolotin nach Kowatschewitj) an der breitesten Stelle der Ebene, an die sich südlich leichte Terrainwellen anlehnen, liegt der Weiler Moschunj, jetzt aus nur wenigen Häusern bestehend, an der Stelle eines ehemals ansehnlichen Ortes, von dessen Burg und Kirche noch Trümmer vorhanden sind, die das Ost- und Westende des Ortes bezeichnen mögen, während der Raum zwischen beiden, ein flaches Gefild, wo der Pflug alljährlich noch Münzen (spätere Römer und Dalmatiner) und andere Reste menschlichen Treibens ausgräbt, den Marktplatz und die Stätte der eigentlichen Stadt gebildet haben soll. Der alte Name dieser Oertlichkeit wäre, wie eine steinalte Bäuerin des Dorfes mir sagte, Karbún gewesen. In Trawnik hörte ich. Garbun wäre der ehemalige Name von Trawnik selbst.

Nach mehrtägigem Aufenthalt in Trawnik, wohin mich Geschäfte geführt hatten, die mir zu Nebenbeschäftigungen keine Zeit liessen, brach ich am 12. August 1871 nach Banjaluka zu Pferde auf.

Zunächst ging ich auf der Strasse nach Jaitze am linken Thalrand der Laschwa eine Stunde aufwärts, wo ein altes Derwischkloster (Tekkie) mit einer köstlichen Quelle. Nachdem ¼ Stunde weiter hin der nach Livno abbiegende Weg links gelassen, verlässt die Telegraphenlinie, der ich folgte, die Thalsohle und steigt sofort aufwärts an den Abhängen des Wlaschitj-Gebirges. Nach genau 2 Stunden Rittes von Trawnik das Dorf Jelilowatz (Želilowatz? Zelinowatz bei R.); von da 1¼ Stunde Gostil-han unter dem waldreichen Gostil Brdo*). Das Steigen nimmt ab; auf dem Plateau lichte Waldungen mit Wiesen abwechselnd; 2¼ Stunde bis Witowlje (vulgo Witolje).

Hier verliess ich den gewöhnlichen Postweg und bog westwärts ab, um Dobretitj, den Stammsitz eines ehemaligen Grafengeschlechts, das oft hohe weltliche und kirchliche Würden in Bosnien bekleidete, zu besuchen. Die Pfarre des, wie alle Bergdörfer der Gegend, sehr weitläuftig zerstreuten Dorfes liegt eine gute Stunde von Witolje. Der Weg dahin lässt rechts den Debelo-Brdo „Dickberg" mit gleichnamigem Dorfe, und führt durch ein wiesenreiches Hochthal an den Fuss des Ramitj (vulgo Ramtsch) Berges, von dem man bei hellerem Wetter, als ich es traf, Jaitze soll sehen können, das 3½ bis 4 Stunden weit gerechnet wird. Ebensoweit ist es nach der Wallfahrtskirche von St. Jwan zu Podmilatschje.**)

Am folgenden Morgen von Dobretitj Abstieg in's Ugar-Thal, über das durch zahlreiche Bäche und Rinnsale bewässerte Gebirge, das sich rasch in nördlicher Richtung senkt,

---

*) Auf dem Wege dahin *Anthemis brachycentros*, *Reseda phyteuma*, oben *Trollius europaeus*.

**) Am Ramitj fand ich *Symphyandra Wanneri* in prachtvollen Exemplaren, *Asplenum viride*, *Hypericum montanum* u. *tetrapterum*.

in 1¼ Stunde zu dem noch ¼ Stunde in gerader Richtung über der Thalsohle liegendem Dorfe Zapetje, wo nahe einer Grotte der Grabstein des letzten Grafen Dobretitj, der hier vor den Türken Zuflucht gesucht hatte, gezeigt wird. Die bisher nie correkt publicirte Inschrift*) entzifferte ich folgendermaassen:

```
        I · H · S ·
       HIC IACET
    ILLUSTRISSIMVS COMES
    EQVES ET LIBER BARO
    DOBRETA QVI IN SU
    MMA PERSECUTIONE
    TURCARUM IN VIROS
    NOSTROS HIC SUBTUS
    IN SPELUNCA PROUT
    RELATUM       DO  PLE
    NUS DOLORE OPPRE
    SSUS DURA CAPTIVI
    TATE OBIIT CIRCA
    AN · DOMINI 14 · ·
        AETATIS · · ·
```

Im Thale kam ich wieder auf die Telegraphenlinie, die inzwischen einen Bogen nach Osten gemacht hat, dem ich auf dem Rückwege auch nachgegangen bin; ein zum Ugar stürzender Bach schneidet dort in südnördlichem Laufe tief ein**); ¼ Stunde weiter geht man über eine Brücke nach dem rechten Ufer des Ugar über, der hier in ziemlich enger Schlucht fliesst. Links oben liegt das Dorf Oraschatz, rechts jenseit der Brücke nach fast einstündigem Aufstieg der Han Domusowatz, wo ich wieder eine reiche botanische Ernte am Waldrande hielt. Meine topographischen Beobachtungen

---

*) Vgl. M. Dobretich, Nobilissimae Familiae Comitum Dobretich, olim Regni Bosniae Optimatum liber genealogus. Venet. 1775; und daraus öfters wiederholt.

**) In seinem Thale *Saxifraga rotundifolia, Moehringia caespitosa, Cyclamen europaeum, Valeriana Sambucifolia, Thymus serpyllifolius.*

habe ich, da sie sowohl von Rośkiewicz's als Maurers Darstellung etwas abweichen, auf der Karte niedergelegt. Der Weg nach **Iskender Wakuf** geht noch durch zwei tief eingeschnittene Thalschluchten; jenseits der letzteren hoch oben auf einem breiten Rücken liegt 1¼ Stunde vom Han das aus 25 Häusern bestehende Oertchen, Sitz eines Mudir-wekili und Poststation. Von hier über den Bergrücken, dessen Kuppe mit Fichten bewaldet ist, bis nach **Plotsche-Han***), eine Stunde, wohin der Abstieg kaum 500 Fuss beträgt. Auf der Höhe sieht man in östlicher Richtung etwa 5 Stunden entfernt zwei Berge ein offen klaffendes Thor, wie die Porta Westphalica, bilden; vielleicht der **Otschausch** und die **Skakawitza**. Eine Viertelstunde vom Han liegen zerstreut die Gehöfte des Dorfes **Gostitj**; rückwärts davon streckt sich das Džemaat **Paulinowitj**, westwärts **Dolaj**; in NNW. sieht man den schönen Berg **Tissowatz**, an dessen Fuss der Weg nach Banjaluka vorüber führt. — 1¼ Stunde von Plotsche die flache Mulde **Hrabanski Polje**, eine öde Trift; ½ Std. weiter die Quelle **Mertscha** und etwas weiterhin links vom Wege **Wranjawoda**, die einzigen trinkbaren Wasser auf dem Plateau. 1¾ Stunde weiter (3¼ von Plotsche) kommt man an den **Jawora-Han**, jenseit der Passage am Fuss des Tissowatz. Von da an successiver Abstieg ins Thal des **Wrbas**, das bei **Zwrakowa**, noch zwei Stunden vor Banjaluka erreicht wird.**)

---

*) Bei Maurer falsch *Ratschatsch*.
**) An dem letzten Felsen dort: *Symphyandra Wanneri, Carpesium cernuum, Sedum Fabaria* und ein neues *Hieracium*.

XIII.

Von Banjaluka über Jaitze nach Trawnik.
12. bis 16. September 1867; August 1871.

Von Banjaluka nach Jaïtze giebt es einen Weg, der hoch am Rande des Wrbas-Thals in südlicher Richtung führt, aber so wenig betreten und stellenweise so schwer zu passiren ist, dass ihn noch kein Reisender gewählt hat. Er führt nach meinen Erkundigungen von Banjaluka ab auf dem linken Wrbas-Ufer über Nowoselje 1 Stunde; Rikawitza mit gleichnamigem Berge 1½ Stunden; Krupa mit alten Burgruinen wieder 1¼ Stunden; von da durch Wald und Berg auf meist gepflastertem, aber schlecht unterhaltenem Wege nach Scheowtzi (vulgo Scheotscha) zwei Stunden, einem grossen Dorfe, dessen Flur an die von Wartzar grenzt, und von wo bis Jaitze 3 bis 3½ Stunde gerechnet wird, je nachdem man über Liskowitza oder direkt geht.

Eine längere aber bessere, und in der guten Jahreszeit selbst fahrbare Strasse über Sitnitza schlug ich ein, sie vertheilt die Strecke auf zwei Tagereisen. Der Charakter der ganzen Landschaft ist in den ersten Stunden auffallend einförmig, leblos und wenig anregend. Man steigt gleich von der Stadt aus erst steiler, dann allmälig sanfter zu der Höhe an, die Banjaluka im Westen in hufeisenförmiger Gestalt umgiebt; das Wrbas-Thal mit der Aussicht auf das Dörfchen Nowoselje unter sich lassend. Der breite, mit stark gelichtetem Buschwald bewachsene Rücken dieser Höhe wurde mir mit dem Namen Malbutsch bezeichnet; die höchste Kuppe, die wir überschritten als Jajatschka Stjena („Felsen von Jaïtze"); von diesem Punkte bietet sich ein malerischer Blick auf Stadt und Ebene Banjaluka, die 1½ Stunde entfernt tief im Grunde sich hinzieht. Die Hochebene ist erreicht: ihren östlichen Rand bildet eine lange Kette, die den Gesammtnamen Kukawitza führt, aus deren nördlicher Hälfte der Berg von Krupa, südlicher der Magnitza-Berg, gegenüber vom Tissowatz, hervorragt. Mit einer Wendung des Weges nach SW. gehen wir nahe an das Dörfchen Kola, von wo nach der Ruine Krupa eine Stunde Wegs sein soll, heran; passiren dann ein aus vereinzelten Weissbuchen und Niederholz bestehendes Wäldchen und über eine Trift, wo eine Kreuzotter dicht am Rande des Wegs beobachtet wurde, nahe an der Flur von Sliwa vorbei; die Hochebene, Dobrinja geheissen, dehnt sich 1¼ Stunden im Halbkreise aus; eine trübe Wasserader, die als Trunk selbst dem Vieh der Dörfer nicht zu munden schien, durchschneidet sie und kreuzte wiederholt unsern Weg. Rast nach 4½ Stunde von Banjaluka bei dem Han von Pawitj, um den herum ein neues Dorf eben im Entstehen begriffen ist, da man in der Nähe kürzlich eine trinkbare Quelle entdeckt hatte. Es soll ehemals hier eine Ortschaft gestanden haben und Zeuge dafür ist der noch wohl erhaltene alte Thurm auf einer Anhöhe, den man durch Gestrüpp und halbwüchsigen Wald hindurch schimmern sieht. Es kreuzen sich hier die Wege nach Timar mit Eisenbergwerken 6 Stunden weit über Sratinska; nach Brunzeni Majdan 4 Stunden über Melina, das 1 Stunde von hier und Grenze des Bezirks Banjaluka ist; nach Stari majdan über Piskawitza, Golesch, Bistritza, Bolkowitj und ein Feldweg nach Radmanitj 1 Stunde W. Einen eigenthümlichen Eindruck macht es, dass die Männer der hiesigen Gegend und, wie man mir sagt, bis nach Glamotsch zu, als gewöhnliche Haartracht einen fest geflochtenen steifen Zopf tragen, so viel ich beobachten konnte, namentlich die Christen, welche übrigens hier alle griechischer Confession sind. Römisch-katholische giebt es in der Gegend nicht mehr, während früher gerade in Glamotsch (sonst *Glama, Glama-*

tium, Glamoa genannt) eines der namhaftesten Franziskanerklöster gewesen sein soll. Nach weiteren 2 kleinen Stunden kommt man, an der Grenze der Flur von Radkowa, das zugleich Grenze des Kreises Banjaluka ist, an den sogenannten Bunari vorüber, 4—5 alten Brunnen, deren Wände mit Steinen ausgemauert und mit grossen Platten überdeckt sind, zum Theil verfallen und dann mit Holzlagen ausgebessert, in der ursprünglichen Anlage aber gewiss ein Rest der hier in der Nähe vorübergehend thätig gewesenen römischen Cultur. Zwischen Radkowa und dem 1 Stunde entfernten Sitnitza sieht man noch ein Stück einer in südwestlicher Richtung laufenden gepflasterten Strasse, — wie ich anderwärts nachgewiesen zu haben glaube, die aus den Itinerarien bekannte römische Militärstrasse von Dalmatien nach Pannonien. Auf alte Ansiedelungen deuten auf der Hochebene, kurz bevor man zu den Brunnen kommt, links vom Wege, enorme alte Grabsteinplatten, verschieden von den aus der ersten christlichen Zeit stammenden Grabkreuzen in Stein, die weiter abwärts sichtbar werden. — Die ganze wellige Hochebene ist unbewaldet; je näher heran, desto lieblicher wird die Gegend und Sitnitza selbst liegt auf einem schönen grünen Wiesenteppich mit dunkelm Fichtenwald umsäumt, in mancher Hinsicht an den Oberhof auf dem Thüringer Walde erinnernd. Es ist ein Besitzthum der alten Familie Pilipowitj (Filipowitj), die ursprünglich aus Knin in Dalmatien stammt und deren Familiensage meldet, dass ihrer drei Brüder zur Zeit der türkischen Eroberung lebten, von denen der älteste nach Ragusa entfloh und Ahn der dalmatinischen Filipowitj wurde, der zweite nach Anatolien in die Gefangenschaft geschleppt wurde, der dritte zum Islam übertrat und Vertrauter des Paschas von Trawnik ward, von dem er das ganze damals wüste Hochland zwischen Sitnitza und Radkowa zu Lehn erhielt. Der jetzige Chef dieses Zweiges ist Muharrem Aga Pilipowitj auf Sitnitza, dessen gastliche Burg einen in dieser Gegend seltenen Grad von Wohlstand verräth. Er unterhält dabei ein frequentes Gestüt der alten guten bosnischen Pferderace. Auf seinem Vorwerke Radkowa befinden sich nach seiner Erzählung zwei grosse marmorne Sarkophage aus vorchristlicher Zeit. Die Verwandtschaft der Familie mit den ehemaligen Banen von Bosnien, insbesondere mit dem Hause Kulinowitj wird durch anderweite Besitzungen in der Gegend von Kulin-Wakuf bestätigt; auch die Kula von Pawitj gehört demselben Complex von Gütern an.

Von Sitnitza steigt man durch ein waldiges Defilé in eine zweite wellige Ebene, die Podražnitza, deren Niveau ein paar hundert Fuss tiefer als Sitnitza liegt, nieder. Von hier zweigt sich, in der Nähe des Weilers Tjadjawitza (Russdorf) eine alte Strasse ab, der sogenannte *Kaldyrymjol* (Pflasterweg) auch *Top-jol* (Kanonenweg) genannt; in Richtung und ursprünglicher Anlage wahrscheinlich die alte Römerstrasse nach Salonae. Das zum Theil aus grossen bearbeiteten Steinen bestehende Pflaster soll sich von Podražnitza bis Glamotsch neun Stunden weit verfolgen lassen; auf der Höhe eines Gebirgszuges drei Stunden von Tjadjawitza liegt auf diesem Pfade ein Grenzwachposten (Karaul).*)

Ueber steiniges und steriles Terrain kamen wir nach fünfstündiger Fahrt von Sitnitza in Wartzar, einem Flecken von 300 Häusern, an. Die Einwohner sind meist Muhammedaner, dann griechische Christen; die wenigen Römisch-Katholischen der Umgegend sind erst neuerdings zu einer Parochie wieder vereinigt worden und bemühen sich, die Stätte einer ehemaligen katholischen Kirche in der Nähe von Wartzar als gottesdienstlichen Mittelpunkt wieder zu erwerben; eingepfarrt sind dahin, ausser etwa 280 Seelen in Wartzar selbst, die Dorfschaften Liskowitza mit 784 Seelen, 2 Stunden von W.; Scheowtzi mit 46 Seelen, ebenfalls 2 Stunden, Majdan 1 Stunde mit 521 Seelen, Podlisina ¼ Stunde entfernt mit 38 Seelen und einige 60 Katholiken, die ganz versprengt in dem Flecken Kljutsch 7 Stunden von hier wohnen; die Stelle der ehemaligen katholischen Kirche und Pfarre liegt bei Tribowo, ¾ Stunde von Wartzar. Der wöchentliche

---

*) Ein anderes Stück Pflasterstrasse soll sich von Glamotsch über Peska nach der alten Ruine Sokol im Quellgebiet der Pliwa hinziehen.

Montagsmarkt, dem ich zufällig beiwohnte, belebte den Flecken ausserordentlich; es ist der Mittelpunkt des Getreidehandels für Bihatsch, Banjaluka und Trawnik, und tausende von Bauern, Käufer und Verkäufer, sowie Händler mit Hausgeräth, Ackergeräth, Werkzeugen, Stoffen und Schlacht- und Zuchtvieh waren anwesend, und überfüllten die Strassen und Hans. Nach einer dürftigen Rast bei dem griechischen Pfarrer machte ich noch einen Gang durch die den Ort umgebenden mit grünen Hecken umzäunten Obstgärten zu der im Grunde des sich nach SO. öffnenden Thales gelegenen Moschee Wartzar Wakuf-Džamisi, mit einem berühmten Brunnen, einer Stiftung Usrew (Chosrew-) Beg's, des ersten Paschas von Bosnien. Auf der ganzen Strecke von Banjaluka bis hierher ist sonst kein Schluck guten reinen Trinkwassers zu finden.

Der Weg schlängelt sich von Wartzar abwärts dem Lauf eines im Sommer fast trocknen Baches folgend, in einem Bogen bis zur Einmündung in die Majdanska-Rjeka, $1\frac{1}{2}$ Stunden von Wartzar, $1\frac{3}{4}$ Stunden vor Jezero; im Thalwinkel zu beiden Seiten des Weges liegt hier in vereinzelten Gehöften das Dorf Majdan mit einem durch anscheinend sehr alte massive, nicht christliche Grabdenkmäler ausgezeichneten Friedhof.*) Westwärts grenzt das Džemaat Tschirakowatz an. Man folgt dann, bald auf dem einen, bald dem andern Ufer dem flachen Bett der Majdanska; das Thal erweitert sich und gewährt einen malerischen Durchblick nach dem kegelförmigen Ottomal-Berge, gerade gegenüber der Thalmündung auf der andern Seite des Sees. Kurz bevor man den See erreicht, nähert man sich dem linken Ufer der von SW. herkommenden Pliwa, die mit einer Inselbildung in den See mündet, oder richtiger ihn bildet. Der Fluss kommt 4 Stunden (nach Andern 6 Stunden) weit her; ein Pfad flussaufwärts hält sich 3 Stunden weit im Thal und führt dann bergauf zu der Burg Sokol noch 1 Stunde weiter; man schlägt ihn ein, auch wenn man nach Kupres, 7 Std.

---

*) Dichtes Gestrüpp von *Clematis vitalba*, *Salix incana*, *Physalis Alkekengi*.

von hier, will; ein andrer Weg, ebenfalls im Pliwathal aufwärts, geht nach Glamotsch. Reissende Strömung und Wasserfälle charakterisiren die Pliwa in ihrem ganzen Lauf. Auf der letzten Insel vor ihrer Verbreiterung in den See liegt die „Seeburg", türkisch Gjöl-hissar, ein elendes Fort, jetzt mit 2 unlafettirten Kanonen ausgerüstet und ganz verfallen, sicher überhaupt nicht älter, als die türkische Herrschaft. Zu beiden Seiten des Flusses, den die Einwohner eben mit einer neuen Holzbrücke zu versehen im Begriffe waren, liegt der Ort, slawisch Jezero, das ist See, geheissen, mit etwa 80 Häusern. Malerisch schön ist das Südufer des Sees, der sich von hier in 1½ Stunden Länge und ½ Stunde Breite hinzieht, dann in einen zweiten kleineren See über Klippen hinabstürzt und im Pliwa-Bett in Jaitze seinen Abfluss hat. Eine Reihe vereinzelter Bergkegel, deren beide schönste Ottomal und Ostrobrdo heissen, bekränzen die spiegelhelle, blaue Wasserfläche in harmonischen Conturen, von der Spitze bis zum Fuss gleichmässig schön bewaldet; Vorberge eines Zuges, der parallel mit dem See in einer Höhe von vielleicht 1800 Fuss über dem Spiegel südwärts dahinter liegt, und schlechtweg Goritza „das Bergli" heisst. Mit eigenthümlich construirten Fahrzeugen, aus zwei ausgehöhlten und mit einander verbundenen Baumstämmen, über welche je zwei Bänke geschnürt sind, bestehend, befuhren wir bequem den See nach allen Richtungen. Schlammig und mit niedrigen Wasserpflanzen dicht bewachsen ist das Nordufer des Sees, längs dessen die Strasse nach Jaitze läuft.*) An der Stelle, wo der obere See sich schliesst und in den zweiten abfällt, liegt hoch am rechten Ufer auf einem vorspringenden Felsen die Burg Zaskoplje, Sitz der letzten Sprösslinge aus dem

---

*) *Potamogeton crispus, perfoliatus* und *pusillus, Hippuris vulgaris* und in Sumpfwiesen häufig *Epipactis palustris* sammelte v. Möllendorff hier im Sommer 1871; er brachte aus dem See auch mehrere grössere und kleinere Schildkröten mit; bestieg den Ottomal, der sich durch seine Flora sehr dankbar erwies, und entwarf auch eine topographische Skizze der Umgebungen des Sees, die ich in meiner Aufzeichnung aus dem Jahre 1867 mit verarbeitet habe.

Hause Kulinowitj, deren Haupt jetzt ein Notabler von Jaitze, Hadži Alaj Beg ist.

Der Weg von Jezero läuft oft hart an den See heran, überschreitet nach der ersten Stunde einen Hügel, an welchem oben einzelne Bauerhäuser liegen; und berührt ½ Std. weiter ein muhammedanisches Kloster (Tekke), das zu dem Dörfchen Mile gehört. Von dem letzten Kamm vor Jaitze übersieht man die Stadt und Umgegend im Wrbas-Thale.

Natur und menschliche Kunst haben sich vereinigt, um aus Jaitze einen der sehenswerthesten Punkte Bosniens zu machen. Die Stadt liegt der Hauptmasse nach in dem Winkel zwischen dem Wrbas und der Pliwa auf dem linken Ufer beider. Der Wasserfall, mittelst dessen die Pliwa aus den Seen sich in den Wrbas stürzt, ist im Hauptstrome 40 Fuss breit und 90 Fuss hoch; kleinere Adern rieseln zu beiden Seiten über Felsgestein herab, das zumeist in Tuff übergeht. Der Wrbas ist an der Stelle, wo er die Pliwa aufnimmt, eng zwischen haushohen Felsen eingedämmt; der Kessel, in den sich der Wasserfall ergiesst, brodelt und sprudelt tosend senkrecht unter dem Beschauer, und spritzt einen feinen kühlen Staubregen weit über das Felsbette hinweg auf die Gärten der gegenüber liegenden Vorstadt Kozluk*), wo insbesondere die alte katholische Pfarre und Kirche liegt. Ueber die Pliwa, oberhalb des Wasserfalls und über den Wrbas unterhalb der Vereinigung führen innerhalb der Stadt 2 breite Holzbrücken, die erstere den Weg nach Trawnik, die andere den nach Skopje zeigend. Südöstlich vom Kozluk steigen die Berge rasch an; dort oben wird das Grab des letzten bosnischen Königs (*Kraljewo Grob*) am Berge Hum gezeigt; seine Leiche wurde hier verscharrt, da der Sultan, nachdem er ihn verrätherischer Weise dem Tode geweiht, kein Begräbniss in der alten Königsgruft gewähren wollte. Die neue katholische Kirche, ein recht stattliches Gebäude, liegt auf dem linken Wrbas-Ufer am äussersten Ende der Stadt; bei ihrem Bau liess sich erkennen, dass ein altes Flussbett der Pliwa früher die

---

*) Türkischer Name: Nusshain bedeutend.

Oertlichkeit, wo jetzt die Stadt steht, der ganzen Länge nach durchschnitt; es soll beim Bauen der Burg von Jaitze verschüttet worden sein; man grub es jetzt zum Theil wieder auf, um festen Untergrund für die Fundamente der Kirche zu finden. Das Terrain der Kirche ist ein Geschenk des schon erwähnten Hadži Alaj Beg aus dem Hause Kulinowitj, Sohn des letzten Dizdar, Burgvogtes des Schlosses. An dem Hause der Burgvögte sieht man noch das Wappen der bosnischen Könige in Stein. Die Burg, welche den nordwestlichen Stadttheil bildet, ist in allen ihren Theil sehenswerth. Der oberste Mauerkranz mit seiner regelmässigen Krenellirung ist durchschnittlich noch gut erhalten; nur die Thürme und Verliesse sind verschüttet; unter den acht Kanonenröhren, die sich noch dort finden, und aus den österreichisch-türkischen Kriegen stammen, sind zwei mit Inschriften versehen; eine: FERDINANDUS DIVINA FAVEN · CLEM · ELEC · ROMAN · IMP · SEMP · AUG · GERMA · HUNG · BOHE · REX · INFANS · HISP · ARCHI · DUX · AUST · 1.5.5.8. darunter ein Wappen. Die andere:

FAGVDRKMGRVIOHCP — an der Mündung,

V·I·G·V·V·Z·P·R·K·M·
C·I·O·H·C·R·V·H·Z·I· } an der Traube,

mitten auf dem Rohr ein Wappen, in dessen Mitte ein Kreuz mit angehefteten P. — Auf dem Burghofe steht gegenwärtig eine kleine, und nicht zum Gottesdienste benutzte Moschee; in ihr werden die Waffen bewahrt, welche Omer Pascha bei dem Aufstand i. J. 1841 den Bosniaken abnahm, ein wirrer Haufe von ein paar Tausend alter Gewehre, Pistolen, Handschars. Säulentrümmer und Steine mit Sculpturarbeit, ein Fragment eines Capitäls, die in den Vorplatz der Moschee verbaut sind, dienen zur Bestätigung der Localsage, dass an der Stätte ehemals ein römischer Tempel gestanden habe, dessen Grundriss sich noch erkennen lässt. Zwischen der Römer- und der Türkenzeit liegt die Glanzepoche von Jaitze, als Residenz und Feste der bosnischen Könige*). Am besten er-

---

*) Kowatschewitj *opis Bosne* p. 14 sagt über die Erbauer der Burg: „Sie ward von dem berühmten Woiwoden Herwoja erbaut, der hierzu einen

halten sind von diesem Bau die **Katakomben** mit der Grabkapelle an der Südwestseite der Burg. Zu der Kapelle führen 16 Stufen hinab: der Altar und die ganze Wölbung ist in den lebendigen Fels gearbeitet; die Altarwand stellt in durchbrochener Arbeit ein Kreuz mit Mond und Sonne zur Seite dar. Darüber liegt, ebenfalls noch unter dem Niveau der Höfe, 10 Stufen tief die Nische mit den Königsgräbern; namentlich wird eines als das Grab der Königin bezeichnet. Das ganze ist ein 20 Schritt tiefer und 10 Schritt breiter länglicher, gewölbter Raum in massivem Fels mit 8 Seitennischen, 3 zu beiden Seiten, 2 dem Eingang gegenüber — ein Bauwerk, das dem Meister alle Ehre macht, und bei der düsteren Beleuchtung, die wir uns verschaffen konnten, einen schaurigen Eindruck zurücklässt, zumal es nach den Erzählungen der Einwohner bis auf die neuere Zeit von den Türken als Gefängniss und zum Verschwindenlassen lebendig Begrabener benutzt worden ist, und erst seit einem Jahr geräumt und gereinigt werden durfte.

Von sonstigem alten Bauwerk aus christlicher Zeit in der Stadt steht noch am Südfusse der Burg ein **Thurm**, der jetzt für die Stadtuhr umgebaut ist; etwas südwestlich davon in der Richtung des jetzigen Regierungsgebäudes die ehemalige **Johannes-Kirche** (Iwanska), und südöstlich, fast im Mittelpunkte der Stadt die **Lukas-Kirche**, ein noch wohl erhaltener Bau mit stattlichem Thurm, beide von den Türken in Moscheen umgebaut*). Im Jahre 1867 bestieg ich den Thurm mittelst einer Leiter ohne grosse Schwierigkeit; im Jahre 1871 war er bereits um vieles baufälliger in Folge eines Erdbebens, so dass sich niemand mehr hinaufwagte. Einen Stadtplan, den ich damals vom Thurme aus entwarf und Skizzen verschiedener Theile der näheren und entfernteren Umgebung von Jaitze habe ich in dem beigegebenen Kärtchen vereinigt. Die Umgegend der Stadt macht einen freundlichen Eindruck:

Baumeister aus Luculo, einem Städtchen unweit Neapel, kommen liess." Auf die runde Form des Burgberges führt er den Ortsnamen Jaitze, der im serbischen Ei bedeutet, zurück.

*) An den Wänden war hier *Symphyandra Wanneri* äusserst häufig.

droben auf den Höhen ringsum schimmern die Landgüter und Vorwerke Pijawitze, Wolujak, Armanj, Kalina, Hertzegowatz; dort in mannigfaltigen Conturen die Hügel, wie der zwischen Pliwa und Wrbas sich hineinschiebende Tjusina, und der Hum auf der gegenüberliegenden Seite, dessen Vorsprung Kerpitj schroff in's Thal abfällt; endlich drüben die weiten fruchtbaren Ackergefilde längs der beiden hohen Ufer des Wrbas unterhalb der Stadt, links das Tzarewopolje, dessen Name eine ehemalige Domäne der Könige bezeichnet, und die Flur von Klimenta, rechts der weitgedehnte Complex von 13 Dörfern, der bosnisch Dnoluka „die Grundaue" heisst*), und zufolge einer Stiftung Usrew Begs als Wakuf der Begowa Džamia in Serajewo gehört, früher aber ebenfalls eine Domäne der bosnischen Könige gewesen sein soll.

Soweit ich die Dörfer nicht mit eignen Augen sehen konnte, gab mir der ortskundige Pfarrer von Jaitze ihre Namen, Richtung und Entfernung von der Stadt an. Ich lernte in diesem Franziskaner, Pater Nikolaus Krilitj, einen eifrigen Alterthumsforscher kennen. Er hatte seit langen Jahren alles gesammelt, was in der Gegend von römischen Münzen, Steinen und Antiquitäten gefunden worden ist. Ein besonders ergiebiger Fundort für römische Münzen, deren er einige 40 aus dem ersten Jahrhundert unserer Zeitrechnung in Silber besass, ist das Dörfchen Podliptzi, wo jährlich mehr oder minder reiche Funde gemacht werden. In Jaitze selbst kommen geschnittene Steine häufig durch Bauern zum Verkauf, und alte Ziegelsteine mit römischen Lettern kommen bei Neubauten oft zu Tage. Auch von bosnischen Münzen besitzt der Pater einige, obgleich diese überhaupt zu den grössten Seltenheiten gehören.

Um nach Trawnik zu reisen, verlässt man Jaitze in der Richtung über die Pliwa-Brücke oberhalb der Kaskade, deren Rauschen sich hier in das Lärmen einer Anzahl von Mühlen

---

*) Von der Richtigkeit dieser Orthographie im Gegensatz zu Roskiewicz' *Dolnja luka* und andern Entstellungen habe ich mich durch Einsicht türkischer Grundbücher überzeugt, wo constant ادنولوقا geschrieben wird.

mischt, die um die Brücke stehen, tritt durch einen schmalen Felsenpass in das Wrbas-Thal, folgt diesem 20 Minuten weit, auf dem linken Ufer stromaufwärts, überschreitet ihn auf einer Holzbrücke neben einer verfallenen steinernen, passirt den Weiler **Pijakowitza**, 1 kleine Stunde von Jaitze und tritt nun in das **Kresluk-Thal**, das von Osten nach Westen streicht, von einem kleinen forellenreichen, etwa 3 Stunden weit her von dem Karaula-Gebirge kommenden und mehrere Sägemühlen treibenden Bach durchflossen. Es ist zu beiden Seiten schön bewaldet, aber wenig bewohnt; nur einmal, etwa 2 Stunden Wegs von Jaitza sieht man rechter Hand, an dem linken Thalrande ein Dörfchen **Tzripaniska**.

Erst sanft ansteigend, zuletzt immer steiler und in vielfachen Windungen klimmt der Weg die **Karaula** hinauf, deren Kamm, mit einem türkischen Wachthäuschen, nach dreistündiger Fahrt von Jaitze erreicht wird, meist durch einen prachtvollen Buchen- und Tannenwald*). Eine Stunde weit geht es auf der Höhe hin, Bergwiesen abwechselnd mit mehr oder minder leichtem Baumschlag; vereinzelte Hütten und Gehöfte zu beiden Seiten des Wegs. Dann öffnet sich der Blick ostwärts nach der Ebene von Trawnik und dem Thale der Laschwa, die ebenfalls an der Karaula entspringt; nordöstlich den mächtigen Wlassitj in Sicht. Der Abstieg ist schroff, oft kaum fahrbar, in $\frac{3}{4}$ Stunde ist man in der Thalsohle der Laschwa an einem Han, mit einer Moschee auf grünem Anger. Die letzten Kuppen auf dem Ostabhange sind kahl; bemerkenswerth durch das Vorkommen von *Gladiolus imbricatus*. Die Strasse läuft von hier nach Trawnik fast ununterbrochen in der Ebene fort; links an den Vorbergen des Wlassitj liegen die Dörfer **Scheschitj, Jelilowatz, Runitj, Podkraj**; rechts, 2 Stunden vor Trawnik, das jetzt aus 7—8 Gehöften mit reichen Fluren und fruchtbaren Gärten bestehende Dörfchen **Waroschluk**, eine ehemals ansehn-

---

*) In den Lichtungen *Symphyandra Wanneri, Impatiens nolitangere, Libanotis montana, Ribes grossularia, Hypericum hirsutum, Senecio nemorensis, Vaccinium myrtillus, Fragaria collina.*

liche Ortschaft, von der noch ein Thurm **Waroschki-Grad**, und ein Friedhof mit mehr als 100 Grabsteinen, jetzt im Waldesgrün vergraben, übrig sind. Römisches findet sich hier nicht; wohl aber in der Nähe von **Trawnik**, ¼ Stunde östlich der Stadt in dem Gehöfte **Putatzewo**, dessen Flur ein ehemaliger grosser Friedhof gewesen zu sein scheint; von zwei aus dortiger Gegend bekannten römischen Inschriften fand ich eine noch wieder.*) — Nach achtstündiger Fahrt von Jaitze blieb ich nicht in Trawnik selbst, sondern in dem Pfarrdorf **Dolatz** ½ Stunde südlich davon mit einer vor 17 Jahren neugebauten katholischen Kirche, zu welcher die Ortschaften ringsum eingepfarrt sind: **Grahowik** mit 345, **Polje** mit 308, **Putatzewo** mit 250, **Slimena** mit 410, **Wilenitza** mit 112, **Gunwna** mit 150, **Trawnik** selbst mit 420 und **Dolatz** mit 870 Römisch-Katholischen.

*) S. MB. der Berl. Akadem. 1867. S. 746.

XIV.

Von Brtschka über Brod und Gradischka nach Banjaluka.

Im Gegensatz zu dem Hochgebirgslande des mittleren Bosniens trägt die Uferlandschaft längs der Sawe den Charakter eines auf Ackerbau, Handel und Schifffahrt angewiesenen Flachlandes, ähnlich dem gegenüberliegenden österreichischen Slavonien und Kroatien. Der Unterschied zwischen beiden Uferlandschaften ist ein um so geringerer, als die politische Grenze nicht vermocht hat, die Zusammengehörigkeit der Nationalitäten hüben und drüben zu verwischen.

Von Serbien kommend verliess ich das Dampfschiff der Donau-Dampfschiffahrts-Gesellschaft, welche auch die Sawe bis Sissek hinauf befährt, bei der Station Rajewo Selo und setzte von da in 1½ Stunde zu Kahn nach Brtschka über, einem türkischen Grenzstädtchen, das in den letzten Jahren sich bedeutend zu heben angefangen hat. Als Station der Dampfschiffe, die am serbischen Ufer von Semendria bis hierher verkehren, als Sitz eines Kaimmakams, eines österreichischen Viceconsulates und eines Hauptzollamtes, als wichtiger Ausfuhrplatz der Bodenerzeugnisse Bosniens und Einfuhrstelle eines grossen Theiles ausländischer Consumartikel wird Brtschka zusehends die Hauptstadt der bosnischen Posawina, (d. i. Sawelandschaft.) Sehr bedeutend ist namentlich die Ausfuhr gedörrter Zwetschen, die in jährlichen Mengen von 250—300,000 Centner dorthin gebracht und theils zu Schiff, theils per Axe verladen werden, um ihren Weg nach Oesterreich, Deutschland, England, ja selbst bis Amerika zu nehmen; ferner der Import von Salz, das für ganz Bosnien nur im Wege des von der türkischen Regierung an ein Wiener Haus cedirten Monopols eingeführt werden darf. Trotz der Salzsiedereien in dem benachbarten Tuzla ist Bosnien für seinen Bedarf im grossen ausschliesslich auf's Ausland angewiesen: selbst eine seit Jahren ausgesetzte hohe Prämie auf Entdeckung von Steinsalzlagern in Bosnien hat sich bisher niemand verdient.

Ich verliess Brtschka zu Wagen in nordwestlicher Richtung; der Weg, mehr Natur- als Kunststrasse, läuft durch Aecker und Fluren, etwas mehr gewunden, als er auf Rosk.'s Karte erscheint. Nach 1¼ Stunde passirt man Goritza mit einem im Hochsommer fast trockenen Bache; ¾ Stunde weiter Janjitza und nach einer gleichen Distanz Widowitze, ein vorwiegend katholisches Dorf mit einer Kapelle und Pfarre. Von hier ab ist ein künstlicher hoher Damm, der den gewöhnlichen Ueberschwemmungen zu trotzen vermag, den Ufern der Sawe in Büchsenschussweite nahe, aufgeführt, um als Fahrstrasse zu dienen; als ich durchkam, zog man indess noch vor, danebenhin zu fahren. Er läuft von Widowitze 1 Stunde nach dem neuangelegten, zur Ansiedelung der aus Serbien vertriebenen Türken bestimmten Flecken Dolnja (Unter)-Azizie, dessen letzte Häuser dicht an die Gärten von Oraschje stossen; und von da nördlich der Save entlang, wo ich ihn aus dem Gesicht verlor. Ich bog bei Oraschje nach Tolisa ab, das auf einem ziemlich unregelmässigen Pfade durch sumpfiges Erlengebüsch nach 4½stündiger Fahrt von Brtschka aus erreicht wurde. Ein imposanter Kloster- und Kirchenbau ragt weit über die niedrige Landschaft empor, das Haupt-Seminar der bosnischen Franziskaner, von dem die Sage im Volksmunde allerhand Geister- und Spukgeschichten zu erzählen weiss. Die ganze Gegend ist altes katholisches Kirchengut, und wurde bei der Dotation des Bisthums Bosnien im Jahre 1244 von dem bosnischen Ban Ninoslaw der Kirche geschenkt; in der betreffenden Urkunde wird der Name

Tolycha geschrieben, und es ergiebt sich aus derselben, dass der gleichnamige Fluss früher ein anderes damals schon trocknes Bett gehabt hatte, „*Suha Tolycha*" im Gegensatz zu *Tolycha fluens* *). Es wurde mir auch versichert, dass sich in der Nähe römische Inschriften und Alterthümer finden, doch konnte ich genaueres nicht erfahren, obgleich der Prior des Klosters Fr. Martin Neditj einer der wissenschaftlich gebildetsten Ordensgeistlichen in Bosnien ist. — Von Tolisa kehrte ich querfeldein auf die vermittelst einer Brücke über den Tolisabach setzende Dammstrasse zurück, und längs derselben weiter über Domaljewatz, ein ansehnliches Dorf, Batjik und Grednitza, kleinere Weiler, nach Bala- (Ober-) Azizie, wie die neue Colonie bei Schamatz heisst, in der belgrader Flüchtlinge angesiedelt sind. Jede dieser beiden Ansiedelungen, Unter- und Ober-Azizie, besteht aus 250 Häusern, die in breiten geraden Gassen angelegt sind, deren Reihen zwischendurch von freieren Plätzen, Gärten, Moscheenhöfen unterbrochen werden. Den Namen, der nach einer Verordnung im Amtsblatte **) an Stelle der bisherigen Schamatz und Oraschje treten soll, um diese alten mit den neuen Ortschaften zu je einem grösseren Marktflecken zu verschmelzen, tragen sie vom Sultan Abdulaziz. Leider gedeihen diese Colonien nicht recht und verfallen schon wieder, da die bemittelteren unter den vertriebenen Familien sich so bald als möglich nach anderen wohnlicheren Orten gezogen haben und nur die Armuth zurückgeblieben ist.

Schamatz unterhält einen regen Verkehr mit den gegenüberliegenden österreichischen Ortschaften, unter denen Babina Greda wegen seiner schönen Mädchen einen Ruf hat, wie etwa Ruhla in Thüringen, und die Wochenmärkte versammeln da ein ungewöhnlich lebhaftes Treiben. Eine Fähre arbeitet auf der Sawe; eine andre auf der Bosna, die noch innerhalb des Mahalle dicht oberhalb ihrer Mündung in die Sawe über-

---

*) Theiner Monn. Slav. Merid. I. S. 299.
**) In Bosnien erscheinen seit 1866 zwei in der Regierungsdruckerei zu Serajewo gedruckte Wochenblätter Bosna und Tzwetnik in türkischer und serbischer Sprache.

schritten wird.*) Mein Weg berührte nach 2 Stunden das Dorf **Swilaj**, von dem übrigens, da es sich in dem Ufergebüsch zwischen Weiden, Weisspappeln, Erlen sehr unscheinbar verliert, nichts zu sehen war, als der türkische Wachposten, der zugleich die Grenze des in Schamatz stationirten Gensdarmerie-Commandos bildet, die Scheide zwischen den Mutessarrifliks **Tuzla** und **Banjaluka**, den Kazà's **Brtschka** und **Derbend**. Die Entfernung von Brtschka nach Brod wird auf 12 türkische Stunden berechnet; nach der Gangart meiner Pferde giebt das ebensoviel Postmeilen. Jenseit Swilaj überschreitet man eine Hügelreihe, die letzten Ausläufer der bosnischen Gebirge, mit einem ziemlich gelichteten und verkrüppelten Bestande von Eichen, kommt dann wieder ganz nahe an die Bosna heran, und tritt zuletzt eine Stunde vor Brod wieder in eine staubige, in feuchterer Jahreszeit verrufen kothige Ebene.

Von Brod ging ich auf der österreichischen Seite bis zur Wrbas-Mündung und setzte von da, anschliessend an die von Brod über Kobasch am rechten Sawe-Ufer laufende Fahrstrasse, die Tour nach Gradischka fort.

Das Mündungsgebiet des Wrbas bildet nach der neuen politischen Eintheilung den Kreis **Gradischka**, sogenannt nach dem Hauptorte desselben, der auf den Karten gewöhnlich unter dem Namen **Berbir** figurirt, — einem Namen, der indessen jetzt ungebräuchlich ist und früher eigentlich nur das Fort bezeichnete, das dort gegenüber der österreichischen Festung **Alt Gradischka** aufgeführt ist. Die Grenzen des Kreises reichen ostwärts bis ½ Stunde vor **Kobasch**, westlich bis **Orahowa**, letzteres eingeschlossen, im Ganzen etwa 12 Stunden längs der Sawe; der südliche Grenzpunkt in der Richtung auf Banjaluka ist der kleine Ort **Mahowlan**.**)

---

*) Eine Oertlichkeit **Pruth**, welche Roskiewicz's Karte hier angiebt, konnte ich nicht erfragen; vermuthlich stammt der Name aus einer alten Karte durch missverständliche Auffassung des bosnischen Appellativs **Brod** „Fähre, Furth".

**) Roskiewicz hat auf dem Titel seiner Karte von Bosnien die Vorsicht gebraucht, zu bemerken, dass die Landschaften der Krajna nicht nach

Bei Swinjar tritt das Motaitza-Gebirge mit seinen Ausläufern, schön bewaldeten Kuppen, bis dicht an das Sawe-Ufer heran, so dass eine eben im Bau begriffene Fahrstrasse stellenweise zwischen Zwinjar und Wlaknitza durch das Felsgestein gesprengt werden muss. Die Strasse biegt bei Swinjar in das Wrbas-Thal ein, bleibt an dessen rechtem Ufer ca. 2 Stunden bis nach *Pribrjeg* (ungenau Pribieci bei Rośk.) und wird ihn da an Stelle der bisherigen Fähre mittelst einer Brücke überschreiten, deren Entwurf und Kostenanschlag von einem österreichischen Ingenieur eben bei meiner Anwesenheit (im Juli 1867) den Ortsbehörden vorlag. Weiterhin läuft sie westlich auf *Junusowtze* (Janosovec Rośk.) und *Terschelj* und mündet unter einem rechten Winkel in die Gradischka-Banjalukaer Hauptstrasse 2 Stunden südlich von Gradischka ein. Wenn diese Chaussee vollendet sein wird, wird sie die Hauptverbindung zwischen Brod und Banjaluka, sowie Gradischka herstellen.

Der Bau einer der Wasserstrasse der Sawe parallelen Landstrasse war eben ein in dieser Gegend um so unabweisbareres Bedürfniss, als die Natur dem Verkehr daselbst allerhand Hemmnisse bereitet hat. Ich überzeugte mich davon auf der Tour von der Wrbas-Mündung nach Gradischka.

Die Schiffahrt auf der Sawe vermittelt zwar einen Theil des Verkehrs ihrer Ufer. Dampfschiffe, welche der Donaugesellschaft gehören, und zwar sowohl Passagier- als Schleppdampfer, befahren mit Ausnahme der Monate December bis

---

eignen Beobachtungen dargestellt sind, und es ist daher erklärlich, wenn mehrfache alte Irrthümer in Betreff der geographischen Nomenclatur und der Terrainzeichnung sich hier wiederholen, obgleich es kaum entschuldbar ist, dass diese der östreichischen Grenze so nahe liegenden Distrikte auf einer durch den K. K. Generalstab veranlassten Karte keine bessere Darstellung gefunden haben. Gleich auf der Uferstrecke von Kobasch nach der Wrbas-Mündung kehren falsche Schreibungen fast aller Ortsnamen wieder, die schon längst und leicht hätten berichtigt werden können. Statt Prasnik muss es heissen *Brusnik*, statt Vlainica — *Wlaknitza*, statt Kaoce — *Kaovtze*, und Strbac ist mindestens ein verschollener Name, da der jetzt an gleicher Stelle gelegene Complex von Gehöften mit einem türkischen Cordons-Posten, wie der gegenüber liegende österreichische Ort *Swinjar* heisst.

Februar das ganze Jahr hindurch die Sawe zwischen Semlin und Sissek; doch haben sie regelmässige Stationen nur auf dem österreichischen Ufer. Alt-Gradischka, Brod und Brtschka sind die wichtigsten für den bosnischen Handel. Ausserdem dienen dem Verkehr Segel- und Ruderkähne verschiedener Grössen, ebenfalls meist Eigenthum österreichischer Rheder. Die beiden Artikel des Grosshandels, welche namentlich die Sawe-Kähne im Kreise Gradischka beschäftigen, sind Fassdauben und Mais. Erstere sind ein Hauptexport-Artikel des Motaitza Gebirges, von wo sie nach dem Wrbas bei Swinjar oder nach der Sawe bei Kobasch gebracht werden. Ich besuchte einen der grossen Ladeplätze am rechten Ufer des Wrbas, ¼ Stunde aufwärts seiner Mündung, und traf da zwei Unternehmer, einen aus Fiume, einen aus Udine, welche mit ihren Kähnen den Wrbas hinaufgegangen waren, hier für Sissek luden, und von da die Dauben nach Marseille und Bordeaux verhandeln. Die jährliche Ausfuhr von Dauben aus dem Motaitza Gebirge beläuft sich auf 500,000 bis 600,000 Stück. Die türkische Forstverwaltung erhält pro mille 120 bis 300 Piaster. Die Unternehmer tragen alle Kosten des Schnittes und Transportes. Der Mais dagegen ist ein Produkt des Flachlandes der Wrbas-Mündung und wird daselbst in grossen Quantitäten und vorzüglicher Qualität gebaut. In Gradischka lud eben ein Kahn von 10,000 Kilo Tragfähigkeit. Ein anderer war 1 Stunde unterhalb mit voller Ladung auf den Grund gefahren und musste umgeladen werden. — Während also die Schiffahrt der Sawe die Landesprodukte Bosniens nach dem Auslande führt, haben die Landstrassen die Aufgabe diese Produkte bequem und sicher nach den Ladeplätzen zu schaffen, und das ist der Punkt, wo die Kunst der Natur zu Hülfe kommen muss.

Die Sawe, deren ganze Uferstrecke hier ein sehr weicher Lehmboden bildet, tritt nämlich alljährlich im Frühjahr, und bei plötzlichem Hochwasser auch in andern Jahreszeiten, so weit über ihr Bett hinaus, dass die ganze Landschaft dann einen meilenweiten See bildet, und namentlich die an ihrem rechten Ufer liegenden Ortschaften, deren Häuser ebenso wie die

Grenzcordonposten übrigens mit Rücksicht darauf alle auf Pfähle gebaut sind, sowohl unter sich, als im Innern ihrer Gassen nur zu Kahn einen nothdürftigen Verkehr unterhalten. In Folge dieser häufigen Ueberschwemmungen ist das Ufergebiet bis in den Hochsommer hinein sumpfig, und, wo nicht Strassendämme angelegt sind, so grundlos, dass der Transport der Feldfrüchte und anderer per Axe zu verführender Waaren mit grossen Schwierigkeiten und Kosten verknüpft ist. Nimmt man hierzu, dass in der weiten morastigen Ebene alles Strassenbaumaterial als Steine, Kies etc. fehlt, so kann man sich einen Begriff von dem Zustande der Feldwege machen, wo nicht Kunststrassen diese ersetzt haben.

Ich nahm meinen Weg vom Wrbas, nachdem wir denselben auf einer sehr mangelhaften Fähre übersetzt hatten, nach Gradischka auf einer solchen naturwüchsigen Strasse längs des Sawe-Flusses. Während der vorhergegangenen zwei Tage hatte es geregnet, und in Folge dessen war der Boden stellenweise so weich, dass die Pferde tief einsanken; namentlich war dies der Fall im Sawski Lug, dem Sawebruch, der von der Wrbas-Mündung sich zwei Stunden lang hinzieht. Der Moorgrund ist hier mit schönen Eichen, Weiden und allerlei Gestrüpp, Ranken und Sumpfpflanzen dicht bestanden; dazwischen Tümpel, in denen Heerden von Schweinen sich wollüstig wälzen; Schilfstrecken, aus denen jeder Schuss hunderte von Wasservögeln aufjagt; vereinzelte Gehöfte, die kaum den Namen von Dörfern verdienen, so Bajnitza, nahe dem linken Wrbas-Ufer und ¼ Stunde weiter Gaj an der Sawe. Bei letzterem Orte mündet in die Sawe eine Wasserrinne, tief genug, um nicht ohne Brücke passirbar zu sein, die in der Hauptrichtung von West nach Ost den ganzen Bruch durchzieht und Diwljaka, „Wildwasser" oder Zborina, auch Zborischte, „Ansammlung", (bei Rośkiewicz in *Bobrina* enstellt) heisst. Nach ¾ Stunden aus dem Walde heraustretend durchkreuzt der Weg die Fluren von Gornja (Ober-) und ¼ Stunde weiter Dolnja (Unter-) Dolina, mit gemischter Bevölkerung von katholischen und orientalischen Christen. Einen eigenthümlichen Eindruck macht der in der Mitte zwischen beiden gelegene Friedhof, theils durch die malerische Wildheit riesiger Schlingpflanzen, welche die Gräber und ihre Umzäunung überwuchern, theils durch die baumhohen meist verwitterten alten Kreuze mit einem Schirmdache darüber. Unter Hunderten dieser Grabmäler fand ich nur ein einziges Kreuz aus Stein, den einzigen Stein in meilenweitem Umkreise. Die Häuser sind blos aus Holz und Lehm gebaut. Ich liess hier links einen Scheideweg liegen, der in grossen Windungen sich durch Moräste und Gefilde südwärts zieht und auf dem man in 4 Stunden Junusowtze erreichen kann. Die Strasse, der ich folgte, bleibt nun eine Stunde weit dicht am Sawe-Ufer, welchem man nach Belieben entweder, wie die Schiffzieher stromaufwärts thun, bis nach Gradischka folgen, oder bei dem grossen, einer Beg-Familie von Trawnik gehörigen, dem gegenüber mit freundlicher Kirche liegenden österreichischen Orte gleichnamigen Dorfe Matschkowitza einen kürzeren Querweg vorziehen kann, der mich nach 1¼ Stunden durch üppige Wiesen und Felder, die wenige Tage nach meiner Durchreise von einem Hagelschlag verwüstet wurden, nach Gradischka führte.

Gradischka mit seinen ungepflasterten kothigen Gassen und erbärmlichen Häusern bietet nichts sehenswürdiges ausser dem grellen Contrast gegen die regelmässig gebaute und durch Baumalleen und Gärten gehobene österreichische Ortschaft auf dem andern Ufer der Sawe, die in zwei getrennte Quartiere, die Festung Alt-Gradischka und das als Landungsplatz der Dampfer ziemlich belebte Vorwerk Uskoki, zerfällt. Während die österreichische Festung nach allen Regeln der Kunst gebaut und erhalten ist, und mit ihren bis in die Sawe hinein laufenden Wällen und militärischen Anlagen immer noch ein Achtung gebietendes Grenzfort bildet, liegt die türkische Festung Berbir (angelegt von Laudon im Jahre 1789) in Ruinen, die eine Wiederherstellung schwerlich je erleben dürften. Man thäte besser, und denkt auch ernstlich daran, das dort unnütz lagernde Material an Bausteinen zur Pflasterung der Strassen und zum Häuserbau zu verwenden. Die Thürme, Grabenmauern, Casematten und Bastionen würden, auf Abbruch verkauft, dem Mangel an Steinen in der ganzen Gegend auf lange hinaus abhelfen. Die acht alten Geschützrohre, die ohne Lafetten halb eingesunken am Boden lagern, sind völlig unbrauchbar, und der ganze Wachtdienst wird ausreichend durch 2 auf dem nördlichen Walle aufgestellte kleine Kanonen versorgt. Die Garnison besteht aus 12 Zapties; ihr Dienst beschränkt sich auf nächtliche Patrouillen längs des nach der Sawe zu gelegenen Walles, und es macht fast den Eindruck einer Posse, wenn, nach einem langjährigen Gebrauch, das einförmige „*Werda?*" („*War do?*") der österreichischen Runde, das von Stunde zu Stunde die Posten sich zurufen, auf dem türkischen Ufer Ruf auf Ruf wiederholt wird, wo es aber im Munde der bosnischen Zapties genau wie „*Pardon*" klingt!

Während eines zweitägigen Aufenthaltes in Gradischka nahm ich Gelegenheit, der Topographie des Kreises nach den Angaben Eingeborner und nach eignen Bemerkungen eine von der Roskiewicz'schen Karte unabhängige Studie zu widmen, deren Ergebnisse das Kärtchen enthält. Berichtigungen der Ortsnamen und Aenderungen der Positionen waren hier bei den vielfachen Widersprüchen des älteren Materials ein Haupterforderniss. Doch ist mir manche Einzelnheit, namentlich im westlichen Theile des Kreises, nicht anschaulich geworden, so z. B. die Partie des Prosara Gebirges nach der Kosara zu; da meine Gewährsmänner einmüthig behaupteten, man habe von Berbir nach Kosaratz 14 Stunden Entfernung, und keinen anderen Weg als über das katholische Dorf Iwanjska, welches halbwegs zwischen Banjaluka und Kosaratz liegt.*)

---

*) Im August 1871 habe ich wiederholt den Ritt von Banjaluka über Iwanjska nach Prijedor gemacht. Ich verfolgte von B. aus zuerst die Gradischkaer Chaussee 1¼ Stunde weit, während ein kürzerer Weg schon ¾ Stunde hinter Banjaluka quer über eine Hügelkette nach Pod-Iwanjska-Han läuft; bog dann nordwestlich, noch 1¼ St. nach dem ebengenannten Han; von da längs der Eisenbahn ist 1 Stunde nach dem Orte Iwanjska; halbwegs bleibt rechts der Strasse auf einem Hügel das Kloster Iwanjska; links ¼ Stunde weiter die gleichnamige Bahnstation; eine Terrainwelle bildet hier die Wasserscheide zwischen der Dragotscha und

Bloss auf Erkundigungen beruht auch das Itinerar jenseit des Wrbas nach Lepenitza zu; sicher aber ist, dass ein Fluss dieses Namens das Motajtzagebirge in zwei Hälften theilt und ½ Stunde westlich von Kobatsch in die Sawe mündet, was R.'s. Karte ignorirt.

Die Chaussee von Gradischka nach Banjaluka ist sehr gut gebaut, so dass die ganze Strecke in scharfer Gangart in 5 Stunden zurückgelegt werden kann; gewöhnliches Fuhrwerk braucht 7 Stunden. Der erste Ort, der mir an dieser Strasse nach ¾ Stunde genannt wurde, heisst Liskowatz; rechts bleibt Brestowitze liegen, ½ Stunde weiter Rowinje und, nachdem ein einzelner, fernhin sichtbarer Baum die Einmündung der Strasse von Junusowtze markirt hat, die weithin gedehnten Grenzen des Džemaat Liptschanitza, das an die Flur von Mahowlan anstösst, wo ich nach 4¼ Stunde ankam. Von hier an wird die Landschaft hügelig, die Ebene verengt sich, und schon nach ¼ Stunde treten von beiden Seiten Hügel nahe an den Wrbas heran, so dass da eine natürliche Grenze der Sawe-Niederung erkennbar und auch darum anzunehmen ist, dass die römische Grenze Pannoniens, die Station „*ad Fines*" hier in der Nähe lag. Gleichsam ein grosser Markstein, liegt eben an diesem Defilé ein kreisrunder Hügel auf einer Felsbasis, rings umwuchert von wildrankendem Gebüsch; und an dessen westlichem Fusse eine warme Quelle, die in ein aus alten Steinen gemauertes Bassin eingefasst ist. Die Bewohner der Umgegend und selbst fernherkommende Gäste benutzen dies Bad, indem sie, angekleidet wie sie sind, Männlein und Weiblein durcheinander, auf Stufen hineinsteigen, so dass sie bis unter die Arme im heissen Sprudel stehen; nachdem sie sodann eine Münze, die hinterher die Pfaffen des nächsten Dorfes herausfischen, hineinge-

---

der zur Gomionitza laufenden Prijeka; von da nach Kosaratz sind vier Stunden; nach Prijedor 2¼ Stunde. Wenn man also von Gradischka über Iwanjska nach Kosaratz reisen wollte, was wenigstens bis zum Eintritt des Dragotscha-Thales in die Ebene der bequemen Strasse halber geschieht, können die Entfernungen zusammen allerdings etwa 14 Stunden betragen.

worfen, entsteigen sie dem Bassin und rennen, um sich zu trocknen, im Kreislauf um jenen Hügel. Das soll ein Universalmittel gegen alle Leiden und Gebrechen sein! An der Nordseite des Hügels liegt der Paschin Han, links der Strasse. Gegenüber, auf der westlichen Seite des Weges, erhebt sich ein eigenthümlich konisch geformter Berg, auf dessen stumpfer Spitze das Dörfchen Latjasch (türk. Laktasch) liegt, von dem aus ich eine weite Aussicht über die ganze Ebene genoss, und an dessen Fusse ein ziemlich betretener Weg nach Romanowce, 2 Stunden von hier, führt*). Eine gute Viertelstunde hinter dem Warmbad, dessen vulgärer Name Ilidscha die gewöhnliche Bezeichnung für alle heissen Quellen ist, öffnet sich das Thal wieder und erweitert sich zur Ebene von Banjaluka. Alte Grabsteine in Kreuzesform deuten auf die Nähe eines ehemaligen, jetzt hier verschwundenen grösseren Ortes. An dem Punkte, wo hier die Strasse hart an den Wrbas heran geht, liegt ein Complex von Häusern, Klasnitza genannt; da führt über den Wrbas eine obwohl neue und grosse, doch schon gebrechliche Brücke, über die der Weg nach Slatina geht. Dieser Ort, zu dem auch eine direkte Strasse 3 Stunden weit von Banjaluka aus gebaut wird, ist berühmt durch zwei Quellen, deren eine auf einem Plateau heiss und schwefelhaltig, die andere 500 Schritt unterhalb kalt und eisenhaltig sein soll. Erdbeben sind hier in der Gegend häufig; auch sollen bei Slatina, worauf der Name deutet, alte Goldbergwerke, oder Goldwäschen gewesen sein. — Ich selbst besuchte auf dem rechten Wrbasufer eine Localität, Namens Trn, die mir als die Trümmerstätte einer alten Stadt bezeichnet war; hier, in 1½ Stunden Entfernung von der heutigen Ortslage soll ehemals Banjaluka mit 1200 Häusern gelegen haben, die aber in Folge der Pest verödeten. Heut steht nur eine vereinzelte Moschee da mit zwei türkischen Heiligengräbern. Interessant ist ein Punkt, ¼ Std. abwärts der Moschee am Wrbas, wo ein, anscheinend einmal mit Wall und Graben umgebenes, erhöhtes Oval von 72 Schritt

---

*) Roskiewicz hat ein *Remanovce* ganz in der Nähe und ein *Lakasina* 1 Stunde südlich.

Länge und 36 Breite in nordsüdlicher Richtung mit zwei seitwärts sich daranlehnenden Terrassen den Eindruck eines alten Castrums macht; an den Rand des gedachten Grabens hat jetzt ein Müller seine Mühle gebaut.

Auf das linke Ufer zurückgekehrt und der Hauptstrasse folgend passirte ich in der nächsten Stunde der Reihe nach drei Bäche, Bukowitza, Dragotza und Schiroka Rjeka; die Mündung der Wrbanja in den Wrbas liegt aber viel näher an Banjaluka, als auf R's. Karte. Der ganze untere Theil des Wrbanja-Thales streicht von Ost nach West, zuletzt sogar nach WSW. und der Zusammenfluss findet kaum $\frac{1}{4}$ bis $\frac{3}{4}$ Stunde unterhalb der Stadt, nahe der Caserne und dem Exercierplatze, statt.

Banjaluka ist sehr weitläuftig gebaut, fast 1 Stunde längs des linken Wrbas-Ufers; hat ca. 14000 Einwohner; ist Sitz eines Mutesarrif-Paschas, unter dem die vier Kreise Banjaluka, Derbend, Gradischka und Teschne stehen; einer Garnison von 4 Schwadronen Cavallerie und 1 Bataillon Infanterie; eines Seminars für griechische Geistliche und Schullehrer; einer katholischen Gemeinde von etwa 200 Familien. Die türkische Bevölkerung bildet die grosse Mehrheit; zahlreiche Moscheen, mit hübschen Minarets und häufig von schattigen Linden umgeben (*Tilia platyphyllos*), tragen zu einem malerischen Bilde des Ganzen bei. Die berühmteste darunter ist die Soliman-Moschee, in der obern Stadt am linken Ufer des Flusses gelegen, mit einem geräumigen Betplatz und einer berühmten Kanzel, in die alte Säulen und behauene Steine verbaut sind. Nahe dieser Moschee, gegenüber derselben auf dem linken Ufer, wohinüber eine Brücke und die Strasse nach Iskender-Wakuf und Trawnik führt, sind eines Besuches werth die alten, sogenannten Römerbäder, die in zwei Gruppen zerfallen. Die eine nahe der Brücke, ganz zerfallenes Gemäuer, wo eine heisse Quelle sich in's Gestein verliert, unter welchem kürzlich ein Fund von ca. 600 römischen Kupfermünzen gemacht wurde; die andere 10 Minuten flussaufwärts davon, wo ein wohlerhaltenes und noch jetzt gebrauchtes, mit einer Kuppel gedecktes Bad, dem Style nach etwa aus dem sechsten Jahrhundert n. Chr. über einer mässig warmen Quelle und neben drei andern nicht gefassten Sprudeln steht, ein zweites daneben in Trümmern liegt. — In der untern Stadt ist die neue, von den Türken vor etwa 80 Jahren gebaute Citadelle, jetzt mit etwa einem Dutzend Geschützen armirt. Eine Anzahl alter dort aufgestellter Kanonen stammt aus den österreichischen Kriegen; sie tragen die Jahreszahl 1608 und 1681, eine gewidmet dem „Land- und Hauszeugmeister auch General der raberischen Gränizen" RAIMUND GRAV V. U. ZU MONTECUCOLI. K. M. GEH· RATH und KG. RATHSPRAESIDENT, gegossen von Balthasar Herold in Wien; die andere einem GRAV ABENSBERG v. TRAVN· K.M. GEH· RATH u. s. w. geweiht.

XV.

Von Serajewo nach Brod.

Das Bosna-Thal ist der verhältnissmässig am meisten gekannte und besuchte Theil Bosniens, namentlich seitdem die grosse Verkehrs- und Hauptstrasse, welche von der Grenzstation Brod*) an der Sawe nach der Hauptstadt der Provinz führt, fahrbar ausgebaut ist (1863—64). Fuhrwerke, welche ohne Pferdewechsel die Strecke zurücklegen, pflegen dazu $3\frac{1}{4}$ Tag zu gebrauchen, indem sie die ca. 29 Meilen, je 8 auf eine Tagesfahrt gerechnet, so eintheilen, dass sie in der Richtung von Brod nach Serajewo ihre Nachtstationen in Schewerlji, Wranduk, Kiseljak, in umgekehrter Richtung in Witez, Žeptsche und Derbend machen. Die Reitpost, welche Tag und Nacht durchgeht, kommt in der Regel nach 30 Stunden an. Die Fahrstrasse hält sich der Hauptsache nach auf dem linken Ufer des Strômes, so dass sie von grösseren Zuflüssen nur die Ussora zu überschreiten genöthigt ist. Die Schwierigkeit eben dieses Ueberganges über die Ussora, nahe ihrer Einmündung in die Bosna, wo bei hohem Wasserstand und reissendem Gefälle immer so viel Gefahr ist, dass neben der zeitweilig vorhanden gewesenen Brücke stets noch eine Fähre in Betrieb gehalten wurde, ist ein Hauptgrund gewesen, weshalb früher die Post- und Heerstrasse von Zeptsche aus

---

*) Die häufige auch bei Roskiewicz wiederholte Angabe, dass der türkische Name Busud (Buzud) laute, muss auf einem alten Fehler in türkischen Drucken beruhen; urkundlich ist der Ort nie anders als Brod geschrieben, höchstens Brud, Burud gesprochen worden.

über Teschanj nach Derbend lief, statt wie neuerdings über Maglai.

Ich selbst war nur einmal, im Frühjahr 1861, bei sehr ungünstiger Witterung, genöthigt, den Umweg über Teschanj zu machen. Ich ritt von Brod den ersten Nachmittag bis Derbend, am zweiten Tage über Fotscha nach Teschanj. Dort steht noch ziemlich wohl erhalten eine alte Burg, das „Schloss Teschen", welches Prinz Eugen am 1. November 1697 von drei naheliegenden Hügeln aus beschoss. Auf einem grundlosen Waldweg in strömendem Regen wurde dann der Tzrni-Wrh passirt, bis wir in der gastlichen Pfarre von Ponjewo bei dem kleinen Flecken Nowi-Schehr Unterkunft fanden.

Später habe ich die Reise zwischen Brod und Serajewo siebenmal zu Wagen zurückgelegt. Die dabei gemachten topographischen und pflanzengeographischen Beobachtungen fasse ich in folgendem zusammen.

Nach dem Austritt aus der Ebene von Serajewo bei Blažuj läuft die Strasse bis Rakowitza am Fuss der Kobilja Glawa über welliges buschiges Terrain*), zieht sich dann im Zickzack über den genannten Höhenzug und steigt jenseit des Wachpostens, der die Grenze des Kreises Serajewo markirt, in das Thal der Lepenitza hinüber. Dieser Fluss wird kurz vor Kiseljak mittelst einer Holzbrücke passirt, wo das sonst ½ Stunde breite, kiesreiche, schlecht angebaute Thal sich am meisten verengert, und waldige Hügel dicht an das linke Ufer herantreten**).

Kiseljak, türkisch Ekschi-Su (beides „Sauerwasser" bedeutend), 7¾ Stunden von Serajewo entfernt ist bekannt durch eine im Sommer von fern und nah besuchte Heilquelle, deren Eisensäuerling nicht blos von Einheimischen hochge-

---

*) In den Chausseegräben *Lythrum hyssopifolium, Nasturtium lippicense;* an Wegrändern *Artemisia Absynthium*.

**) Hier bemerkenswerth: *Erica carnea, Majanthemum bifolium, Blechnum spicant, Luzula nemorosa;* in Kiesboden *Erysimum pannonicum*. Eichen überwiegend *Quercus sessiliflora;* von Moosen *Eurhynchium striatum* und *Polytrichum juniperinum*.

schätzt, sondern auch nach Dalmatien exportirt und in Steiermark unter dem Namen Johannisbrunnen verkauft wird. Die Anlagen um die in ein schlichtes Bassin gefasste Quelle entsprechen kaum den mässigsten Ansprüchen von Kurgästen; sehr schmackhaft ist das mit dem Sauerwasser gemengte Brod der Herbergen. Auch die Forellen der benachbarten Bäche sind erwähnenswerthe Leckerbissen. In klimatischer Hinsicht gilt der Thalkessel, innerhalb dessen sich der Bach von Foinitza mit der Lepenitza vereinigt, für milder als die Hochebene von Serajewo, da er zumal gegen Norden durch eine Kette von Bergen geschützt ist.

Jenseits der Foinitza ist nahe ihrer Mündung in die Lepenitza zu beiden Seiten des Weges das Dörfchen Foinitzka Tjuprija neu entstanden, seit eine Brücke den Verkehr dort erleichtert hat. Nach einer Stunde folgt die Poststation Jehowatz. Allmälig beginnt dann die Strasse zu steigen und tritt bei dem Han Bjelalowatz in den Breza-Wald ein, durch den man 2 Stunden auf und ab bis kurz vor Bussowatscha fährt. Hauptbestand des Waldes sind Buchen und Birken, in der Nähe des Weges meist nur Niederholz*), in grösserer Ferne sich zu schönem Hochwald erhebend; übrigens ein berüchtigter Aufenthalt von Strauchdieben und Wegelagerern.

Die Verbindung zwischen Bussowatscha und Witez ist in ihren mannigfachen Verzweigungen gelegentlich schon oben (S. 102 ff.) erörtert worden.

Eine Viertelstunde vor dem sogenannten Compania-Han vor Witez tritt man in eine mehrere Stunden lange Ebene, die sich bis Trawnik hinzieht und deren Pflanzenwuchs in den auffälligsten Eigenthümlichkeiten mit dem südlichen Theile des Serajewsko-Polje übereinstimmt.

Während die Strasse nach Trawnik westwärts in der Ebene fortläuft, beginnt in der Richtung auf Brod, recht-

---

*) Am Waldrande *Gentiana asclepiadea* uud *G. pneumonanthe*; in Gräben und feuchten Stellen *Gnaphalium uliginosum*, *Cyperus flavescens*, *Eriophorum latifolium*,, *Ornithogalum comosum*, *Bidens tripartita*, *Impatiens noli tangere;* an feuchten Felsen *Symphyandra Wanneri*; 1 Stunde vor Bussowatscha.

winklich abbiegend, unmittelbar von dem Han aus die Steigung auf das Wjetrenitza-Gebirge, welches das Thal der Laschwa von dem der Bosna trennt. Es ist grösstentheils mit Buschwald bestanden, der Boden in den höheren Theilen aus weichem Thon bestehend, mit Haidekraut bedeckt*). Von der Höhe des Wjetrenitza-Passes, dessen Bergwiesen zu dem nahen Dorfe Tschaidraž gehören, geniesst man einen weiten Umblick nach Nord und Süd: meist bewaldete Gruppen von Bergen bis zu 6000 Fuss, darunter besonders imposant der Zetz, begrenzen den Horizont; im Mittelgrunde liegt nordwärts ein mannigfaches Durcheinander von Ketten und einzelner Kuppen zu beiden Seiten der Bosna, aus dem sich in nordwestlicher Richtung in etwa fünfstündiger Entfernung ein isolirter pyramidenförmiger Berg (Basaltkegel?) auffallend abhebt. Beim Abstieg werden noch ein paar Häuser der Gemeinde Tschukle berührt, eine Tränkestation der Fuhrleute, und dann in der Thalsohle des Bosna-Bettes die Gärten von Jenitza ¼ Stunde weit rechts liegen gelassen. Man erzählt, dass die Einwohner von Zenitza dagegen protestirten, dass die Chaussee den Ort berühre, um nicht von ungebetenen Gästen behelligt zu werden. So meidet denn die Hauptstrasse das Städtchen und die Bürger desselben erfreuen sich nach wie vor des wohlverdienten Rufes, die ungastlichsten Wirthe in Bosnien zu sein. In der Ebene, die sich von da nördlich bis an das Defilé von Wranduk hinzieht, hatte einst Prinz Eugen sein Lager geschlagen „in einer schönen fruchtbaren Gegend, woselbst man an hartem und rauhem Futter, Viehe und dergleichen einen guten Vorrath fand, ob sich schon die Einwohner verloffen hatten".

Die Strasse schlängelt sich nach Wranduk zu meist hart am Ufer der Bosna. Die dem Flusse abgewandte Seite ist mit prachtvollen Hecken eingefasst*), hinter denen die Berge

---

*) *Calluna vulgaris;* Aus der sonstigen Flora sind *Silene viridiflora* und *Cytisus nigricans* bemerkenswerth.

**) Auffallend viel *Vitis vinifera* wild, doch ohne Trauben; *Clematis vitalba, Cornus mas, Physalis Alkekengi;* am Rande *Gentiana asclepiadea.*

steil emporsteigen. Wranduk ist ebensowohl einer der malerischsten als der strategisch wichtigsten und geschichtlich interessantesten Punkte des Bosna-Thales. Wie schon sein Name sagt, der in älteren Urkunden Wratnyk (von *Wrata* Pforte) geschrieben wird, ist dies der eigentliche Schlüssel zum innern Bosnien, die hohle Gasse, durch die der kommen muss, der in's Herz des Landes will. Hier war nach dem Ofener Frieden (1503) die Grenze zwischen Türkisch- und Ungarisch-Bosnien. Hier „am Passe Branduck" stürmten die abgesessenen deutschen Reiter des Prinzen Eugen die feste Stellung der Türken, also dass „ein gut Theil mit grossem Geschrei den steilen Berg mehr hinunter gefallen als marschiret." Der Schlossberg fällt nämlich so steil in die Bosna ab, dass es unthunlich ist, die Strasse an der Böschung herumzuführen. Vielmehr zwängt sie sich in kaum eines Wagens Spurbreite durch den Felsenkamm hindurch, auf dem quer wie ein Riegel vor's Thal geschoben die Burg, noch heute erträglich wohl erhalten, ragt*). Die umliegenden Häuser verdienen kaum den Namen eines Dorfes; der etwas stromaufwärts von der Burg gelegene Han an einem rauschenden Bache ist einer der einladenderen Haltepunkte für Reisende. Wer Natur und Berge liebt, mag, anstatt der Fahrstrasse am Bosnaufer in allen Windungen zu folgen, von hier aus quer über die felsigen Abhänge am linken Ufer den Fusspfad einschlagen, der nach ¼ Stunden wieder auf die Hauptstrasse zurückführt und reizende Blicke auf das gegenüberliegende vorwiegend mit Ulmen und Wallnussbäumen bewaldete Gebirge gewährt**). Das Thal bleibt gleichmässig enge, ausgenommen eine leichte Verbreitung bei Orahowitza, bis etwa eine Stunde vor Žeptsche; je weiter die Berge zurücktreten, desto dürftiger wird der Waldwuchs, desto kahler die Triften und Abhänge. Aus den Vorbergen links stürzen noch ein paar klare Bäche über den Weg; das Bett des einen bemerkenswerth, weil es

---

*) Am Burgberge sammelte ich *Circaea lutetiana, Parietaria officinalis, Panicum crus galli, Syrenia cuspidata.*

**) Hier *Calamintha thymifolia, Nepeta cataria, Epilobium tetragonum, Allium carinatum, Inula ensifolia.* Gebüsch vorzugsweise *Corylus avellana.*

zerbröckeltes Melaphyrgestein durchrieselt, auf dessen Kanten eine ganz eigenthümliche Flora von lauter serpentinliebenden Pflanzen wächst*).

Žeptsche selbst, ein wenig freundlicher, überwiegend von Türken bewohnter ca. 300 Häuser zählender Flecken, treibt viel Ackerbau, Gartenbau und Viehzucht. Das Klima hat auf alle diese Culturen einen bemerkbaren Einfluss. Hier ist der südlichste Punkt Bosniens, wo Büffel in grösserer Zahl gezüchtet werden, die nächstdem vorzugsweise in Banjaluka und der Sawe-Niederung vorkommen. Die Ziegenheerden, im oberen Bosna-Thal sehr zahlreich und schön gehalten, vermindern sich zusehends von hier ab. Von Gemüsen, die in Serajewo nur mit Mühe gedeihen, werden in Žeptsche wie in Banjaluka vortreffliche Bamien (*Hibiscus esculentus*) und Badlidžan (*Melongena*) gebaut; desgleichen gedeiht die rothfleischige Wassermelone hier bedeutend besser, als auf den höheren Ebenen. Flachs wird seit ein paar Jahren mit so gutem Erfolg cultivirt, dass ein einziger Bauer mehrere Fuhren Leinsaat in den Handel brachte.

Hinter Žeptsche verlässt der Fahrweg das Bosna-Thal und steigt über einen mässig bewaldeten Berg, der mir als Lupoglaw bezeichnet wurde, in das Thal der Ljeschnitza hinüber, eines Baches, der dreimal überschritten und dann bis zu seiner Einmündung in die Bosna bei Maglaj verfolgt wird.

Die Lage von Maglaj auf drei Hügeln am Fusse des Ozron-Berges, am rechten Ufer der Bosna mit einer der schönsten alten Moscheen des Landes und Resten einer mittelalterlichen Burg bildet eine liebliche Landschaft, umrahmt von dem breiten Bett der Bosna, deren Wassermenge durch den Zufluss der Kriwaja bedeutend gewachsen ist. Von Maglaj bis zur Mündung der Ussora bleibt man dann mehr oder minder dicht am Uferrande, an welchen von Westen her

---

*) *Arabis arenosa* (?) *Alyssum argenteum*, *Silene Armeria*; der schöne Farrn *Nothochlaena Marantae*. — Vorher bei Orahowitza und bis Doboj die angebliche Amerikanerin *Stenactis annua* häufig.

dicht bewaldete Hügel wieder hart herantreten. Häufige Sturzbäche, die auf dieser Strecke der Bosna zurieseln, durchschneiden die Strasse vielfach und überschütten sie und die Seitengräben mit Geröll und Walderde. Ein Vorsprung dieser Hügel, 2 Stunden von Maglaj, besteht aus grossen Blöcken von Serpentinfelsen, die schon Sendtner ihrer eigenthümlichen Flora wegen bemerkenswerth fand*). Von Ortschaften bekommt man unterwegs nichts zu sehen. Die auf der Karte genannten verrathen ihre Nähe nur hie und da durch urbar gemachte Waldstrecken oder Weideland, bis man an dem elenden Han von Schewerlji (im Munde französischer Reisenden stets in *Chevalier* verdreht) vorüber ist, und auf die eine oder die andre Art, d. h. entweder mittelst Brücke oder Fähre, oder bei niedrigem Wasserstand durchwatend, die Ussora passirt hat**).

Jetzt wechselt die Landschaft: Gruppen von Weidenbäumen und weite Maispflanzungen charakterisiren das Flachland der Possawina. Der erste Ort ist Doboj, zu Füssen des Schlosses, das auf einem isolirten Hügel gelegen die Ebene dominirt. Hier residirten einst, am Ende des 14. und Anfang des 15. Jahrhunderts die bosnischen Fürsten, die den Kampf um die Unabhängigkeit des Landes von der Krone Ungarn führten; hier wurden der Sage nach bei der Gefangennahme Twartko des III. auf Befehl des Königs Sigismund 180 bosnische Edle von den Felsen der Burg hinab in die Bosna gestürzt. Soll diese Sage mit der Natur der Oertlichkeit vereinbar bleiben, so müsste, ähnlich wie für die Saale in Betreff der Giebichensteiner Sage, angenommen werden, dass die Bosna damals näher dem Fusse der Burg floss, als heut zu Tage. Jetzt bedeckt den Schlosshof und den anstossenden Garten ein undurchdringliches Gebüsch von Weinreben, prächtigen Brombeeren, Hollunder und Liguster, auf den Mauertrümmern

---

*) *Alyssum argenteum, Nothochlaena Marantae, Rhus cotinus, Scleranthus perennis*, u. a. in meinem Herbarium.

**) In den ersten Tagen des März fand ich hier *Eranthis hiemalis* und *Scilla bifolia* zwischen Massen von *Crocus banaticus*.

und Schutthaufen wuchern ungestört üppige Unkräuter*). Der Eintritt ist nicht jedem vergönnt; ein türkischer Schlossvogt bewahrt die Schlüssel der eingerosteten Thore.

In der Umgebung von Doboj sind die Ufer der Bosna so flach, dass die anliegenden Felder bei hohem Wasserstande in Moräste verwandelt werden. An einer Stelle, ¼ Stunde oberhalb des Ortes hat stagnirendes Wasser einen 3—4 Morgen grossen Sumpf gebildet, dessen ganze Oberfläche mit der schönen gelben Sumpfrose**) bedeckt war, als ich im August 1868 dort botanisirte. Der ganze Grund ist hier Alluvialboden. — Der Acker- und Gemüsebau in dieser Gegend hat mit mannigfachem Ungemach zu kämpfen. Zunächst sind hier am Rande der Vorberge und dem Uebergangsgebiete zum Flachland sehr häufig Hagelschläge. Es sind mir Jahre bekannt, wo dadurch die ganze Mais- und Zwetschen-Ernte strichweise zu Boden geschlagen und vernichtet war. Im Jahre 1868 trat dazu noch die Calamität des Raupenfrasses in den Kohlfeldern. Der Kohlweissling begann in ungeheuren Massen den zweiten Flug gegen Ende Juli; bis zur Mitte August waren die Blätter aller Kohlarten nicht bloss hier, sondern im ganzen Bosna- und Wrbas-Thale bis an die obere Narenta total abgefressen. Die Bauern wollen beobachtet haben, dass die Verwüstung Schritt für Schritt, Tag für Tag weiter südwärts um sich griff, ausgehend von den Sawe-Gegenden, wohin angeblich die Schmetterlinge von Croatien und Slavonien herüber gekommen seien, was möglicher Weise darauf hinauskommt, dass die Raupen in dem wärmeren Tieflande sich etwas früher und schneller entwickelten, als in den höheren Gebirgsgegenden. Eine andere Erscheinung, welche im Glauben des bosnischen Landmannes eine gewisse Rolle spielt ist folgende: wenn an heissen sonnigen Tagen plötzliche kurze Regenschauer eintreten, so nimmt der Landmann an, dass die vorausgehende Erhitzung und plötzliche Erfrischung dem Wachsthum und Stoffe mancher Culturpflanzen, nament-

---

*) *Datura stramonium, Artemisia absynthium, Lactuca scariola, Sedum acre.*
**) *Nuphar Luteum L.*

lich den Melonen, Kürbissen, Wassermelonen und Gurken derartig nachtheilig ist, dass ihr Genuss schlechterdings ungesund sei. Das äussere Kennzeichen dafür soll ein mehlthauartiger weisslicher Schimmer der Schalen sein. Es mag sein, dass in der That durch solches Wetter der Wassergehalt in dem gelockerten Zellgewebe der Cucurbitaceen vermehrt und ihre Fäulniss befördert wird. Das Regierungsblatt „Bosna" sah sich veranlasst, in seiner Nummer 116 vom 31. August 1868 eine besondere Warnung vor dem Genusse solcher Früchte zu erlassen, die von der sogenannten Basra (bosnisch *klja*, serbisch *ilja*) befallen wären*).

Zwei Stunden jenseit Doboj steigt die Strasse wieder bergan, indem sie das Bosna-Thal ganz verlässt und sich nach Derbend hinüber wendet. Die ganze Strecke zwischen der Biegung, die die Bosna hier nach Nordosten macht, und der Sawe, ist ein welliges Hügelland, abwechselnd bebaut und mit niedrigem Buschwerk bewachsen. Die Bevölkerung ist sehr wenig dicht gesäet, die Dörfer des ganzen Distriktes liegen weit zerstreut, so dass die zu derselben Gemeinde gehörigen Gehöfte oft stundenweit von einander entfernt sind und die topographische Einzeichnung einer Ortschaft auf einen bestimmten Punkt der Karte meist gar nicht möglich ist. So z. B. trägt den Namen Fotscha der ganze Complex von Gehöften im Thal des gleichnamigen Baches von seiner Mündung bis zur Quelle, und fast 2 Stunden nachdem man die Brücke darüber passirt hat, gelangt man an die Pfarre und Kirche von Fotscha, die etwas westlich der grossen Strasse hoch am Thalrande des genannten Baches liegen**). Unterwegs berührt man die Hans Rudanka und Bukowitza, sowie die Flur des Dorfes Jehowatz. Behufs der Instandhaltung der Strasse sind die angrenzenden Gemeinden zu Frohndiensten verpflichtet, und die Strecken, die je einer zu-

---

*) Auf Tabacksfeldern, die von hier ab häufiger werden, bemerkte ich beide Sorten, *Nicotiana Tabacum* und *N. rustica*. Ueber das Sprachliche s. meinen Aufsatz in Z. d. morg. Ges. XXIII. S. 275 ff.

**) Ich fand hier *Xanthium strumarium*; *Linum gallicum*; im Frühjahr viel *Crocus banaticus*.

getheilt sind, waren damals durch Tafeln an hohen Pfählen mit den Ortsnamen abgesteckt. Trotz aller Arbeitstheilung ist jedoch der Zustand der Strasse nichts weniger als befriedigend; der Mangel an steinigem Untergrund und an Material zum Schottern macht sich in dem tiefen Lehmboden der ganzen Linie bis nach Brod empfindlich bemerkbar. Das Terrain ist bis nach Derbend und zu beiden Seiten so weit man sehen kann, hügelig und coupirt. Vor Derbend ist einer der höheren Punkte die Station Modran; ein armseliger Han*).

Derbend, im Thale der Ukrina gelegen, zählt etwa 200 muhamedanische und 80 christliche Häuser, die sich mit wenigen Ausnahmen durch elende Bauart und Mangel an Sauberkeit unvortheilhaft auszeichnen. Ein hervorragendes Gebäude ist die Cavallerie-Caserne am Ukrina-Ufer. Die in der Umgegend noch vorhandenen dürftigen Waldreste, bestehen aus Eichen und Weissbuchen**).

Der Rest der Strasse nach Brod verläuft in ebenem Boden zwischen Aeckern, Gärten und einzelnen Bauerhäuschen in fast gerader Linie bis an die Sawe, die eine Stunde oberhalb des Fleckens erreicht wird, und dann längs des Stromes. Das türkische Grenz-, Zoll- und Postamt bildet den Schlusspunkt. Chausseegeld ist auf der ganzen Strecke nicht zu zahlen.

Das Bosna-Thal, welches wir so eben durchzogen haben, hat bei weiterer Entwickelung dieses reichen und schönen Landstriches noch Aussicht auf eine grosse Bedeutung in der Zukunft. Unter allen Längsthälern Bosniens ist es dasjenige, welches zur Anlage einer Eisenbahn die geeignetsten Vorbedingungen in sich vereinigt. Es kann nur eine Frage der Zeit sein, dass Projekte der Art verwirklicht werden, wenn anders das Wort zweier competenter Fachmänner***) Beachtung verdient, die sich dahin äussern: „eine Linie, welche von

---

*) Aus dieser Gegend nahm ich *Senecio erraticus, Pulicaria prostrata, Filago minima, Lactuca saligna* mit.

**) Und zwar die Species *Carpinus duinensis Scop.*

***) Geiger u. Lebret, Studien über Bosnien und die bosnischen Bahnen. Wien 1873, S. 12 des Separatabdrucks.

Brod oder Schamatz durch das Bosna-Thal zum Anschluss an die dalmatinischen Bahnen führt und damit Dalmatien mit seinem Hinterlande und Ungarn in direkte Verbindung setzt, ist ein Moment von der grössesten handelspolitischen Bedeutung, sowohl für die Türkei als für Oesterreich-Ungarn".

Aus einem hierauf bezüglichen Projekte, welches mir im Jahre 1864 zur Begutachtung vorlag, möchte hier der Ort sein, folgende Punkte zusammenzustellen.

Das Thal der Bosna streicht von der Sawe in südlicher Richtung in einer Länge von circa 30 Meilen bis Serajewo und es wird sich auch die zweitgrösste Stadt der Provinz, Trawnik, durch diesen Schienenweg mit verbinden lassen.

Grössere Wasserscheiden sind nicht zu übersteigen, die Bahnlinie fiele grossentheils in günstiges Terrain, würde keine bedeutenden Kunstbauten erfordern und daher vergleichungsweise billig herzustellen sein. Ausser einigen Felsensprengungen im Bosna-Thale sind keine technischen Schwierigkeiten vorhanden, die nicht mit einheimischen Arbeitskräften ausgeführt werden könnten; Material, sowohl Steine als Holz, ist in Menge vorhanden und ausserordentlich billig. Für den vollen Ausbau fiele noch der Umstand besonders in's Gewicht, dass diese Bahn von der Ebene Serajewsko-Polje über die Iwan-Planina in's Thal der Narenta geführt, und im Delta dieses Flusses an adriatische Seeverbindungen angeschlossen werden könnte, so dass sie zu einer Weltbahn würde.

Eine solche Bahn müsste beginnen in Türkisch-Brod an der Sawe, wo sie in Verbindung mit dem österreichischen Bahnnetz treten müsste. Von da ginge sie in ebenem Terrain an die Ukrina und längs derselben bis Derbend (ca. $2\frac{1}{2}$ Meilen).

In dem Hügelland zwischen der Ukrina und Bosna müsste sie bis Kotorsko an der Bosna, einem kleinen Flecken von c. 400 Einwohnern, geführt werden; Entfernung von Derbend bis Kotorsko $2\frac{1}{10}$ Meilen.

Von da ginge das Tracé im Bosna-Thal beinahe immer längs des Stromes bis Doboj, unfern des Einflusses der Spretza, deren Thal bis zu den Salinen von Tuzla streicht, und der

Ussora in die Bosna — $2\frac{1}{10}$ Meile. — Von Doboj folgte sie dem linken Bosna-Ufer bis gegenüber Maglaj an die Einmündung der Ljeschnitza. Grösseres Objekt: Brücke über die Ussora. Entfernung $2\frac{8}{10}$ Meilen.

Von Maglaj nach Žeptsche könnte vielleicht die Bahn in einer mehr geraden Richtung geführt werden und das Flussbett verlassen — wozu es jedoch näherer Recognoscirung bedürfte. Erstere Entfernung würde etwa $2\frac{1}{10}$ Meilen, die längs der Bosna $3\frac{2}{10}$ Meilen betragen. Als Holzstapelplatz, von wo schon jetzt bedeutende Quantitäten nach Slavonien, Serbien und dem Banat verflösst werden, ist Žeptsche voraussichtlich eine Hauptstation.

Von Žeptsche müsste die Bahn wegen der Engpässe unmittelbar an der Bosna hin bis Zenitza geführt werden; — Entfernung $5\frac{2}{10}$ Meilen.

Hiernächst wäre es zweckentsprechend Trawnik, als Knotenpunkt der Strassen nach West-Bosnien und Dalmatien und militärischen Centralpunkt der Provinz, entweder in die direkte Linie aufzunehmen oder durch eine Flügelbahn zu verbinden: entweder wäre nämlich die Bahn im Bosna-Thale am linken Ufer weiter südlich bis zur Einmündung der Laschwa und dann diesen Fluss aufwärts über Witez bis Trawnik zu legen, — eine Strecke von 5—6 Meilen; und von Witez auf Bussowatscha zu gehen, falls eine Recognoscirung es räthlich erscheinen lässt, über Jehowatz und Rakowitza auf die Serajewoer Hochebene (1750 Fuss Meereshöhe) zu steigen; — oder aber man liesse jenen Flügel rechts abbrechen und führte die Trace längs der Bosna bis Wisoka. Wird letztere Richtung gewählt, so beträgt die Entfernung von Zenitza bis Wisoka c. 7 Meilen. Letzteres wäre als Eisenbahnstation besonders wichtig wegen der Nähe verschiedener Eisenwerke; Mittellage zwischen Waresch, Kreschewo und Foinitza, und den Kohlenlagern des Trawniker Beckens.

Von Wisoka wäre sodann die Bahn im Thale der Bosna weiter zu führen und würde in der Nähe von Blažuj auf die Hochebene von Serajewo und auf derselben bis Serajewo selbst gelangen. Diese Entfernung beläuft sich noch auf 5 Meilen.

Es würde demnach die Länge der Bahn von Brod bis Serajewo bei 30 Meilen, und der etwaige Flügel bis Trawnik 5—6 Meilen betragen.

Da die Bahn auf diese Länge zwischen Brod und Serajewo nur einen Höhenunterschied von ca. 1500 Fuss zu überwinden hat, so zeigen sich die Steigungsverhältnisse sehr günstig.

Hält man den Gedanken einer Weiterführung bis an die Meeresküste fest, so kommen folgende Punkte in Betracht:

Von Serajewo 1750—1760 Fuss über dem adriatischen Meere könnte die Bahn vorerst in das Thal der Zujevina geführt werden und dann über die flachen, von mehreren Einschnitten durchsetzten Hügelreihen in das Kortscha-Thal und in diesem bis an den Fuss der Iwan-Planina gelangen. Da man hier bereits eine Seehöhe von c. 1850' überwunden haben wird, so hätte man noch eine Höhe von c. 1050 Fuss zu erreichen, um auf den Gebirgssattel von Bradina bei 2900 Fuss Höhe zu kommen, was mit einer Entwickelung von 3,5 Meilen und einer Steigung von 1:80 geschehen kann, ohne dabei die Benutzung einer Schlucht östlich von Bradina und die etwaige Anlage von Tunnels in Rechnung zu bringen. Von Bradina könnte die Bahn entweder an der östlichen oder an der westlichen Lehne der Schlucht, in welcher die Treschnjawitza (Teschanitza) verläuft, angelegt werden, um in der Nähe von Konjitz in das Narenta-Thal zu münden.

Da Konjitz in einer Meereshöhe von c. 1200 Fuss liegt, so würde mit dem Gefälle von 1:80 eine Entwickelung von 5,5 Meilen Länge erforderlich sein.

Man hätte demnach eine Gebirgsbahn von 9 Meilen Länge zu bauen, um die Wasserscheide zwischen der Bosna und Narenta zu überschreiten.

Von Konjitz könnte die Bahn am Ufer der Narenta ohne Schwierigkeiten bis Jablanitza, von da mit Hülfe von Felssprengungen und vielleicht zwei Brücken nach Mostar, bei 8,4 Meilen, und von da in sehr günstigem Boden ohne bedeutendere Objekte bis an die Meeresküste über Metkowitj 8,75 Meilen lang geführt werden.

Berücksichtigt man nun, dass eine solche Linie in der Totallänge von etwas über 60 Meilen von Brod über Serajewo, Mostar und Metkowitj den natürlichen und kürzesten Ausfuhrweg von der unteren Sawe, der Donau und dem Banate für Produkte des reichen südlichen Ungarns und der Wälder Slawoniens und deren Absatz nicht blos nach Dalmatien, sondern nach dem Mittelmeer und dessen Gestaden darstellt, dass ferner Bosnien mit seinen reichen Bodenschätzen, ein Land dessen Productivität leicht verzehnfacht werden kann, dadurch dem Handel und der Industrie erst erschlossen wird, dass endlich die grossen Verkehrslinien der Zukunft, die nach der ägyptischen Route laufen, wie Berlin-Wien-Corfu oder Warschau-Pest-Brindisi in gerader Luftlinie Serajewo durchschneiden, so ist es nicht zuviel gesagt, wenn man dem projectirten Stück Eisenbahn im Bosnathale die Zukunft einer Weltbahn und eine Rentabilität in Aussicht stellt, die — freilich von geordneteren Zuständen im Lande abhängt, als sie zunächst sind.

XVI.

Von Serajewo nach Rama
und zurück
15.—24. Juni 1867.

Von Serajewo wendete ich mich zunächst nach Kreschewo, wohin in acht Stunden ein leidlicher Fahrweg führt, der bei dem Wachposten auf der Kobilja Glawa die Hauptstrasse verlässt. Kreschewo liegt zu beiden Seiten des Kreschewska-Baches, der hier aus dem Zufluss der Wrela, Kostajnitza und Kojsina entsteht, in einem von drei Seiten von Bergen eingeengten Thale und hat 2500 Einwohner in 372 katholischen und 47 türkischen Häusern. Westlich des Städtchens erhebt sich auf einem mit Linden und Buchen bepflanzten Hügel das St. Katharinenkloster, eine Stiftung der letzten Königin von Bosnien, Katharina, Tochter des Herzogs von St. Saba, der durch seinen Abfall von der römischen Kirche und Uebertritt zur Sekte der Katharer in der Kirchengeschichte Bosniens berühmt ist. Eine eine halbe Stunde westlich von Kreschewo gelegene Burg war selbst der Sitz des obersten Pontifex dieser Sekte, die von katholischen Autoritäten meist irrig als Patarener bezeichnet wird. Nicht minder belebt ist der Ort und seine Umgebung seit Alters durch seinen Bergbau. Die christlichen Bewohner sind alle entweder Bergleute oder Metallarbeiter. Bisher wurde vorzugsweise die Eisenindustrie hier betrieben. Die landläufige Angabe, dass sich in der Nähe reiche Goldminen finden, haben neuere bergmännische Untersuchungen nicht bestätigt. Dagegen sind reiche Lager von antimon- und silberhaltigem Fahlerz entdeckt durch das Verdienst eines deutschen Landsmannes, Ingenieurs Conrad, an dessen kundiger Hand ich einen Theil der umliegenden Minen besuchte. Diese Silbererze finden sich bei Kreschewo in einer Längenausdehnung von c. 4 Stunden in der Richtung von NW. nach SO. streichend in Schwerspathgängen zwischen Thonschiefer und Kalkstein in so reicher Menge, dass bis jetzt einige 30 Schürfe nahe der Oberfläche ihr Vorkommen bestätigen. Die vorgenommenen Analysen ergeben einen Gehalt von durchschnittlich 0,30 pCt. Silber und 25 pCt. Kupfer. In nächster Umgegend von Kreschewo besuchte ich die Schürfe Fratra, Wranka, Kojsina und Sutinowatz, und am folgenden Tage ritten wir nach dem Inatsch-Gebirge, wo neben einem Dutzend verfallener alter Schachte neuerdings ein solcher kunstgerecht angelegt worden ist, um das hier lagernde Zinnobererz auf Quecksilber auszubeuten. Wir fuhren in denselben ein; das Gestein in welchem sich die Zinnoberader findet ist Kalkspath und Braunkalk; der durchschnittliche Gehalt an Quecksilber 15 pCt. des Erzes; einzelne zur Pariser Ausstellung gesendete reine Stücke enthielten bis zu 85 pCt. Der Weg nach dem Inatsch über Kojsina war auch in geographischer Beziehung zur ersten Orientirung in diesem Meer von Bergen lohnend.*)

Von einem Plateau aus, $\frac{1}{2}$ Stunde vor der Quecksilbermine, bietet sich eine weite Aussicht, einerseits nach dem Zetz-Gebirge westwärts, südsüdwestlich nach dem plumpen Stock der Bitownja über das Lopata- und Ruda-Gebirg hinweg, östlich breitet sich der waldreiche Igman mit zwei Felsenkuppen aus, nordöstlich öffnet sich das Panorama nach der Ebene von Serajewo und nordwestlich verfolgt man weithin das Bett der Lepenitza. Die Quellen des Plateaus laufen theils zur Dusina, theils zur Kreschewska ab. Nach dem eisenreichen Thal der Dusina führt ein betretener Weg, da

---

*) In grosser Menge wuchert auf dem Plateau: *Lilium pyrenaicum, Gentiana verna, Laserpitium marginatum, Fragaria vesca.*

von dort das Eisen auch für die Kreschewer Werkstätten bezogen wird. Im Thal von Dusina liegen über ein Dutzend Eisenminen und Eisenhämmer. Den Rückweg von Inatsch nahm ich über das Thal Markanowatz am Fuss des Rudagebirges.

Ferner besuchte ich Fojnitza, wo ebenfalls die Ansiedelung der Franziskaner in einem grossen, eben neugebauten Kloster sich gewiss nicht zufällig mit den reichsten Minen zusammengefunden hat. Das Kloster zum h. Geist dominirt von einem am rechten Ufer der Fojnitza aufsteigenden Berge herab das ganze Thal, in welchem zwischen grünen Wiesen Gärten und Feldern das Städtchen in zwei Quartieren, einem türkischen und einem katholischen, sich malerisch hinschlängelt. Sehr reich und für Bosnien prachtvoll ist die Klosterkirche, welche seit Jahrhunderten die kostbarsten Schätze der Franziskaner angesammelt hat. Selbst ein Forscher nach Denkmälern deutscher Industrie und Kunst des Mittelalters dürfte hier nicht leer ausgehen; wenigstens erkannte ich auf einem Weihbecken von getriebenem Silber rings um ein Mittelfeld, welches einen Heiligen mit einer Taube darstellt, eine deutsche Inschrift, viermal wiederholt die Worte:

DER I. N: FRIEDGEh: WART·

Die Mönche sind meist sehr unwissend und roh; eine rühmliche Ausnahme bildet ein Fra Giovanni Jurich, der früher Professor der Philosophie in Mailand war, und auch die deutschen Philosophen gründlich studirt hatte. — Die Gewerbthätigkeit in Fojnitza erstreckt sich meist auf Waffenschmieden, Verfertigung von Hufeisen, Nägeln, Schlössern und sonstigen Eisenarbeiten. Neuerdings sind auf dem nahen Zetz-Gebirge auch Silberminen entdeckt worden, aus denen zu Zeiten, wo man noch kein Pulver kannte, eine grosse Ausbeute gewonnen worden sein muss, da das Gestein überall durch Keilhaue gefördert worden ist. — Ueber die geologische Formation der Gegend bemerkte Hr. Conrad folgendes:

„Der Unterbau der Gegend vom Fojnitzafluss bis nach Rjeka besteht hauptsächlich aus Thonschiefer von grauer, grünlicher und bläulicher Färbung. Am nördlichen und westlichen Rande bei Schtjit und am Zetz treten vorzugsweise die älteren krystallinischen Schiefer auf; im Thal von Prokos kommt ein flasriger Gneiss vor, seltner ist Grauwacke und Talkschiefer. Kalksteine, bisweilen unter Dolomitform, sind oft auf den Schiefern in grossen Massen gelagert. Das ganze Gebiet ist von einer Unzahl mehr oder weniger mächtiger Schwerspathgänge, welche immer antimonhaltiges Fahlerz und Kupfererze führen, durchsetzt. Der durchschnittliche Erzgehalt ist $0{,}1 - 0{,}5$ pCt. Silber, $25 - 40$ pCt. Kupfer."

Fojnitza ist Sitz eines Müdirs (Amtmannes) und Mittelpunkt der Verwaltung des ganzen Gebirges.

Von Fojnitza wendete ich mich nach dem Wrbasthale quer über den Gebirgsstock, welcher letzteres von Stromgebiet der Bosna scheidet. Das nächste Ziel der Reise war Skopje oder Gornji-(Ober)-Wakup (türk. Vakf-i-bala). Der Verkehr zwischen beiden Ortschaften und Thälern ist ein sehr geringer und es führen daher nur wenig betretene Gebirgspfade über diese Bergkette. Einer, der südlichste, geht über die nördlichen Abhänge des Zetz nach den Quellen des Werbas in 10 Stunden nach G. Wakup. Ein zweiter ist der auf der Karte von Rośkiewicz eingetragene, welcher zwischen den Zetz und Stražitza genannten Bergen hindurch und dann thaleinwärts durch einen schönen Tannengrund in 8 Stunden die Thalsohle des Wrbas erreicht. Ein dritter Pfad, welchen ich einschlug, hält sich mehr nördlich, und ist in 9 Wegstunden zurückzulegen. Er läuft von Fojnitza zunächst eine Stunde weit thalaufwärts am linken Ufer des Żeljeznitza-Baches eben dahin, berührt 2 Eisenhämmer, deren Erz aus einer dicht dabei belegenen Grube entnommen wird, und gabelt sich von dem Wege nach Stražitza rechts ab, in einem Kessel, wo mehrere Bäche zusammenfliessen, deren bedeutendster den Localnamen Jezernitza führt und aus einem See (Jezero) entspringt. Links hoch oben bleibt das weitzerstreute Dorf Mujakowitj, rechts später sichtbar Prokos liegen. Ein dichter Laubwald, höher hinauf Nadelwald, bedeckt die Höhen zu beiden Seiten. Der Abhang, an welchem wir nun weiter hinanstiegen, führt den Namen Staro-Selo (Altdorf), von Ansiedelungen ist indess keine Spur mehr zu finden. Eine Stunde lang behält man noch den Zetz und die Stražitza, deren beide Halden noch reichlich Schnee zeigten, in Sicht. Dann rücken die Berge immer dichter und der Wald immer enger zusammen, die Bergwasser stürzen über mächtige Felsen hinab und lassen keinem Pfade an' ihrem Rande Raum. Wohl oder übel muss an einem Vorsprung hinangeklommen werden, der sich steil quer vor das Thal stellt und Belakowatz genannt wird. Der theils weiche und schlüpfrige, theils mit Geröll übersäete Boden erschwerte den Anstieg zumal nach dem Regen der vergangenen Nacht. Nach $2\frac{3}{4}$ Stunden (von Fojnitza aus) erreichten wir eine Lichtung, wo mit einem Male die Baumvegetation sich vermindert. Matten mit dürftigem Graswuchs, besonders dicht aber mit breitblättrigem *Rumex arifolius* (Schtjawlika genannt) bestanden, bilden den Sammelpunkt der Heerden von Prokos und andern Dörfern, welche hier den Sommer zubringen; einige Sennhütten bieten den Weibern und Kindern, die ihrer warten, eine dürftige Unterkunft. Immer kahler wird das Gebirge, zuletzt bringt es nur noch Gruppen von Zwergkiefern hervor, die sichtlich von der Wucht des Schnees niedergedrückt, sich kümmerlich am Boden hinwinden und mit ihrem Dunkelgrün einen grellen Contrast zu den Schneefeldern bilden, die die ganze Kuppe des Gebirges noch bedecken. Wo der Schnee geschmolzen ist, umkränzt ein mannichfaltiger Blumenflor die Rinnsale und Rippen der Alpe, namentlich fiel mir in grosser Menge die auffallend grossblumige *Gentiana excisa* von dunkelblaugrüner Färbung auf. Hier liegt auch in einem tiefen Kessel, umstanden von wenigen Tannen, der liebliche kleine Bergsee, aus dessen unergründlichen Schlund der Jezernitzabach ostwärts über eine steile Cascade abfliesst. Der Umblick wird erst freier und genussreicher, sobald der Kamm des Gebirges eine halbe Stunde oberhalb des Sees, erstiegen ist.

Der Gesammtname des Gebirges, das in der Richtung von SO. nach NW. sich an den Zetz anschliesst, ist Wranitza. Der höhere südliche Theil führt den besonderen Namen Stražitza, und zeichnet sich durch kahle, bis Ende Juli schneeführende Kuppen, vor dem nördlichen niedrigeren und bis in die Spitzen hochbewaldeten Schtjit aus. Am Südwestabhange des letztern ist bemerkbar die Meierei Sebežitj, in deren Nähe neuerdings reiche Spatheisenlager entdeckt worden sind. Nordost- und ostwärts am Schtjit vorbei öffnet sich ein weites Panorama über Trawnik hinaus, die Berge am Horizont ohne hervorragende Spitzen fast geradlinig abschneidend, nur am äussersten Rande von einer höheren Masse überragt, die mir als Wutschja Planina bezeichnet wird. Die höheren Kuppen der Stražitza verdecken den Zetz, dagegen sind südwärts die zackigen noch schneebedeckten Ketten der hertzegowinischen Gebirge, namentlich die Wrstnitza klar erkennbar, so dass schon bei dieser Umschau mir ein Zweifel aufstieg in Betreff des auch bei Rośkievicz noch mit 5500 Fuss verzeichneten Raduschagebirges, welches, wenn es existirte, nothwendig hier die Aussicht gehemmt haben müsste. Westwärts setzt sich das Stražitzagebirge in ziemlich gleicher Höhe fort, so dass nach zweistündigem Weitermarsch von dem Kamme aus sich ein merkliches Absteigen noch nicht wahrnehmen liess. Der Pfad, den ich einschlug, nachdem ich einen mit allerdings viel rascherem Abstieg in eine waldige Schlucht sich verlierenden Weg gekreuzt und links hatte liegen lassen, schlängelte sich an südwestwärts einfallenden, gras- und blumenreichen, tiefer unten mit Fichten bestandenen Abhängen hin, und erinnerte mich in vieler Beziehung an die steirischen Alpen.

Hatte mein Führer auf diesem, anscheinend noch von keinem Reisenden betretenen Pfade mir das stundenlange allmälige Absteigen ersparen wollen, welches allerdings seine lästige Seite hat, da die kleinen bosnischen Pferde zwar bergauf überall hin mit bewunderswüdiger Sicherheit und Gewandtheit klimmen, bergab aber um so zuversichtlicher erwarten, dass der Reiter absteigt und sie ledig gehen lässt; so stellte sich der unvermeidliche Absteig zuletzt um so plötzlicher und schroffer ein. Wir hielten, aus einem von Windbrüchen und Menschenhand trostlos verwüsteten Fichtenwald heraustretend, nach fast siebenstündigem Ritt seit Fojnitza hoch oben am Rande des Wrbasthales, das sich stundenweit NW.wärts überblicken lässt, zu unsern Füssen das Ziel der Tagereise, Gornji (Ober-) Skopje. Es bedurfte eines mehr als 1½ stündigen sehr steilen und kaum durch kurze Zickzackwindungen gemässigten Abstiegs, um in die Ebene zu gelangen; so dass ich mit dem begleitenden Kawassen einig war, auf unsern mannichfaltigen Reisen, nicht in Bosnien allein, sondern in der ganzen europäischen und asiatischen Türkei nie einen steileren Weg von gleicher Länge angetroffen zu haben. Das charakteristische Bild, welches Rośkiewicz Karte von dieser Formation entwirft, indem er die Wranitza mit solcher Abschüssigkeit nach dem Wrbasthale abfallen lässt, ist sofern ganz naturgetreu; nur ist der Durchblick nach SO. auch hier völlig frei und die Fortsetzung des Zetz in einer südlichen Krümmung unter dem Namen Raduscha gewiss irrig aus älteren ungenauen Angaben herübergenommen,

Auch was mir von der bedeutenden Höhe aus in der Vogelperspective als Thalebene erschienen war, ergab sich bis in den Ort hinein als ein welliges Hügelland voll dichten Gestrüpps. Diese Hügelreihe beginnt bei Krupa, einem in einen Winkel hineingedrückten kleinen Dorfe, in dessen Nähe sich merkwürdige Reste alten Bergbaues befinden. Der Bergingenieur Conrad, welcher dieselben kürzlich genauer untersucht hat, schreibt darüber in der Zeitung „Bosanski Westnik" (Bosnischer Anzeiger) von 1866 Nr. 26:

„Das Gebirge Radowan enthält mehrere goldhaltige Quarzgänge, die bis jetzt noch ganz unberührt geblieben sind, während in der Gegend zwischen Gornji-Wakuf und Fojnitza auf den Gebirgen Wranitza und Rossinj ein sehr bedeutender Goldbergbau zur Zeit der Römer betrieben worden ist. Aus den Ueberresten dieses Bergbaus ersieht man deutlich, dass das gediegene Gold in den Zersetzungsprodukten, nämlich in dem aus dem Schwefelkies entstandenen Brauneisenstein und in den Ablagerungen, welche sich aus der zertrümmerten und durch die Fluthen weggeschwemmten Gebirgsmasse gebildet haben, enthalten gewesen ist. Dies ist hauptsächlich bei **Tzerwena Zemlja** (d. i. rothe Erde), **Zlatna-Guwna** etc. der Fall, wo ungeheure Waschhalden, die von dem begleitenden Eisen eine ockerrothe Farbe besitzen, sich noch vorfinden. Man sieht in Tzerwena Zemlja noch eine Halde, welche eine Höhe von 80 Fuss, eine Breite von mindestens 150 Fuss und eine Länge von 400 Fuss hat. An dem Abhange des **Rossinjegebirges** (1 Stunde nordöstlich von Gornji Wakuf bei Krupa) sind mehrere hundert Pingen von grösserer oder geringerer Tiefe vorhanden, welche unter sich eine stetige Richtung der dort auftretenden Goldgänge zeigen, und eine ungeheure Thätigkeit auf Goldgräberei documentiren. — Das Gebirge besteht aus Thonschiefer, dessen Schichten auf dem Gebirgskamm des Rossinjegebirges fast in senkrechter Stellung zu Tage ausgehen; dieser Thonschiefer ist hie und da mit dichtem Kalkstein überlagert und da, wo die Goldgänge sind, von Grünstein und Quarzgängen durchsetzt."

Von diesen alten Pingen besuchte ich zwei, die eine ist durch einen daran vorbei- und hineinstürzenden Mühlbach so ausgewaschen, dass sie ungangbar ist; die andere läuft in geringer Tiefe in einer Strecke aus, an deren Wandungen man noch deutlich wahrnehmen kann, dass die Aushebung des Gesteins nicht durch Sprengen, sondern durch Keilhaue bewerkstelligt worden ist, woraus für das Alter der Gruben gefolgert werden darf, dass ihr Betrieb in eine Zeit zurückreicht, wo das Pulver noch nicht angewendet wurde.

Weiteres und bestimmteres über die Epoche jenes Betriebes festzustellen, wage ich nicht; denn wenn auch bekannt ist, dass schon in römischer Zeit Bosnien bedeutende Quantitäten Gold lieferte, so ist doch nicht die Möglichkeit ausgeschlossen, dass der gleiche Bergbau bis auf die Zeit vor der türkischen Eroberung hinab blühte, da z. B. in einem Diplom v. J. 1459[*]) ein königlicher Oberaufseher über das Bergwesen unter den vornehmsten Hofchargen des Königs Stephan Tomaschewitj genannt wird, eine Notiz — und meines

---

[*]) Siehe Schimek Geschichte Bosniens S. 137.

Wissens die einzige — welche beweist, dass auch unter den bosnischen Banen der Bergbau keineswegs vernachlässigt war.

Der Annahme Conrad's, dass wir es hier wirklich mit Resten der altrömischen Zeit zu thun hätten, könnte nun zwar folgendes zu Hülfe kommen: eine halbe Stunde östlich von den Gruben bei Krupa liegt das kleine Dorf Wrse an einem Waldbach, in dessen Bette nach vorhergegangenem Hochwasser noch jetzt häufig römische Münzen gefunden werden sollen. Ein Einwohner des Dorfes versicherte mich, dass man einmal an 500 Stück Silbermünzen zusammen gefunden hätte, und jährlich im Frühjahr die Mädchen des Dorfes dort Silberstücke suchten, aus denen sie ihre Ohrringe und anderes Geschmeide machen liessen. Leider konnte ich kein einziges der gefundenen Stücke zu Gesichte bekommen, um den Ursprung und das Alter derselben festzustellen, und befremdend klingt allerdings die Angabe meines Gewährsmannes, dass die Münzen gewöhnlich den Namen Constantinus führen und nicht rund, sondern länglich seien. Wie dem auch sei, jedenfalls verdienen diese Lokalitäten eine gewisse Beachtung für die Wiederauffindung der alten römischen Verkehrswege in Bosnien, unter denen die eine Hauptstrasse von Salona nach Servitium allem Anschein nach zum Theil dem Wrbasthale gefolgt ist und möglicher Weise in dasselbe, von Delminium aus, schon an diesem Punkte überging. Inzwischen ist von baulichen Alterthümern in der Gegend nichts mehr bekannt. Die Ruine von Bistritza, 1 Stunde nördlich von Gornji Wakuf, die im Volksmunde Bela-tzrkwa (Weisse Kirche) heisst, ist eine ehemalige katholische Kirche; ein paar grosse Grabsteine im Felde zwischen Gornji-Wakuf und Palotsch gehören zu jenen unförmigen kunstlosen Denkmälern der slavischen Vorzeit, die man in Bosnien überall findet.

Gornji-Wakuf oder Gornji-Skopje, wird zum Unterschied von dem nördlichen, thalabwärts gelegenen Dolnji-Skopje, welches einstmals Sitz eines Paschas war, so als „das obere" bezeichnet. Den türkischen Namen Wakuf (slavisch in Wakup corrumpirt) verdanken beide Ortschaften dem Umstande, dass ein grosser Theil des Grundbesitzes Moscheengut ist. Ueberhaupt ist das fruchtbare und abgelegene Wrbasthal ein Hauptsitz der alten zum Islam übergetretenen Aristokratie des Landes, und es wohnen in diesem Striche mehr als 500 Begs. Gornji-Skopje hat eine aus Muhammedanern und Katholiken gemischte Bevölkerung, erstere haben 4 Moscheen und 180 Häuser, letztere 67 Familien. Zur Parochie, die von 4 Franziskanern versorgt wird, gehören auch die umherliegenden Dörfer mit ca. 400 Seelen. Die christliche Bevölkerung dient meist als Kmet (Bauern) den türkischen Begs; in der Stadt, die gegenwärtig Sitz eines Müdirs ist, treiben sie meist das Weberhandwerk und verfertigen Stoffe aus Ziegenhaar. Eine berühmte Zierde des Ortes ist der Uhrthurm mit einer weithintönenden Glocke, die eben die Abendstunde 12 schlug, als ich den Wrbas passirte, um jenseit desselben durch eine reinliche breite Strasse nach der am äussersten Ende gelegenen Pfarre zu gelangen. In der Dämmerung orientirte ich mich auf einem Spaziergange noch über Lage und Namen der umliegenden Dörfer.

Von höherem geographischen Interesse war es mir, meine Zweifel über das Raduschagebirge zu erledigen, welches im SO. von Gornji Wakuf wie bei Rośkiewicz, so auch auf einer handschriftlichen Skizze von C. Sax mit der bedeutenden Höhe von 5500 Fuss vermerkt ist. Dieser ganze Gebirgszug existirt in solcher Höhe nicht; das richtige Raduschagebirge liegt im WSW. von Ober-Skopje, wo der höchste Punkt Raduschki-Kamen (Stein von Raduscha) in einer Entfernung von c. 5 Stunden rechts von meinem Wege am folgenden Tage wiederholt sichtbar war. Der Führer bemerkte noch, dass dort Salzbergwerke und ein Bergsee (Jezero) existiren. Dagegen ist der irrthümlich (vielleicht durch Verwechslung mit dem Dorfe Batuscha) Raduscha genannte Halbkreis von Bergen, der das obere Wrbasthal im SO. begränzt, ein mässiger Höhenzug, der in der Richtung nach Prozor zu wellig abfällt, bequem passirbar und von höheren Punkten übersehbar ist; er führt den Gesammtnamen Sajina; über ihn führt der gewöhnliche Weg nach Prozor in 4 Stunden von

Skopje, in 8 Stunden von Fojnitza. Die Bäche rinnen von ihm theils zum Wrbas, theils zur Rama.

Das Rama-Thal war das nächste Ziel meiner Reise, sowohl um des geographischen als des historischen Interesses willen, da von ihm die ungarischen und bosnischen Könige den Titel *Rex Ramae* trugen, den zuerst Bela II. im Jahre 1183 annahm.

Der Weg nimmt angesichts des in drei zerstreuten Quartieren am jenseitigen Thalrande liegenden Dorfes Palotsch, über welches hinaus die Raduscha zu sehen ist, die Richtung über sanftansteigende Hügel nach Pidrisch, einem von fruchtbaren Fluren umgebenen Dörfchen, in dessen Nähe ein grosser Friedhof voll altslawischer Grabsteine auf einstige bedeutendere Ansiedelung schliessen lässt. Im übrigen trägt die Landschaft während der ersten anderthalb Marschstunden von Skopje ab jene nichtssagende Physiognomie von uncultivirtem, mit Gestrüpp bewachsenen Hügelland voll schieferigen Gesteins, das keine Vergangenheit, keine Gegenwart und keine Zukunft für die Entwickelung des Landes hat, bis man in das Thal des kleinen Trelitzabaches eintritt, der ein paar Turbinenmühlen treibt und nordöstlich zum Wrbas fliesst. Weiter oben nimmt er von links die Wilitja auf, welche ihren Namen mit einem prächtigen Buchenwald (Wilitja Schuma) theilt, in welchem über eine Stunde lang der Weg weiter läuft und die Quelle berührt, wo die Wila, die Fee des Waldes wohnen und ihre Wunderheilkräfte nach der Volkssage in das Wasser gelegt haben soll. Das Wasser war wirklich trefflich und der Wald einer der schönsten, denen ich in Bosnien begegnet bin, namentlich auch weniger verwüstet als es hier zu Lande sonst die Waldungen sind, wahrscheinlich weil der Holzhandel in diesen abgelegenen Gegenden noch keine Abfuhrwege gefunden hat. Die gefiederten Bewohner dieses Schattenreiches allein verriethen durch ein vielstimmiges Concert vom tiefen weitschallenden *gúrúgú-gú-gú* der grossen Holztaube bis zum Zwitschern des Rothkehlchens, dass sie die ungestörteste Herrschaft hier üben. Nachdem der Wald durchschnitten ist, tritt man auf eine freie, wasserarme Hochebene hinaus, die Draževo heisst, wenig cultivirt und, wie man sagt, wegen der rauhen Schneestürme im Winter unbewohnt ist. Sie ist über eine Stunde lang und zieht sich im Bogen südöstlich weiter. Der erste Blick auf das Ramathal bietet sich nach dreistündigem Ritt von G. Skopje. Das über 6000 Fuss hohe Wran-Gebirge begrenzt den Hintergrund im Süden; zackige Felsspitzen und tief herabreichender Schnee in den Schluchten charakterisiren es in gleicher Weise, wie die ganze Kette von Duwno bis jenseits Konjitz. Niedrigere Vorberge umschliessen von drei Seiten den Kessel, der das obere Ramagebiet bildet. Am NW.-Rand des Kessels entspringt die Rama bei dem Dorfe Warwara, zieht sich dann am Südrande des Thales hin und verschwindet bald hinter einem das Prozorthal vom Ramabett trennenden zweikuppigen Berge, bleibt dann in einem engen Bette bis Duge, wo sie von links die Duschnitza aufnimmt und wo die Parochie Mittel-Rama endigt, jenseit welcher Unter-Rama wieder ein Kesselgebiet bildet. Der ganze Lauf der Rama bis zur Einmündung bei Ustirama in die Neretwa wird mir auf eine Länge von 6 Stunden angegeben*). Um zunächst das Panorama von Ober-Rama näher zu zeichnen, so zeigt der erste Blick, dass das Ramathal klimatisch nicht mehr zum eigentlichen Bosnien gehört, sondern der hertzegovinischen Natur verwandter ist, denn während in Bosnien und namentlich im Wrbasthale das Getreide noch nicht einmal in Blüthe stand, war im Ramakessel die Ernte schon im vollen Gange, theilweise schon gelbe Stoppelfelder hinter sich lassend, theilweise nur des Zehnteneinnehmers harrend, um die Frucht zu dreschen. Die Berglehnen sind nicht mehr mit dem üppigen Gras der bosnischen Sommerfrischen bedeckt, sondern spärlich sprossen aus dem wasserarmen Boden und an den

---

*) Die Kartenzeichnung von Roskiewicz ist hier vielfach irrig, Prozor liegt nicht im eigentlichen Ramathale, sondern an einem Bach, der sich in die Duznitza ergiesst, die nächste Entfernung zum Ramabett ist 1½ Stunde; Uzdo liegt 2 Stunden von der Rama nördlich; dadurch erscheinen auch andere Positionen meines Itinerars in sehr veränderter Lage gegen die bisherigen Karten.

Kanten vertrockneter Rinnsale Stauden und Kräuter einer heisseren Zone, worunter grosse Büsche von *Salvia officinalis* auffallen. Rings im Kreise an den Thalrändern liegen über ein Dutzend Dörfer, fast im Mittelpunkt, ¼ Stunde vom Dorfe Proslap nördlich, die katholische Pfarrei und Kirche Schtjit. Ich langte dort gegen Mittag an, als eben die Messe zu Ende ging, und hatte den Genuss, aus Anlass des Frohnleichnamfestes (20 Juni) die ganze christliche Landbevölkerung im Festschmucke versammelt zu finden. Die typische Erscheinung der Männer wie der Frauen, sowie die Tracht lassen sofort eine eigenthümliche Nüance des hertzegovinischen Bevölkerung erkennen. Der dunkle südliche Teint, die brennend schwarzen Augen und schwarzen Haare, die mehr breite als schlanken Gestalt, uniform braun und weisse Kleidung, die an Italien erinnernde auf Beschattung des Gesichts bedachte Form der Kopfbedeckung stechen von dem Habitus der Bevölkerung des eigentlichen Bosniens scharf ab. Die Landschaft Rama ist auf zwei Eigenheiten stolz: die Bevölkerung schafft alles, was sie zur Kleidung bedarf, namentlich das leinene Gewebe der Unterkleider und das darüber getragene grobe Tuch (Sukno) mit eigener Handarbeit und niemand darf ein Stück ausländischen Stoffes an sich tragen, und zweitens; es darf in ganz Rama kein Christ der orientalischen (serbischen) Kirche wohnen: wagte es ein solcher sich dort niederzulassen, so würde er, heisst es, sofort „die Krätze kriegen." Die Bevölkerung ist zu $^2/_5$ muhammedanisch zu $^3/_5$ katholisch. Nach verlässlichen Angaben wohnen in Oberrama 3000, in Mittelrama 1000, in Unterrama 880 Katholiken, Muhammadaner im ganzen Gebiet 3470. Unter den muhammedanischen Dörfern ist in Oberrama namentlich Koptschitj berühmt. Es hat seinen Namen von einer alten adligen Familie des Landes, deren Haupt zur Zeit der türkischen Eroberung von Sultan Muhammed das Privilegium erhielt, dass ihm und seinen Nachkommen alle Einkünfte eines so grossen Landstriches, als er in einem Tage mit seinem Pferde umkreisen könne, gehören sollten. Die Sage erzählt, dass er von Duwno ausritt und bis an die Quelle der Rama gelangte. Da wollte sein keuchendes Pferd nicht weiter; ein altes Weib, das an der Quelle sass, rieth dem Ritter auf seine Frage, was zu thun sei, — er solle das Pferd saufen lassen, so lange es wolle. Aber nach den ersten Zügen stürzte das Ross todt nieder, und da somit der Reiter nicht im Sinne des grossherrlichen Privilegiums den Landstrich umritten hatte, so erhielten die Koptschitj nur die Einkünfte der Dörfer, die zu beiden Seiten des Weges von Duwno nach Rama liegen, und beziehen dieselben noch heutigen Tages. Ihr Stammsitz ist das Dorf Koptschitj, die Zahl der Nachkommen jenes Edeln hat sich aber so vermehrt, dass sie jetzt in der grössten Dürftigkeit leben und nicht blos zum Bau des Feldes im Schweisse ihres Angesichts, sondern selbst zum Betteln ihre Zuflucht nehmen müssen. Als ein nobler Zug wird jedoch selbst in diesem Elend von ihnen gerühmt, dass kein Gast das Dorf oder das Haus eines Koptschitj betreten darf, ohne drei Tage lang unentgeltlich verpflegt und bewirthet zu werden. Die hauptsächlichsten Ortschaften des Kessels von Oberrama sind von den Quellen ostwärts herumgehend, in Entfernungen von Schtjt aus folgende;

Warwara	1 St.
Rumbotzi (Singular Rumbok) . . .	1¼ -
Oraschatz (auf dem Wege nach Duvno)	1¼ -
Koptschitj	½ -
Wischnjani	2½ -
Plotscha (linkes Ramaufer) . . .	½ -
Mluscha (ebenfalls linkes Ufer) . .	½ -
Podwor	½ -
Riptzi	¼ -
Lapsunj (am Prozorbach)	1½ -
Schlimatz	1¼ -
Družinowitj	1½ -
Jaklitj	1 -
Gmitji	1¼ -

Eine besondere Ortschaft des Namens Rama giebt es nicht, auch ist von Ruinen einer solchen nichts bekannt. Ebensowenig erfüllte sich meine Hoffnung, in diesem Thale eine Spur römischen Verkehrs zu finden, obwohl eine der Hauptstrassen von Duwno aus, das von Schtjit 8 Stunden entfernt ist, nach Bosnien durch das Ramathal läuft.

Wegen der Enge des Ramathals im mittleren Theile nimmt diese Strasse, der ich nun weiter folgte, die Richtung auf das Städtchen Prozor, den Hauptort der ganzen Gegend. Früher Sitz eines eigenen Müdirs ist es jetzt zu dem Kreise Ober-Skopje geschlagen, eine Neuerung, mit welcher die Eingebornen wenig zufrieden scheinen, da sie nun viele Stunden weit zu Gerichte zu gehen haben. Die Bevölkerung des Fleckens ist mit Ausnahme von 6 katholischen Familien muhammedanisch und beläuft sich auf 1250 Seelen, unter denen nur 2 waren, die türkisch reden; alle übrigen halten auf die Reinheit ihrer slawischen Muttersprache. Der Dialekt in Rama nähert sich dem hertzegowinischen, hat jedoch Eigenthümlichkeiten, wie z. B. den häufigen Uebergang des anlautenden *k* in *h*, die Quetschung des *t* in *tj* (*ć*) u. a. Das Sehenswürdigste in Prozor ist die alte Burg, die sich nahe dem Orte auf einem von drei Seiten sehr steilen Berge erhebt. Die gegenwärtigen Ruinen bestehen aus einem zweistöckigen halbrunden Thurme, dessen Eingang jedoch äusserlich nicht sichtbar ist, sondern nach der Volkssage unterirdisch durch einen Kellergang von der Burg aus bewerkstelligt wurde, und Trümmern eines geräumigen Schlosses. Dies war einst das feste Schloss Studenatz, welches in der bosnischen Geschichte oft genannt wird, und aller Wahrscheinlichkeit nach die Königsburg von Rama gewesen ist. Die Ueberlieferung meldet, dass hier die letzte Königin von Bosnien residirt habe und sich gegen die Türken so lange vertheidigte, bis letztere durch angebrachte Leitern den Thurm von aussen erstiegen und durch das Dach eindrangen. Da habe sie sich mit ihren Schätzen in die unterirdischen Gewölbe geflüchtet und sei dort verschüttet. Historisch ist letzter Zug nicht, da bekanntlich die Königin den Türken entrann; doch beruht der übrige Theil der Sage auf dem Umstande, dass an der einen Seite des Thurmes bis oben hinauf noch Löcher bemerkbar sind, als wären Pfähle zum Befestigen einer Strickleiter dort eingeschlagen gewesen. Am westlichen Fusse des Schlossberges ziehen sich die Häusergruppen in vier Quartieren mit vier Moscheen herum. Die Ortslage its nicht, wie Rośkiewicz's Karte angiebt, in der Ebene des Ramathals, sondern zwischen enge zusammentretenden und theilweis abschüssigen Hügeln, hoch über dem Bett eines Baches, der nach der Duschnitza fliesst.

Noch höher im Gebirge liegt die katholische Pfarrei Uzdo (provinzielle Aussprache statt Uzdol), zwei Stunden von Prozor entfernt. Der Weg dahin führt über hügeliges mit Buschwerk bestandenes Land. Halbwegs passirt man die Duschnitza, welche bei Duge, 1¾ Stunde von Uzdo und 1½ Stunde von Prozor in die Rama mündet und am Menik-Berge aus einer und derselben Quelle mit einem Bach entspringt, der zum Wrbas fliesst. Weiterhin öffnet sich die Aussicht nach Ostsüdosten, wo an der terassenförmigen Kuppe des Klek-Berges vorbei, der hohe Wren bei Konjitz (Prenj der Rośk. Karte) den Horizont begränzt und die das Narentathal begleitenden Ketten weit überragt. Der gewöhnliche Weg von Prozor nach Konjitz berührt Trjeschtjani (3 Stunden von Uzdo; 4 St. von Schtjit jenseits der Rama), passirt die Rama nochmals bei der Brücke von Zlatina und geht dann in das Narentathal über. Die Pfarrei Uzdo umfasst die Dörfer Kramtschitj, Orschljani, Lug, Duge, Dobroscha, Ljubuntschitj, Donja-Wast, Schtjipe, von denen die meisten mir auf dem Wege der Lage nach bezeichnet oder gezeigt wurden. Sie gehört zum Convent Fojnitza, wohin ein Weg über das Gebirge in 7 St. führt. Der Pfarrer, Pater Lorenzo, geniesst in der Gegend weit umher eines besonderen Rufes als Kräuterkenner und Arzt und belehrte mich vielfach über die Pflanzennamen in bosnischer Sprache, mit denen ich aus Anlass eines in einer Serajewoer Handschrift entdeckten türkisch-bosnischen Herbariums mich eben beschäftigte.

Um von Uzdo nach Podhum zu gelangen erwartete ich nach der Karte von Rośkiewicz, dass ich im Allgemeinen eine ostnordöstliche Richtung einzuschlagen hätte. Nach den in Uzdo eingezogenen Erkundigungen führen zwei Wege dahin:

der eine in 6 Stunden, zuerst zusammenfallend mit der Route nach Konjitz (9 St.) und dann in das Thal der Neretwitza aufwärts einbiegend, der andere in geraderer Linie in 5 Stunden quer über die Berge. Ich zog letzteren, als den unbekannteren, vor und fand dabei die Richtigkeit der vorgenommenen kartographischen Aenderungen für die Position von Prozor und Uzdo dadurch bestätigt, dass die Marschrichtung während des ganzen Tages vorwiegend ostsüdöstlich war und die Tendenz der Route im allgemeinen mehr ab- als aufsteigend blieb.

Nach einer Stunde passirt man die Banjalutschitza, welche in einem grossen Bogen zwischen grünen von halbwüchsigem Wald und Busch bestandenen Bergen, derer höchster und kahlster, der Schtosjed, rechts vom Wege nach Konjitz bleibt, der Rama zu fliesst. Das Mündungsgebiet der Rama zu überschauen war wegen des eben genannten Berges nicht möglich. Nach einem mässigen Aufstieg von ¾ Stunden überschreitet man die Grenze der Hertzegowina und des Kreises Konjitz, bei dem Dörfchen Wratnja-Gora, wo die Häuser im Gegensatz zu der sonstigen Schindelbedachung in Bosnien und der Steinplattendächer der Hertzegowina, die vereinzelt auch in Mittelrama zu sehen sind, mit Stroh gedeckt sind. Links in Entfernung von 1 St. bleibt am Rande eines frischen Waldes hoch in den Bergen das Dorf Paitji liegen. Breite und wohlgebahnte Wege längs der Bergabhänge beweisen, dass trotz der Abgelegenheit der Verkehr in diesen Gegenden rege und belebt ist, wie sich mir denn überhaupt bei allen meinen Reisen in Bosnien die Bemerkung aufgedrängt hat, dass, je weiter man sich von den grossen Verkehrslinien entfernt, wo durchziehende Truppen, Reisende und Zapties (Gensdarmen) die Bewohner belästigen, desto wohlhabender und selbstzufriedener die Bevölkerung ist.

Nachdem der Sattel Wratnja-Gora passirt ist, gewinnt man einen Blick, dessen hervortretendste Momente folgende sind: Nordostwärts liegt der breite Rücken Bitownja vor, hier völlig schneefrei, während ich seine Nordseite noch vor wenigen Tagen schneebedeckt gesehen hatte. Von ihrem Rücken senken sich zwei tiefe und weite Thäler im südwestlichen Lauf nieder, deren Gewässer zur Neretwitza (oder Mala d. i. kleine Neretwa) laufen, und deren Wände tiefer hinab waldreich, höher hinauf graswachsen sind. Im Vordergrunde links fallen die Berge steil zum engen Bette der Neretwitza ab, rechts verdeckt eine Hügelreihe den weiteren Lauf dieses Bettes. Wir stehen am Rande eines Hochthales, das durch reiche Obstpflanzungen verräth, dass wir uns der Region nähern, wo die in ganz Bosnien berühmten Baumfrüchte des Konjitzer Kreises die einzige Erwerbsquelle der Bewohner sind. Eine schöne Allee von alten Kirschbäumen führt uns bald in ein grosses weitzerstreutes Dorf, das am bekanntesten unter dem schlichten Namen Selo (d. i. Dorf) ist, neuerdings aber, seit eine katholische Pfarre da entstanden ist, als Solakowa Kula bezeichnet wird. Drei türkische Begfamilien und zwei christliche sind die Hauptgrundbesitzer, alle übrigen Hörige oder Bauern. Die Aufnahme, die ich fand, war um so gastlicher, als noch nie ein Franke den Ort betreten hatte, und es verdient erwähnt zu werden, dass es mir hier zum ersten Male begegnet ist, dass die Leute für die mir und meinen Leuten und Pferden gewährte Unterkunft und Bewirthung schlechterdings jede Vergütigung ablehnten. Die Obsternte versprach eine sehr reichliche zu werden, ganze Karawanen mit Kirschen beladen, gingen theils nach Serajewo über Kreschewo (7½ St. von hier), theils und häufiger nach Liwno ab. — Bis Podhum sind noch 1¼ St.; man berührt ein Dörfchen Kula, steigt zwischen Kastanienpflanzungen in das Thal der Neretwitza hinab, in dessen Grunde das Dorf Partschowitj (oder Prsowitj) mit echt hertzegowinischer Bauart liegt, und steigt am jenseitigen sonnverbrannten und vegetationsarmen Abhange hinauf.

Podhum ist eine der bedeutendsten katholischen Parochien dieses Distriktes, es sind daselbst über 2300 Seelen aus 44 Ortschaften eingepfarrt, deren Seelsorger drei Franziskaner-Pater aus dem Kloster Kreschewo sind. An einer neuen Kirche, dem heil. Antonius gewidmet, wird eben gebaut. Hier besitzt auch das Kloster seine besten Weinberge und Obstgärten, welche den Thalrand der Neretwitza bedecken. Man rechnet von hier 6 St. nach Kreschewo, 4 St. nach Konjitz, 5 St. nach Uzdo. Die Bevölkerung der Umgegend treibt vorwiegend Obstzucht und der wohlthuende Einfluss der Cultur hat zur Folge gehabt, dass die christliche und türkische Bevölkerung, obwohl letztere an Zahl und Besitz die stärkere ist, hier in bester Harmonie neben einander lebt.

Ich nahm von hier aus meinen Weg zu besserer Orientirung in der Landschaft abermals quer über die Berge, um nicht den leidigen Thälern zu folgen, wo man die Berge vor lauter Hügeln nicht sieht, und ein türkischer Bauer übernahm es, mich nach dem hohen Lisin (Lissatz der Karten) zu führen, von wo aus die grosse Strasse von Konjitz nach Serajewo zu erreichen mein Tagesziel war. Ein schöner Sommertag nach einem erfrischenden Regen machte die Reise zu einer wahren Lustwandlung zuerst durch stundenlange Wälder von essbaren Kastanien, die eben in prachtvollster Blüthe standen und hier *hoschtjén* (corrumpirt aus *kestén*) heissen, dann durch den herrlichen Buchen- und Eichenwald Kukawitza, meist auf überraschend guten und betretenen Wegen. Auf den Lichtungen zwischendurch erkennt man die orographische Formation als eine Reihe paralleler Ketten, die nach dem Narentathal stufenweise abfallen und zwischen denen wasserreiche Bäche schlängelnd sich den Weg suchen. Das erste Thal, das ich ich durchzog, heisst Suitza, der daselbst liegende Ort Seonitza, ³/₄ Stunde von Podhum; das zweite ist das der Wischnjawitza mit einem gleichnamigen Dorfe; das dritte der Duboki Potzok (Tiefbach, hiesige Aussprache von *potok* Bach), der zur Treschnjawitza fliesst; das vierte das der Treschnjawitza selbst, an deren Thalrändern zwei gleichnamige Dörfer, Ober- und Unter-Treschnjawitza, inmitten von Weichel- und Süsskirschenbäumen liezen. Im oberen Theile dieses Thales giebt es alte Eisenninen. Nun folgt ein steiler Aufstieg über schwärzliches und braunrothes Gestein nach dem Passe, der am höchsten Punkt des Lisin in Entfernung von kaum 1 Stunde vorüberführt. Der Lisin präsentirt sich als einzelner Kegel gleichsam als Vorposten der **Bitownja**, die ihren stundenbreiten Rücken in derselben Majestät, wie vom Süden gesehen, auch hier zeigt. Von der Spitze des Lisin kann man Serajewo sehen; auf einem südlichen Vorsprung liegen die Trümmer einer alten Burg **Lisatz**; rechts ihm gegenüber der ebenfalls kegelförmige **Tmor**. Den Kamm, über den der Weg läuft, krönt ein in den vom Lisin fort und fort niederrollenden Felsstücken schon halb begrabenes Alpendörfchen **Repowatz**, welches wir nach 5½ Stunden Wegs von Podhum, viele Krümmungen und Thalübergänge mitgerechnet, erreichten.

Abwärts folgte ich nun dem rechten Thalrande der Tzrna-rjeka (Schwarzbach), welcher nach den neuerdings vorgenommenen Untersuchungen des Ingenieurs Conrad in geologischer und mineralogischer Beziehung interessant ist. Er sagt: „südlich von Kreschewo, etwa 2 bis 3 Stunden entfernt, liegen auf einem Bergplateau, das von den Flüsschen Dubrawa und Tzrna Rjeka begränzt wird, die Erzlagerstätten **Dubrawa**, **Gunjanskidol** und **Zagoni**; Schwerspathgänge bis zu $1{,}5$ Meter mächtig enthalten sehr reich vertheilt im Fahlerz kohlensaure Kupfererze in Trümmern von ¼ bis 1 Zoll Stärke. Das Fahlerz enthält durchschnittlich $0{,}22\%$ Silber und 25% Kupfer. Am rechten Thalgehänge des Flusses Tzrna Rjeka befinden sich Erzlagerstätten bei **Tmor** und **Gunjani**, woselbst auch alte Baue auf ehemaligen Betrieb deuten. Das Grundgebirge ist Thonschiefer, überlagert von Kalksteinmassen und durchsetzt von Schwerspathgängen. Zu Tmor hat der Schwerspathgang eine Mächtigkeit von 6 Meter, fällt unter 80^0 gegen W. ein und wird durch einen Thonschieferstreifen von 3 Zoll Stärke getheilt. Die darin klein vertheilten Fahlerze enthalten durchschnittlich $0{,}1$ Procent Silber."

Beide Thalränder der Tzrna Rjeka sind mit Laubwald dicht bewachsen, in welchem mein Pfad noch gegen 2 Stunden fortlief, bis er ¼ Stunde oberhalb der Hans von **Iwan Planina** in die Fahrstrasse von Serajewo unter einem rechten Winkel ausmündete.

XVII.
Von Serajewo über Kreschewo und das Seetz-Gebirge nach Fojnitza.

In den Tagen des 10 — 12. Juli 1868 führte ich einen Ausflug nach dem Seetz-Gebirge aus, dessen Zweck nächst der Erledigung einiger geographischer Zweifel in Betreff der Wrbas-Quellen und der Configuration der höhern Theile dieses Gebirges wesentlich auf die Erforschung und Sammlung der Flora dieses Gebirgsstockes, welcher, wenn nicht der höchste, doch einer der höchsten im mittleren Bosnien ist, gerichtet war.*)

Von Serajewo fuhr ich am ersten Tage zunächst nach Kreschewo,**) 7½ St. weit; über die Kobilja Glawa und Banbrdo. Der Wald an der Kobilja Glawa, welcher schon

---

*) Prof. Sendtner hat bei seinen botanischen Wanderungen von Fojnitza aus das Hochgebirge nicht besucht, seine Reiseroute hielt sich mehr an das Thal der Fojnitza und den Gebirgsrücken zwischen diesem Flusse und Bussowatscha, wie denn überhaupt für einen blos durchreisenden Fremden eine Besteigung des Seetz nicht eben zu den naheliegenden und bequem zu erreichenden Reisezielen gehört. Selbst Roskiewicz scheint es nicht als seine Aufgabe betrachtet zu haben, das Gebirge zu ersteigen; und ein zuweilen betretener Weg von Fojnitza nach Ober-Skoplje, welchen z. B. im Jahre 1864 der französische Consul Rousseau und der italienische Durando genommen hatten, führt nur über die grosse Einsattelung des Gebirges, nämlich das Bistritza-Thal aufwärts und das Wrbas-Thal abwärts, ohne die Spitze zu berühren.

**) In der Büchersammlung des dortigen Franciscanerklosters fand ich einen seltenen Schatz von etwa 300 Pflanzennamen in bosnischem Dialekt als handschriftliche Zusätze zu Petr. Andr. Matthioli Comment. in Dioscoridem.

längst nur noch aus verkrüppelten Stämmen besteht, wird mehr und mehr gerodet, und seine Umwandelung in Ackerland schreitet rasch fort. Die höhern Thäler der Kreschewska bauen viel Buchweizen, Roggen und Flachs, welche in der Ebene von Serajewo weniger cultivirt werden.

Am andern, leider nicht regenfreien Tage begann ich meine botanische Excursion mit einer Besteigung des Lópataberges WSW. von Kreschewo, von dessen Alpenwiesen und Blumenreichthum man mir in Kreschewo Wunder versprochen hatte*).

Nachdem wir bis an den in das Neretwitza-Thal führenden südlichen Abstieg gelangt waren, bogen wir seitwärts ab, um über den Inatsch noch Vormittags nach Dusina zu gelangen. Der ganze Lópataberg, welcher in einem Bogen das Thal von Kreschewo umschliesst, und zahlreiche Bäche in dieses hinabsendet, ist mit einem Baumwuchs, theils Hochwald, theils Niederwald, Buchen, Ulmen, Fichten und Tannen, besetzt, welcher stellenweise gerodet und von Lichtungen durchsetzt ist.

Nach dem Inatsch hinübergehend, nahm ich die Richtung wieder auf das im vorigen Jahre besuchte waldumgebene Plateau mit den Quecksilbergruben.**) Hier zeigte der Führer uns einen schmalen Bergpfad, der jenseits der Gruben an der Nordseite des Berges in etwas über $1\frac{1}{4}$ Stunden direct nach Dusina führt. Auf dieser Seite ist der Berg zum Zweck der Kohlengewinnung für die Hochöfen von Dusina stark abgeholzt. Dusina (nicht Duschina) ist ein an dem Flüsschen gleichen Namens belegener Complex von 7 Eisenhämmern, welcher sich $\frac{3}{4}$ Stunden weit thalaufwärts hinzieht. Thalab-

---

*) Die dort gesammelten Pflanzen lassen allerdings einen eigenthümlichen Charakter der Flora erkennen, da ich *Hieracium aurantiacum, Polygonum Bistorta, Phleum alpinum, Aethionema saxatile* R. Br. eben nur dort und nicht auf dem gegenüberliegenden Inatsch Gebirge vorgefunden habe.

**) Hier *Lilium pyrenaicum, Astrantia major, Viola tricolor u. alpestris, Dianthus atrorubens, Gentiana utriculosa*; jetzt fast alle dem Verblühen nahe, während *Lilium martagon* jetzt erst zu blühen anfing, und ausserdem enorme Büsche von *Laserpitium latifolium* aus dem Grasteppich hervorragten.

wärts führt der Weg nach Fojnitza in 2¼ Stunden. Um von hier aus das Seetzgebirge zu ersteigen, folgte ich dem Pfade am rechten Flussufer eine Stunde lang aufwärts*) wo dann einer Gabelung des Thales der kegelförmige Berg Brimenak, ein östlicher Vorberg des Seetz, vorliegt, dessen Seite der steile Pfad durch prachtvollen Buchenwald erklimmt. Im Schatten dieses Waldes, dessen Boden fusshohes Laub bedeckt, wachsen bis zur Höhe von 4000 Fuss über dem Meere nur wenige niedrige Pflanzen, wogegen die Bäume in einer seltenen Ueppigkeit und Höhe gedeihen.

Der genannte Bergkegel lehnt sich mit seinem Rücken an den südlichen Mittelstock des Seetz an, und nahe seinem höchsten Gipfel führt der Weg in unmerklicher Steigung nach dem Südrande des Bistritza Thales hinüber.

Je mehr man steigt, desto mehr lichtet sich der Wald, und desto öfter wird er von Weideplätzen unterbrochen. Auf einem solchen Platze, ringsum von Wald umgeben, befindet sich am Rande einer kesselförmigen Einsenkung in einer Höhe von ca. 4500 Fuss eine Sennerei, einige Hürden, wohin ein Theil der Heerden für die Nacht aus den höhern Regionen des Gebirges zurückkehrt, und ein paar ärmliche Hütten, in welchen die Frauen und Mädchen die Milchwirthschaft betreiben, während die Männer die Heerden im Hochgebirge bewachen. Bis an diesen Punkt waren wir nach 2½ stündigem ununterbrochenen Steigen gelangt; es fing an zu regnen und zu wehen; dicke Wolkenschichten trieben an uns vorüber und hüllten die Aussicht in einen dichten Schleier. Der Abend nahte heran, es war halb sechs Uhr; die Entfernung nach Fojnitza sollte noch mindestens 3 Stunden betragen, und noch war die Spitze des Berges wenigstens 1½ Stunden entfernt. Indem ich so vor der Alternative stand, entweder meinen Hauptzweck der Besteigung des Seetz für heut aufzugeben, das Nachtquartier im Kloster zu Fojnitza zu erreichen, und am andern Morgen noch einmal herauf zu steigen, oder aber die Nacht da oben zu verbleiben und das halberreichte Ziel auf alle Gefahr hin

---

*) Hier *Telekia speciosa* Baumg. und *Doronicum austriacum*.

weiter zu verfolgen, überwog der Wunsch, das Tagewerk durchzuführen, und die Hoffnung, am andern Morgen wenigstens durch ein paar helle Stunden für diese Ausdauer und die voraussichtlichen Unbequemlichkeiten der Nacht reichlich entschädigt zu werden. Der mich begleitende Dragoman Herr Božitj übernahm es von der erwähnten Sennerei aus direct nach Fojnitza hinabzusteigen, und die den Tag über gesammelten Pflanzen in die Presse in Sicherheit zu bringen; und ich beschloss, nur von einem Zaptie begleitet, der übrigens selbst noch nie da oben gewesen war, die Nacht auf dem Seetz zu bleiben. Da es noch zu zeitig am Tage war, um Feierabend zu machen, und überdies in den Sennhütten ein Unterkommen nicht zu finden war, so durchstreifte ich zunächst noch die Umgebung nach Pflanzen und erreichte nach etwa einer Stunde weiteren Steigens auf Umwegen das Kupferbergwerk, welches in der Höhe von 5000 Fuss betrieben wird, und aus drei Gruben besteht, in denen die Bergleute aus Fojnitza und Kreschewo die Woche über arbeiten. Direkt kann die Entfernung von der Sennerei bis zu den Gruben nicht mehr als ¼ St. betragen. Die Gruben liegen noch alle drei innerhalb der Grenzen des Buchenwaldes, der nur in ihrer nächsten Umgebung zum Zweck der Zimmerarbeiten in den Schachten und des Baues der Arbeiterhütten stark gelichtet ist. Ich fand die Hütten verlassen, da die Arbeiter eben in ihre Dörfer zurückgekehrt waren, wo sie ihren Sonntag zu feiern pflegen; nur einer war als Wächter zurückgeblieben, und das Feuer seiner Hütte bot eine sehr willkommene Gelegenheit, die durchnässten Kleider und Stiefeln zu trocknen. Die Hütten bestehen einfach aus Buchenstämmen, welche in spitzen Winkeln gegen einander gelegt und mit einer Schicht von Baumrinde und Erde bedeckt sind; das Innere ist von Rauch geschwärzt, der nur durch die Thüre seinen Ausweg findet, und dessen Ungemache man nur entgehen kann, wenn man platt auf dem Boden ausgestreckt liegen bleibt. Ein Haufe trockenen Laubes war mein Nachtlager, leider schon vor mir von den Arbeitern benutzt, und wegen des Regenwetters nicht durch frisches zu ersetzen. Ein Zoologe hätte vielleicht während einer schlaflosen Nacht interessante Studien über die Bevölkerung dieses Laubes anstellen können; mir war es nur vergönnt, mich, kleinerer Wesen zu geschweigen, an dem Treiben zweier Bergmäuse zu weiden, welche beim Scheine des Feuers wiederholte Angriffe auf meine ohnehin sehr dürftigen Mundvorräthe machten. Am andern Morgen war der Himmel hell; ich trieb zum Aufbruch um 3¼ Uhr und gelangte mit der aufgehenden Sonne auf die Matten ausserhalb der Waldgrenze, welche sich ein paar hundert Schritt oberhalb der Minen hinzieht. Der Wald besteht bis zum letzten Baum aus starken und nur selten durch Sturm und Frost verkrüppelten Rothbuchen; dann fängt mit einem male wie abgeschnitten eine neue Region des Gebirges an. Der ganze obere Theil des Seetz durchschnittlich von 5000 Fuss an aufwärts ist kahl, eine Knieholzregion giebt es nicht.

Der Unterschied von der Wranitza-Alpe besteht hauptsächlich darin, dass diese vorwiegend mit Nadelholz bewachsen ist, welches zuletzt fast bis auf die höchsten Kuppen in kümmerliche Krummholz-Gruppen von *Pinus mughus* übergeht, und dass der Seetz in seinen höchsten Theilen einen reicheren Graswuchs producirt, weshalb im Juni und Juli zahllose Heerden von Rindern, Schafen und Ziegen zur Weide hier hinauf getrieben werden, während die Spitze der Wranitza aus offenen Felspartien besteht.

Nach noch einstündigem Steigen erst über weite Weidestrecken und höher hinauf über Felstrümmer und Geröll gelangte ich an eine Stelle, wo der Schnee noch mehrere Fuss tief lag. Ich theilte die Morgenstunden des 12. Juli, bis die Nebel aus den Thälern heraufstiegen, zwischen der Aufzeichnung der geographischen Beobachtungen, die ich von der höchsten Spitze des Seetz, noch oberhalb des Schnees, anstellen konnte und der eifrigen Sammlung aller Pflanzenarten, deren ich habhaft zu werden vermochte*).

---

*) Hier fand ich dieselben Alpenpflanzen wie voriges Jahr am Schnee auf der Wranitza, namentlich *Soldanella alpina* L., *Viola lutea* und *Gentiana verna* L. v. *aestiva* R. S.

Ich genoss einen prächtigen Ueberblick über die Gegend, mit Ausnahme der NW. Seite, wo die Wranitza in Nebel gehüllt war. Charakteristisch ist, dass das Gebirge durch einen tiefen Einschnitt, welchen einestheils die Bistritza, anderntheils das mächtige, breite, und tiefe Wrbas-Thal bildet, in zwei Hälften getheilt wird, deren höhere die südliche ist. Die kahle Hauptkuppe des Berges, südlich von dem Sattel, auf welchem der Wrbas und die Bistritza entspringen, heisst speciell Derschtjenitza, noch südlicher liegt ein etwas niedrigerer Felskamm Namens Marine-Stjene, wo ebenfalls Bergwerke sind, und von welchem die kleine Neretwa entspringt. Die Bitownja, von hier aus im Südosten gesehen, bietet im Profil immer denselben breiten Rücken, den sie auch von der andern Seite zeigt. Nach Südwesten hin tritt kein besonders hohes Gebirge im Vordergrund in Sicht; die Raduscha wussten mir die Hirten da oben nicht zu zeigen. Die ganze Golina (Glatze) des Seetz ist Weideland, aus dem nur hie und da felsige Kuppen sich abheben. Nur der nördliche Theil, die sogen. Fojnitza Planina mit dem langen Rücken Koso Brdo ist bis an die Spitzen bewaldet. Zwischen den Koso Brdo und das Thal der Bistritza treten noch zwei bis drei vereinzelte Spitzen, von deren Abhängen mehrere Gebirgsbäche der Bistritza zufliessen. Ich überschritt deren einen beim Abstieg, welchen ich am linken Thalrand des genannten Flüsschens nahm. Von der vereinzelten Sennhütte, die hoch oben an einer der Quellen liegt, erreichte ich in 1½ Stunden das gleichnamige Dorf, über welches übrigens eine frequente Verbindung von Fojnitza nach Skoplje führt, auf der man 4 St. bergauf und ebensoviel bergab rechnet. Nach weiteren ¾ St. gelangte ich, während rechts am andern Ufer der sehr steil abfallende, schön bewaldete Dubo Brdo immer in Sicht blieb, in das Dusina-Thal hinunter, auf die Strasse, die von Dusina direct nach Fojnitza geht. Zuletzt geht dieser Weg hart an die Fojnitza heran, und ich erreichte das dortige Kloster in weniger als 1 Stunde, seit ich das Bistritzathal verlassen hatte.*)

---

*) Von bemerkenswerthen Pflanzen sammelte ich beim Abstieg und auf der Kuppe folgende: *Viola heterophylla Bert.*, *Viola lutea L.*, *Viola calaminaria Lej.* (an den Erzhalden), *Viola biflora L.*, *Potentilla grandiflora L.*, *Adenostylis albifrons*, *Alchemilla alpina L. Onobrychis viciifolia Scop. v. scardica Gris.*, *Pedicularis verticillata L.*, *Phyteuma Sieberi Spr.*, *Jasione supina Sieb.*, *Polygonum viviparum L.*, *Edraeanthus Kitaibelii D. C. fol. v. albiflorus; Heliosperma quadrifidum v. pusillum* (W. K.), *Hieracium glabratum Hoppe*; *Biscutella laevigata*; *Alyssum Wulfenianum, Bernh.*; *Polygala amara L. v. alpestris Rchb.*; *Calamintha alpina* (L.); *Silene Sendtneri*.

O. v. Möllendorf, welcher im Juli 1871 den Seetz von Fojnitza aus besuchte, sammelte auf den höchsten Partien des Gebirges noch *Cardamine copaonicensis*, *Hypericum Richeri*; *Crepis viscidula Froehlich*; *Arnica montana*; *Achillea lingulata*; *Pulsatilla alpina*; *Scleranthus uncinatus*; *Gnaphalium supinum*; *Campanula Scheuchzeri*; *Luzula sudetica*; *Meum mutellina*.

Ausserdem bestieg er den Kamm des Koso Brdo, und fand dort: *Hypericum Richeri*, *Geum montanum*; *Galeopsis versicolor*.

XVIII.
Route durch das nördliche Bosnien.
Vom Consulats-Dragoman Clèmens Božitj.

7. August. Von Wartzar-Wakuf fuhr ich 6 Uhr Morgens in westlicher Richtung durch ein hügeliges Terrain, Wartzarska Brda genannt, und nachdem ich eine halbe Stunde vom Orte die Tzrna Rjeka auf einer Holzbrücke passirt hatte, gelangte ich ½ Stunde weiter zum Dorfe Dolnjoselo. Ueber Hügel geht es dann in die zwischen der Kragujewatscha und Lissina-Planina gelegene Hochebene Podražnitza und zwar längs des südlichen Fusses des Kragujewatscha Gebirges in 1 Stunde zum Dorfe Podražnitza welches ¼ Stunde rechts des Fahrweges am Bergfusse zerstreut liegt. Eine Viertelstunde später gelangte ich nach Tschadjawitza, wo sich der Weg rechts nordwärts über Muharrem-Sitnitza gabelt; links geht derselbe süwestlich sanft gebogen nach Kljutsch und ihm folgend erreicht man in 10 Minuten einen Han. Hier arbeitete man an dem Bau einer fahrbaren Strasse durch das Sannathal, und ich fuhr über den alten steilen Weg nordwärts auf den Vorläufern des Kuk-Gebirges, welche sammt der Umgebung Orawljani heissen. Von da ab wird der Weg immer steiler, bis zu der Spitze Stražbenitza, von einem Wachthause so genannt, welche eine Stunde vor der Gabelung des erwähnten neuen Weges entfernt ist. Von hier links präsentirt sich das ausserordentlich romantische Sannathal, in dessen Mitte sich inselförmige Hügel erheben. Nach we-

nigen Minuten verliert man dies schöne Panorama aus dem Auge und fährt im Halbkreis etwa 10 Minuten durch Hochwald, dann führt der Weg durch den Abhang des Kuk-Gebirges fast parallel mit dem Sannathale fort. Gegenüber dem Kuk, jenseits der Sanna, erstreckt sich das Schischa-Gebirge; das von demselben geformte, mit wenigen Dörfern besäete Thal, östlich vom Schischa-Gebirge, heisst Ribnik.

Um 10¼ Uhr stiegen wir in das Sannathal hinab, und gelangten in das türkische Dorf Weletschewo, und 5 Minuten nachher in das Dorf Dubotschani (wo sich der neue und der alte Weg vereinigen), dessen Umgebung Zablatje heisst. Um 11¼ Uhr passirte ich eine gute Holzbrücke, und 3 Minuten nachher war ich in Kljutsch.

Dieser fast nur von Bauern bewohnte Marktflecken liegt am linken Ufer der Sanna, unter dem Schischa-Gebirge, zählt etwa 150 muhammedanische und 30 christliche Häuser, hat einige Gewölbe, eine Moschee und einen elenden Han. Die ziemlich gut erhaltene Ruine, der einst starken gleichnamigen Feste, welche der letzte König Bosniens, Stephan Tomaschewitj 1463 den Türken übergab, liegt ½ Stunde oberhalb des Ortes.

Um 2¾ Uhr aus Kljutsch abgefahren, liess ich nach 5 Minuten das Dorf Režitj, 5 Minuten weiter das Dorf Turbalitji, und wieder nach 5 Minuten das Dorf Hadžitj links; letzterem ½ Stunde rechts gegenüber das Dorf Ramitj, und erreichte über ein Plateau am Abhange der Plamenitza Planina nach einer Stunde von Kljutsch den Zlatarew-Han. Mit leichter Steigung durch Fichten- und Eichenwald, wurde 5 Minuten weiter ein Hügel erreicht auf dessen linkem Rücken sich das Dorf Pawlowatz befindet, während man rechts das Thal der Sannitza übersieht, der Weg biegt sich hier sanft in südwestlichem Bogen 20 Minuten auf das Plateau der Debela-Strana, dann hinab 10 Minuten in das Waldthal der Wratnitza wieder aufwärts in mehr westlicher Richtung ½ Stunde zur Karaula auf dem Prisika-Plateau (benannt nach dem ¼ Stunde nordöstlich gelegenem christlichen Dorfe Prisika) endlich in die von dem Gebirge Germetj nördlich, und

Srnatitza südlich umschlossene Ebene Brawsko-Polje mit dem Brawski Han, wo ich um 5¾ Uhr anlangte und die Nacht zubrachte.

8. August. Um 5½ Uhr Morgens setzte ich meinen Weg fort. Das rechts liegende Gebirge Germetj ist ziemlich kahl und theilweise felsig; an seinem Rande sieht man hie und da Hirtenhütten; die darunter sich hinziehende grosse Ebene ist fast unbebaut; doch lag um 6½ Uhr darin ¼ Stunde weit rechts unter den Höhen das Dorf Jassenowatz, und 5 Minuten später traf ich auf ein Wachthaus (Stražbenitza) und sah ¼ Stunde rechts von der Strasse ein Gehöft von 10—15 Häusern, Janjila genannt; um 7 Uhr 10 Minuten gelangte ich zu einem Han, von welchem sich die Strasse südlich in die Gegend Kaplja biegt, und 10 Minuten später liess ich links von dem Fahrwege die Hadžibegowa- oder Kadina-Kula liegen, von welcher ab das Brawsko-Polje sich noch in nordwestlicher Richtung, ohne Cultur und Wasser ausdehnt. Nach halbstündiger Fahrt durch bebuschte Hügel, die zur Srnatitza gehören, hatte ich eine andere grosse Ebene, das Petrowatschko-Polje vor mir, dessen einzelne Theile noch Wedro-, Bukowatschko- und Drinitschko-Polje, nach den Dörfern Bukowatscha und Drinitj, und dem eigentlichen Petrowatz benannt werden, im Norden ist es vom Srnatitza-, im Osten vom Bukowatscha-, im Süden vom Klekowatscha- und Ossitschina-Gebirge umschlossen. Von der Spitze des letzten soll man nach Dalmatien hinüber sehn. In dieser Ebene wendete sich der Weg westlich nach Petrowatz, wo ich um 10 Uhr eintraf. Dieser Ort hat eine aus ungarischer Zeit her rührende verlassene Festung; zählt c. 1400 Einwohner, zur Hälfte Muhammedaner, und ist Sitz eines Müdirs. Ein lebhafter Handel in Getreide und Vieh wird hier jeden Donnerstag getrieben.

Von Petrowatz gelangte ich in ¼ Stunde über den westlichen Theil des Petrowatschko-Polje in die Ebene Medeno-Polje; die ich in 1¼ Stunde durchschnitt; dann folgte eine Karaula auf der Medena-Glawitza, und nach ¼ Stunde der Beginn des Bilajsko-Polje, links eingeschlossen von der Bilaj-Planina, auf deren Spitzen die Ruinen einer verfallenen Burg sichtbar sind; das Dorf Bilaj bleibt ¼ Stunden links von der Strasse. Nach einer Stunde gelangte ich durch die Hügel in das Lipowsko-Polje und in demselben ¾ Stunden weiter zum links der Strasse liegenden etwa 60 Häuser zählenden Dorfe Wrtotschi. Von hier biegt der Weg sanft nach SW. durch das Dugo Polje, endlich ¼ Stunde südlich in die Hochebene Oraschatz (Oraschkopolje) mit mächtiger Biegung gegen Westen, und zuletzt 1 Stunde am Fusse des südlich die Ebene einschliessenden Ljutotsch-Gebirges gegen den Dubowski-Han zu, welchen ich um 6½ Uhr Abends erreichte.

9. August fuhr ich um 5½ Uhr Morgens längs des Fusses des Ljutotsch weiter und durchschnitt in ¼ Stunde das Dubowsko-Polje; nach einer weiteren halben Stunde Fahrt geht der Weg im Bogen am westlichen Abhange des Ljutotsch herum, und in einer weiteren halben Stunde in das Thal der Una nördlich hinab, wo ich gegen 8 Uhr das auf den beiden Ufern, und auf einer Insel der Una gelegene muhammedanische Dorf Ripatsch erreichte. Gleich hinter dem Dorfe läuft in die Una das Flüsschen Praschtjik von Nordosten aus dem Engpass Ripatschki-Klanatz, vom nördlichen Abhang des Ljutotsch her, wonach die irrige Angabe der Rośkiewicz'schen Karte zu berichtigen ist. Vom Dorfe Ripatsch führt die Fahrstrasse längs des rechten Una-Ufers, an dem, auf dem westlichen Ufer ¼ Stunde weiter abwärts gelegenen muhammedanischen Dorfe Golubowtzi vorbei (oberhalb dessen ½ Stunde weit auf einem Hügel die alte verfallene Festung Sokolatz nebst einigen Gehöften liegt) nach weiteren 1¾ Stunden über eine grosse Holzbrücke in die Stadt Bihatsch.

Bihatsch, grösstentheils auf dem linken Ufer der Una gelegen, hat eine Bevölkerung von c. 4000 Einwohnern, von denen 300 Christen, und ist Sitz eines Mutessarifs. Im östlichen Stadttheile ist eine von dem ungarischen König Bela IV. gebaute Festung von 10 Minuten im Umfange. Ein lebhafter Getreide- und Viehhandel wird hier getrieben, namentlich an den Markttagen, jeden Montag bei dem österreichischen eine halbe Stunde entfernten Rastell Zawalja.

11. August. Bihatsch um 5¼ Uhr Morgens über die Unabrücke verlassend gelangte ich, nach NO. leicht steigend, in ¾ St. zum muhammedanischen Dorfe Tschekrlije, rechts der Strasse; ihm gegenüber liegt das gleichfalls muhammedanische Dorf Winitze. Von hier steigt man in ¼ Stunde auf das Vorgebirge des Gabež-Gebirges, welches die sehr fruchtbare Ebene von Bihatsch schliesst. Sofort senkte sich der Weg in das Raditj-Thal und gelangte nach 2¼ Stunde zum Han des zerstreut umliegenden Dorfes Raditj, 20 Minuten nachher erreichte ich den Schatjirow-Han, von welchem ab die Gegend Mali-(klein) Raditj, mit dem Dorfe gleichen Namens, rechts von der Fahrstrasse, benannt wird. Eine viertel Stunde links von der Strasse befinden sich die Dörfer Suholje (bei Rośkiewicz falsch *Suvaja*) und Wranjsko (bei Rośkiewicz *Vrainsko*). Nun fällt der Weg mässig in ein enges Thal, welches ich in 50 Minuten durchfuhr, und welches sich ¼ Stunde vor Krupa in eine schöne von der Una durchschnittene Ebene verwandelt.

Um 10 Uhr erreichte ich Krupa, ein Städtchen am rechten Una-Ufer, Sitz eines Kaimmakams, mit einer Bevölkerung von c. 1300 Seelen und einem erst von Omer Pascha eingerichteten sonntäglichen Markt, welcher aus dem benachbarten österreichischen Kroatien behufs Einkaufs von Getreide und Hornvieh stark besucht wird.

Ich verliess es um 1¼ Uhr über eine Holzbrücke auf das linke Una-Ufer, dem die Fahrstrasse bis Otoka folgt, durch ein schönes bebautes Thal. In Otoka, einem türkischen Dorfe von 200 Häusern auf beiden Ufern der Una, traf ich um 3 Uhr ein. Hier muss man die Una auf einem Floss überfahren, um die Reise auf dem rechten Una-Ufer fortzusetzen. Die nächste Gegend heisst Ruditza; um 4¼ Uhr kam ich zu einem rechts der Strasse gelegenen Dorfe Buschewitji, gleich nachher durch die Gegend Rakanj, und um 5¼ Uhr sah man auf dem linken Ufer, nachdem man eine Holzbrücke über die Tschadjawitza passirt hat, das kroatische Dorf Topola, mit dem gleichnamigen österreichischen Cordonposten (Tschardak) unmittelbar am Ufer. Von hier bildet die Una die Grenze zwischen Bosnien und Kroatien. Um 5½ Uhr sah ich gegenüber auf kroatischer Seite den Tschardak Stanitj: die Gegend auf bosnischer Seite heisst Stanischitja-polje; 5 Minuten nachher befindet sich ¼ Stunde rechts von der Strasse das Dorf Adrapowtzi. Um 6 Uhr gelangte ich zu einer ¼ Stunde langen, aber schmalen Insel in der Una, Suhanatz genannt, welche zu Bosnien gehört. Von hier erstreckt sich, rechts von der Strasse der Berg Begowitji, welcher bis Nowi mässig fallend sich hinzieht. Um 7½ Uhr passirte ich das Dorf Widoria, und ¼ Stunde später war ich in Nowi.

Nowi, ein Städtchen an der Mündung der schon von Prijedor ab schiffbaren Sanna in die Una, welche letztere erst von hier schiffbar wird, zählt 250—300 Häuser, ist im Handel nicht so bedeutend, wie es seiner Lage nach sein könnte, jedoch sind die Gassen regelmässig angelegt, und die Häuser mit ziemlich gutem Geschmack gebaut. Hier ist mit Ausnahme von Banjaluka der beste Han in der ganzen Krajina. Jeden Samstag ist hier Markttag, und es werden meistens Getreide, Schweine und Hornvieh verkauft.

12. August. Der Weg nach Prijedor geht das wohlangebaute Thal der Sanna (Sanski dô) hinauf; namentlich fängt hier das Zwetschgen-Gebiet an; es giebt auch Birnen, Aepfel, Kirschen und Linden längs der Strasse; rechts Eichen- und Buchwald, aber sehr beschädigt, wie überhaupt das ganze Waldgebiet von Bihatsch, längs der Una und Sanna fast total vernichtet ist. Jenseits des Flusses dehnt sich die schöne Ebene Blagaj, mit dem gleichnamigen muhammedanischen Dorfe aus, dem ich um 3¼ Uhr gegenüber war; wahrscheinlich benannt von der Fruchtbarkeit (slav. Blago „Schatz, Ueberfluss"). Der Fahrweg steigt leicht bis Petkowatz durch Eichengebüsch, ist mittelmässig gut[*], die Ueberbrückungen sind aber durchaus mangelhaft. Vom Bache Paljugowatz, einem nördlichen Zuflusse der Sanna (um 4¼) beginnt die mit Eichengruppen bestandene, eine Stunde lange Gegend Dragotinja, mit gleichnamigem Dorfe, wo schönes Hornvieh weidete,

---

[*] Er ist bekanntlich seit 1873 durch das einzige fertig gewordene Stück der bosnischen Eisenbahn ersetzt.

dann gelangte ich in die Gegend Brezitschani und Tzrnadolina, auf deren Nordseite sich die fruchtbare Ebene Poharine dehnt, und traf um 6 Uhr Abends in Prijedor ein.

Prijedor ist ein Städtchen von c. 600 Häusern, wovon 180 christliche, am rechten Sanna-Ufer, hat 3 Moscheen, 3 türkische und eine christliche Elemantarschule, und ist der Sitz eines Kaimmakams und eines Kadis. Hierher gehören über 80 grosse Kähne, welche den Export von Getreide und Eisen aus Stari-Majdan nach Korlath bei Nowi besorgen, und selbst bis Sissek, Pest, Belgrad und Gjurgjewo fahren.

13. August. Die alte Strasse führt gleich in nordöstlicher Richtung 2 Stunden nach Kozaratz. Weiterhin ist der Weg für Lastwagen aber vollständig ungeeignet, namentlich wegen der zahlreichen Bäche, die von Norden der Gomjonitza zufliessen, deren man bis zum Han Pod-Ivanjska (4 Stunden weit) 11 zählt, alle mit schlechten Ueberbrückungen. Von hier weiter durchschnitt ich eine Stunde weit schwieriges Hügelland auf einem Feldweg bis zum Bache Dragotscha, wo sich dann die Banjalukaner Ebene (Banjalutschke-Polje) öffnet. 1¾ Stunden weiter langte ich in Banjaluka an.

Am 16. August nahm ich meinen Weg über die grosse Chaussee nach Alt-Gradischka, Marktflecken mit 300 muhammedanischen und 200 christlichen Häusern, und Stapelplatz für das Sandžak van Banjaluka. Man erzählte mir, dass 3 Stunden entfernt in Podgradatz auf dem nördlichen Abhange des Kosara-Gebirges sich die Ruinen einer römischen Burg befinden, deren Thor noch gut conservirt sein soll, und bei welcher der Platz, wo das Templum stand, noch zu erkennen sei.

Die Sawe abwärts benutzte ich das österreichische Dampfboot bis Brod und ging am 22. August um 4 Uhr Nachm. zu Lande weiter längs des Ufers über Butschjak (¼ Stunde) und Tschardak-Kamen, dann eine Stunde über einen nördlichen Zweig des Wutschjak-Berges nach Gornji Swilaj und eine halbe Stunde weiter Dolnji-Swilaj, wo ich spät in der Nacht ankam.

17. August früh 6 Uhr bis Nachm. 4½ Uhr ging ich nach dem Kloster Raschtjitza, nördlich vom katholischen Dorfe Tolissa

wo ich eine gastliche Aufnahme fand. Wenn erst vollendet, wird es eines der schönsten Franciskaner-Klöster in Bosnien sein. Daran lehnt sich eine grosse neue Kirche, auch noch im Bau. Die Klosterschule wird von 60 — 80 Schülern besucht. Die Bauern des Dorfes Tolissa sind arbeitsam, und vielleicht die wohlhabendsten in der Possawina.

18. August. Vom Kloster Tolissa fuhr ich in $3\frac{1}{2}$ Stunde über Matitj, Tschobitj-Polje*), Lantschare, Krepschitj, Goritja bis Brtschka, einen Marktflecken am rechten Ufer der Save mit c. 3000 Einwohnern. Hier ist der Stapelplatz für den Zwetschgen- und Getreide-Export des Tuzlaer Sandžaks.

19. August. In $1\frac{3}{4}$ Stunden erreichte ich den Marktflecken Brezowo-polje (türkisch Azizie), wo die im Jahre 1863 ausgewanderten Muhammedaner aus Belgrad angesiedelt wurden. Ich passirte auf sehr gutem Fahrwege $\frac{3}{4}$ St. weiter Wrschani, und nach $\frac{1}{4}$ St. zwei Holzbrücken über die Bäche Lukawatz und Njitza und kam 10 Minuten nachher in das Dorf Dragaljewatz (130 orthodoxe Familien), am Bache Stupanj, welcher zur Sawe fliesst. Von hier wird $1\frac{1}{4}$ Stunden zur Sawe, 3 nach Bijeljina gerechnet. Ich fuhr dann durch einen Eichenwald in $\frac{1}{4}$ St. in das Dorf Tschadjawitza, links von der Strasse, welches von schönen Aeckern und Zwetschgengärten umgeben ist, und erreichte $\frac{3}{4}$ St. weiter Bukowitschitze in einer reizenden Gegend, welche rechts von der Strasse Ljeljentscha heisst. 20 Minuten weiter überschreitet man eine Brücke, und die Gegend wird Dugopolje genannt; auf der Strasse unmittelbar rechts findet sich der Han Obreschitj, und daneben eine Ziegelbrennerei, wo das Material für eine von den Orthodoxen zu bauende Kirche in Bjeljina vorbereitet wird. 40 Min. weiter passirte ich eine Brücke über eine Schlucht, bei welcher die Zwetschgengärten der Vorstadt von Bjeljina anfangen.

Bjeljina, ein Marktflecken mitten in der grossen Ebene von etwas über 3000 Einwohnern, wovon über die Hälfte muhammedanische Grundbesitzer und Handwerker, wogegen

---

*) Falsch in den österreichischen Karten Čovic (Tschowitj) geschrieben.

die Christen Kaufleute und Tagelöhner sind. Die Muhammedaner haben 2 Moscheen und 2 Mejtefs (Schulen), die Christen eine alte Kapelle und eine neue Kirche im Bau, nebst einer Elementarschule mit 2 Lehrern. Hier ist der Sitz eines Müdirs, eines Kadi und eines Militärcommandanten, unter welchem 2 Bataillone Infanterie, 3 Compagnien Kanoniere und 2 Escadrons Cavallerie stehen.

Ich verliess Nachmittags $3\frac{1}{2}$ Uhr Bijeljina durch das östliche Thor über den Exercirplatz, von welchem die Chaussee in der Ebene in der Richtung nach Janja läuft. Nach 5 Minuten passirte ich das Dorf Smiljewatz, 5 Min. später liess ich links den Han Wranitj, und etwas weiter rechts den Han Leskowatz, und langte nach weiteren 40 Minuten im Marktflecken Janja, an dem gleichnamigen Flusse an, auf dessen Tscharschi (Markte) ich etwa 20 Gewölbe zählte. Die Einwohner sind meist Muhammedaner und nur wenige Orthodoxe. Für den Handel ist dieser Platz ganz unbedeutend, wie überhaupt die Einwohner sich fast nur mit Ackerbau beschäftigen. Ich fuhr hindurch und gelangte 20 Minuten weiter an eine Holzbrücke über den Bach Brezowitza, welcher $\frac{1}{4}$ Stunde abwärts in die Drina läuft; auf dem linken Brückenkopf befindet sich ein gleichnamiger Tschardak. Der Weg führt jetzt immer längs der Drina in kleinen Biegungen, meist unmittelbar am Strom, mitunter bis 10 Minuten davon entfernt; er berührt nach 20 Minuten den Han Zovatz, unmittelbar am Ufer, entfernt sich auf $\frac{1}{4}$ St. von demselben, erreicht es wieder am Abhange kleiner mit Eichen bewachsener Hügel, Glawitschitze („Köpfchen") genannt, nach denen der 10 Minuten weiter gelegene Han benannt wird. Nachdem man noch drei zerfallene Holzbrücken und einen andern Han passirt hat, ersteigt man sanft einen mit Eichen bewaldeten Hügel, jenseit dessen ich um $6\frac{1}{2}$ Uhr zu einem mit einer schadhaften alten Holzbrücke überlegten Bache kam, von welchem der Weg durch Gebüsch sich längs der Drina zieht, und erreichte um 7 Uhr den Stapelplatz Palator, wo sich eine türkische Douane und auf serbischer Seite ein Tschardak findet. Es fing an dunkel zu werden, ich wollte aber am Abend

Zwornik erreichen, zumal die Gegend keine Reize bot und der Weg in der Ebene nahe dem Flusse gleichmässig hinläuft. Die ganze Strecke von Janja nach Zwornik ist keine gebaute Strasse, sondern nur ein im Sommer fahrbarer Feldweg mit vielen Nebenwegen. Nur ½ Stunde vor Zwornik ist ein Stück Chaussee gebaut, welche bis nach Janja fortgesetzt werden soll. Da keine Trace von einem Techniker gemacht worden ist, sondern der Weg von Bauern in instinctiver Art gebaut wird, so kann ich die Linie der zu bauenden Strasse nicht bezeichnen; jedenfalls wird die Abweichung von dem beschriebenen Wege unbedeutend sein. Ich traf in Zwornik um 11¼ Uhr in der Nacht ein.

Zwornik, ein Städtchen von etwa 600 Häusern, liegt unmittelbar am linken Drinaufer, unter dem Berg Toptschagino-Brdo, nördlich vom Wratolom, südlich vom Mladjawatz überragt, auf dessen östlichem Abhange sich eine alte noch gegenwärtig ziemlich erhaltene Festung mit zwei Ringmauern findet. Die obere ist von den Türken, die untere noch während der österreich-türkischen Kriege gebaut. In der oberen Abtheilung giebt's viele alte Kanonen, deutsche und türkische, die aber ausser Gebrauch sind und ohne Laffetten haufenweise herum liegen. Die Stadt ist Sitz eines Kaimmakams, Kadi's und Mufti's. Christliche Häuser giebt's 100, darunter 10 Handelshäuser; die übrigen Handwerker: Schuhmacher, Schneider, Bäcker, Zimmerleute. Die Muhammedaner sind Spahis, Bauern, und ein Dutzend Bakals (Krämer). Judenfamilien finden sich nur sechs. Der Handelsverkehr ist sehr gesunken, seit die Skala von hier nach Ratscha verlegt wurde. Die Stadt ist auf einem Hügel schön gelegen, namentlich reizend ist die Drina, welche unmittelbar bei der Stadt von Süden her wie ein schimmerndes Silberband in einem engen Thale läuft. Die Häuser der Stadt sind aber armselig, die Gassen unregelmässig gebaut und durchaus schlecht gepflastert. Die Bauern rechnen von hier nach Bijeljina 16 St. und nach Dolnja-Tuzla 10 Stunden.

19. Aug. Ich fuhr von Zwornik um 10 Uhr Vormittags von der nördlichen Seite der Stadt, über den nördlichen Ab-

hang des Toptschagino-Brdo steigend, auf der neuen aber fast unpraktikabeln Fahrstrasse, so dass ich bis zum Dorfe Snagowo eine Stunde weit meist zu Fuss ging. $\frac{1}{2}$ St. weiter folgt das Dorf Ljeskowitza, gleichfalls links von der Strasse, von dem sodann der Weg, ein prachtvolles Panorama von Hügeln verschiedenster Form beherrschend, in südwestlicher Richtung durch einen Hochwald von Buchen und Birken sanft bergab zieht. Um $12\frac{1}{4}$ Uhr gelangte ich zu dem Weiler Kulinowo, rechts der Strasse und gleich nachher zum Han Kassapnitza, hinter welchem das muhammedanische Dorf Zapardi (3 Stunden von Zwornik gerechnet) liegt. Hinter ihm erhebt sich der Berg Balkjewitza, ein Vorsprung des langen Majewitza-Gebirges, links gegenüber (südlich) 1 Stunde fern liegt der Berg Udritj, welcher an die Gebirgsketten Boragowo und Raschewo schliesst; unter jener soll das Dorf Bulatowze liegen.

Um $3\frac{3}{4}$ Uhr verliess ich den Han, immer auf schlechtem Wege, eine an Wiesen und grossen Horn- und Kleinviehheerden reiche Gegend durchschneidend. Ich fand hier wie überall die grösste Ignoranz in Betreff der Benennungen von Bergen, Gegenden und Dörfern. Um 4 Uhr 50 Min. überschritt ich eine Brücke und liess links das Dorf Kalessia. Um 5 Uhr 10 Min. liegt links unter dem Wis, einem Vorberge des Raschewo, das Dorf Wis, und um $5\frac{1}{2}$ U. kam ich ins Dorf Prnjawor, ebenfalls links des Weges, fuhr von hier weiter in westlicher Richtung, bis ich um 6 Uhr, rechts von der Strasse, zu einem muhammedanischen Dorfe, Saratschewitji genannt, gelangte; $\frac{3}{4}$ St. nachher erreichte ich jenseit einer grossen Holzbrücke über den Bach Gribaja das muham. Dorf Bukowitza, rechts der Strasse. Nun steigt der Weg sanft gegen Norden, und nach 10 Minuten gelangt man zu einem Gehöft von etwa 15 Häusern und einem Han, Toschitj genannt. Es ging nun in einem romantischen Thale aufwärts, bis ich um $8\frac{1}{4}$ Uhr auf einer grossen Holzbrücke die Jala passirte, wo ein Zweig der Fahrstrasse sich rechts nach Gornja-Tuzla wendet. Um $8\frac{3}{4}$ Uhr passirte ich eine zweite grosse Holzbrücke auf der Jala, und um 9 Uhr Abends war ich in Dolnja-Tuzla. Die von Zwornik nach Tuzla gerechneten 10 Reitstunden fuhr ich in $8\frac{1}{2}$ St., muss jedoch bemerken, dass die Strasse sehr schlecht war und ich oft langsamer fuhr, als wenn ich geritten wäre.

Tuzla ist ein Städtchen an dem Flusse Jala zwischen den Gebirgen Majewitza und Iljinitza, $1\frac{1}{2}$ St. vom Spretscha-Flusse entfernt, mit etwa 800 muhamm., 180 orthodoxen und 43 katholischen Häusern. Es ist der Sitz eines Mutessarifs, eines Kadi, eines Muftis und eines Muhassebedžis (Finanzbeamten), wie auch eines griechisch-nichtunirten Wladika's. Die Stadt treibt einen lebhaften Handel über den Stapelplatz Bertschka, von welchem sie 10 Stunden entfernt ist.

Anhang.
Von H. Kiepert.

I. Kartographisches.

Während die vorstehenden Bogen gedruckt wurden, erhielt das topographische Material über die darin behandelten Landschaften eine nicht unerwartete, aber durch die Interessen der augenblicklichen politischen Lage über Erwarten beschleunigte und auch über Erwarten erheblich ausgefallene Bereicherung durch die (vorläufig nur provisorische) Publication einer Specialkarte seitens des k. k. milit. geograph. Instituts in Wien, welche ihrem Hauptinhalte nach auf neuen Recognoscirungen österreichischer Genie-Officiere beruht und dieser Grundlage entsprechend ein schon erheblich vollständigeres und naturgetreues Bild des darin dargestellten Terrains liefert. In 12 Blättern im Masstabe von 1:300,000 umfasst dieselbe ganz Serbien, Bosnien, Hertzegowina und Montenegro, nebst beträchtlichen Theilen der angrenzenden österreichisch-ungrischen und türkischen Provinzen, und macht für den allgemeineren Gebrauch die älteren Karten völlig entbehrlich, während diese, namentlich die in vorliegendem Buche öfters angeführte des Major Roskiewicz, eine über den historischen Werth hinausgehende Bedeutung doch noch dadurch behalten, dass besonders manche Ortsnamen in ihnen correcter oder vollständiger eingetragen sind, als in der in dieser Beziehung noch keineswegs absolute Correctheit erreichenden neuen Karte. Ueberhaupt ist wohl mit Rücksicht auf die augenblickliche politische Lage die Herausgabe dieser Karte vor dem beabsichtigten Abschluss der zu ihrer Herstellung erforderlichen Vorarbeiten beschleunigt worden; daher blieben einzelne Theile des dargestellten Ländergebietes (innerhalb Bosniens, das uns hier zunächst angeht, z. B. gerade die der österreichisch-dalmatinischen und kroatischen Grenze nächst benachbarten Hochplateaus zwischen Bihatsch und Ljewno, sowie manche Striche der südlichen Hertzegowina) noch wenig berührt von den neuen Recognoscirungen und mussten zur vorläufigen Ausfüllung des Kartenbildes aus älterem, sehr unvollkommenem Material hinübergenommen werden, während eine Berichtigung auch dieser Partien, wenn die Umstände in nächster Zeit sie noch ermöglichen sollten, gewiss für die definitive Ausgabe in Aussicht genommen ist. Soweit aber die neu verzeichneten Marschrouten der recognoscirenden Officiere reichen, erscheinen dieselben, — zum erstenmale in diesem Theile Europas, — gestützt auf eine erhebliche Zahl, in der Karte speciell bezeichneter, astronomisch neu bestimmter Positionen und, was im höchsten Grade anzuerkennen, bereichert durch eine ebenfalls sehr bedeutende Zahl, zum Theil barometrisch, zum Theil trigonometrisch fixirter Höhenmessungen. In beiden Beziehungen, der geodätischen und hypsometrischen, lieferte ferner eine Hauptstütze die in den Jahren 1872—73 für die Zwecke des Eisenbahnprojects vermessene Trace Nowi-Banjaluka-Serajewo-Limthal, die einzige genau fixirte geodätische Linie, welche wir bis jetzt aus diesem Lande besitzen, die zwar schon in den aus jener Vermessung resultirenden „Studien über Bosnien und die bosnischen Bahnen, von den Ingenieuren Geiger und Lebret"*) vorläufig mitgetheilt war, jedoch in viel zu kleinem Masstabe und zu roh skizzirt (dazu ohne alle Berücksichtigung der Terrainformen), um für den Fortschritt der Kartographie von Nutzen zu sein.

Nachdem nun in der neuen 12bl. Karte ausser dem Detail dieser Basislinie auch vielfache andere, in den Routen unseres Freundes Blau berührte Partien in berichtigter Gestalt vorlagen, durften wir nicht anstehen, die zur leichteren Verfolgung jener Routen bestimmte, bereits in Arbeit begriffene Karte dem neuen Material anpassend umzugestalten. Dadurch hat dieselbe jedoch keineswegs ihre Originalität verloren, indem sie immer noch zahlreiche, von den österreichischen Erforschern des Landes unberührte Details aufweist, aus welchen hinwiederum eine stellenweise Vervollständigung und Berichtigung der österreichischen Karte sich wird bewerkstelligen lassen. Da diese Karte gleichwohl augenblicklich mit Recht als erste Autorität auf dem betreffenden Felde gilt, so halten wir es nicht für unnütz, auf die noch verbleibenden Differenzen speciell aufmerksam zu machen und so dem Benutzer derselben die Eintragung nicht unerheblicher Zusätze und Correcturen zu erleichtern.

Während die in Abschnitt II d. B. gerügten Fehler der Roś'kiewicz'schen Karte bereits berichtigt erscheinen, muss, gegenüber der bestimmten Wegeangabe in II und III die gegenseitige Versetzung der Ortslagen von Gradatz und Dupowatz auf der Strasse Serajewo-Mostar als ein Irrthum der neuen Karte angesehen werden; die ebenda angeführten Bergnamen *Hranitzawa*, *Wlachina*, *Wilowatz*, *Spadarina* wären nachzutragen. Der in IV beschriebene Weg von Mostar nach Ljubuschki ist in der neuen Karte noch aus älterem

---

*) Separatabdruck aus der Wiener Allg. Bauzeitung 1873 mit Karte in 1 : 1,000,000. Die darin eingetragenen Höhenziffern differiren übrigens auffallend stark von den in der neuen Karte angenommenen Werthen. — Specieller war dieselbe Bahntrace schon dargestellt in der handschriftlichen Karte der Türkei von den Genie-Officieren Stuchlik und Moretti (1 : 400,000), welche in der Wiener Industrie-Ausstellung 1873 zu sehen war und aus welcher ich damals die neuvermessenen Tracen copiren konnte.

Material, wie bei Rośkiewicz, beibehalten und daher beträchtlicher Berichtigungen bedürftig; das tiefe Bachthal des *Lukotsch* fehlt darin ganz, das Dorf *Jassenitza* liegt auf der falschen Flussseite (vgl. S. 39). Umgekehrt ergeben sich in der Abschn. VI, nicht nach Autopsie, sondern aus Kowatschewitj's Buch mitgetheilten Beschreibung der Strasse durch die südöstliche Hercegowina mehrfache Unrichtigkeiten, für welche die neue Karte (wie aus den eingetragenen Höhenmessungen erhellt) zuverlässigere Beobachtungen enthält; so soll offenbar S. 60 die Richtung von Bilekj auf *Balika* nicht NW sondern NO heissen, und ist *Bogdanitza* ein Schreib- oder Gehörfehler, statt des S. 58 in Uebereinstimmung mit der neuen Karte angegebenen *Bogdaschitj*. Dagegen fehlen wieder der neuen Karte alle in Abschn. VII angegebenen Orte, welche an beiden von der Nordseite zur *Treskawitza Planina* führenden Wegen und auf den südwestlichen Abhängen liegen und hinsichtlich der Ortslagen im *Željesnitza*-Thale, namentlich *Jablanitza, Kijewo, Bogatitj* besteht eine unlösbare Differenz zwischen der, wie es scheint, verschobenen Placirung in jener Karte und den bestimmten und übereinstimmenden Aussagen der Herren Blau und Sax. Aus VIII können mehrere fehlende Orte (*Kokorina* S. 74, *Wischnjewo* 75, *Nikolindol* 77, *Bobanj* 78) nachgetragen und die Angabe der Hochebene von Gatzko als viel zu eingeschränkt und mit Bergschraffirungen zugedeckt bezeichnet werden. Aus IX ist die Partie der Strasse zwischen *Pratscha* und *Goraźda*, sowie zwischen *Tschainitza* und *Taschlidźa* vielfach zu vervollständigen; an letzterer steht der Bergname *Gnilobrdo* im Widerspruch mit unserm Texte offenbar viel zu weitgedehnt. Ganz fehlerhaft ist in der Oest. K. die nächste Umgebung von *Taschlidźa* mit der fast ganz unterdrückten Ebene (vgl. unsern Carton, welcher übrigens bereits 1866 in den Monatsberichten der Berliner Akademie publicirt war) und die offenbar nur nach veraltetem oder auf blossen Erkundigungen beruhendem Material eingetragene Wegelinie *Taschlidźa-Banja*, welche Herr Blau (S. 87. 88) zuerst richtiger, wenn auch leider nicht speciell genug für eine correcte Zeichnung in grösserem Masstabe, beschrieben hat. Auf dem Rückwege nach Wischegrad ist *Budinlje* im Widerspruch mit S. 89 auf der Nordseite des Passes *Bjelobrdo* eingetragen. Die Besteigung des *Ozren* (Abschn. X) erweist die Lage des von den Oesterreichern offenbar, ungeachtet seiner vorzüglichen Aussicht als centrale Kuppe nicht besuchten (da ohne Höhenangabe gelassenen) Berges als in der ö. Karte viel zu weit nordwestlich gerückt. Die nach X (S. 97) volle zwei Stunden betragende Entfernung zwischen *Wogoschtja* und Serajewo ist in der neuen Karte gewiss irrthümlich auf wenig über ¼ Meile zusammengezogen, wodurch der Bosnalauf unterhalb der Mündung der Miljatzka eine viel zu starke Rückbiegung nach Osten erhält, — ein Fehler, welchen die obenangeführten Eisenbahnvermessungen vermeiden. — Weiterhin fehlen die Dörfer *Kadaritj* und *Luka* und die historisch wichtige Ruine *Dubrownik* und sind die oben als Fehler der Rośkiewicz'schen Karte bezeichneten Namen *Laschkow und Pluwnitj* wieder beibehalten. Bei Wissoko führen zwei östliche Zuflüsse der Bosna in der Karte, ungeachtet einer kleinen orthographischen Abweichung (*Podvince, Podvinaska*) offenbar denselben Namen, während der letztere Bach nach pag. 98 *Gratschanitza* heisst. Der von Blau beschriebene Weg von Wissoko nach *Sutiska* mit den Ortschaften daran und längs der Nordseite des Thales der *Trstionitza*, sowie dieser Name selbst fehlen; ebenso die S. 101 beschriebenen **verschiedenen** Wege zwischen *Zenitza* und *Bussowatscha*. Aus XII S. 105 ist die Lage von *Dobretitj* und *Debelobrdo* zu berichtigen, *Dolaj* statt *Solaja* zu schreiben, *Zapetje, Oraschatz, Gostitj* nachzutragen. Nach XIII S. 109 heisst das an der Karte als *Dobrinja* bezeichnete Dorf mit eigenem Namen vielmehr *Pawitj*; die Umgegend von *Jaitze* erhält aus demselben Abschnitt (vgl. unsern Carton) eine erhebliche Anzahl neuer Ortslagen. Selbst unmittelbar der österreichischen Sawe-Grenze gegenüber fehlt nach XIV S. 121 das Dorf *Janjitza* mitten zwischen Widowitza und Goritza bei Brtschka. Die S. 124 (Note) gerügten Fehler der Ros'kiewicz'schen Karte finden sich wieder reproducirt, ebenso die falschen Namen *Prioluka* und *Bobrina* statt *Diwljaka* und *Zborina* (S. 126). Der Gebirgsname *Motajitza* ist, gegenüber der bestimmten Angabe S. 128, welche ihn als östlich das Wrbas-Thal begleitend bezeichnet, irrthümlich auf den nördlichen flacheren Rücken längs der Sawe beschränkt. An der Südgrenze des Broder Kreises gegen Banjaluka fehlt *Mahowlan* und ist der Name des Warmbades *Latjasch* in *Hidje* — (Stichfehler statt *Ilidje* nach französischer oder *Ilidže* nach der in der Karte angewandten slawischen Orthographie, d. i. Warmbad im Türkischen) — *Lakdarsi* entstellt. (Dagegen ist der S. 131 gerügte Fehler bei Ros'k. hinsichtlich der Wrbanja-Mündung bereits berichtigt). — Aus XV nachzutragen längs der grossen Strasse Serajewo-Brod: *Jehowatz* 1 St. N. von der Foinitzka-Brücke, *Tschukle*, W. von Zenitza an der Bosna, die Lage der Burgruine (irrig in der östr. K. als Stadt bezeichnet) *Wranduk* auf der Felshöhe **zwischen** Strasse und Fluss, der Flussname *Lisnitza* bei Maglaj in *Ljeschnitza*, N. davon. Der Han *Čovartje* in *Schewerlji* zu berichten. Die ganze Hügellandschaft von Doboj nördlich, zu beiden Seiten des untern Bosnalaufes dürfte nach der von unserm Verf. gegebenen Schilderung, ja selbst nach den in der östr. K. eingetragenen Höhenzahlen zu schliessen, in der Terrainzeichnung derselben allzu kräftig ausgedrückt sein.

Da der XVI. Abschnitt nur die Wiederholung eines schon früher (in Bd. II der Zeitschr. d. Berl. Ges. f. Erdk. 1867 mit Kärtchen) gedruckten Berichtes ist, so hätten die Verff. der neuen Karte, von deren Route von Gornji-Wakuf nach Prozor und durch das Rama-Thal die dort von Blau beschriebene mehrfach abweicht, durch Benutzung dieses Materials nicht nur manche Lücken ausfüllen, sondern auch Fehler vermeiden können [*]), wie die zu weit nach W. gezogene Lage von *Schtjit* und damit des ganzen oberen *Rama*-Thales, sowie besonders die irrige Lage des Gebirges *Raduscha* (vergl. S. 156) und den falschen Namen *Lissatz* statt *Lissin* (S. 165). Die Berge um Kreschewo und Fojnitza, der *Inatsch* (XVI) und *Zetz* (XVII), beide von den

---

[*]) Die S. 158 gerügte falsche Lage des Ortes Prozor auf Ros'kiewicz Karte ist selbstverständlich nach Autopsie von ihm berichtet worden, ebenso die Wege zwischen Prozor und dem Narentathale.

österreichischen Ingenieuren nicht bestiegen (da ohne Höhenzahlen), mit ihren umgebenden Thälern und Ortschaften, gewinnen aus Blau's Angaben eine wesentlich berichtigte und detaillirtere Gestalt.

Endlich gewährt auch noch die Route des Herrn *Božitj* (XVIII) bei aller Kürze einige Berichtigungen der neuen Karte; so gleich bezüglich der Lage des Dorfes *Podražnitza*, welches auf derselben weit südlich der Strasse weggerückt ist, während es nach S. 174 nördlich derselben liegen sollte, bei *Dubotschani*, welches nach S. 175 auf die falsche Seite des Sannaflusses gesetzt ist, in der viel zu engen Einschnürung des westlichen Endes der Ebene *Brawskopolje*, des Fehlens der Ebenen Lipowsko- und Oraschko-Polje (S. 177), des bei Ripatsch aus NO. in das Una-Thal mündenden Baches *Praschtjik*. Dann aus der NO. Ecke Bosniens bei Bjeljina das Dorf *Bukowtschitze*, die Bäche zwischen *Dragaljewatz* und *Wrschani*, der Bach *Brezowitza*, S. von Janja; endlich aus der Route Zwornik-Tuzla, welche in der neuen Karte ohne neue Erhebungen nur aus älterem Material wiederholt ist, die Bergnamen bei Zwornik, die Ortschaften *Snagowo, Ljeskowitza, Kulinowo, Kasapnitza, Zapardi, Udritj* (mit längerer Ausdehnung des in der Karte übermässig zusammengezogenen Raumes), dann *Saratschewitji* und *Poschitj*, unter Berichtigung des falschen Flussnamens *Bibaja* in *Gribaja**).

Oefters ist im Buche unseres Freundes von den älteren Reisen in Bosnien derjenigen des Münchener Botanikers Otto Sendtner (April bis Juli 1847) mit Auszeichnung gedacht worden. Sie ist nach dem vorzeitigen Tode des Autors in der Zeitschrift „Ausland" 1848 (No. 22—203) anonym und nicht völlig correct abgedruckt und darum halb vergessen, von den Kartographen, denen sie allerdings keinen besonders reichen Ertrag abwirft, so gut wie unbeachtet geblieben, so auch von den Bearbeitern der neuen österreichischen Karte. Nur *A. Boué* hat mit Recht die wichtigsten Thatsachen daraus in seinen *Recueil d'itinéraires dans la Turquie d'Europe (Vienne 1854)* aufgenommen, denn so wenig auch topographische Erhebungen einen speciellen Gegenstand der Reise ausmachten, so finden sich deren doch manche unter der überwiegenden und im allgemeinen auch interessanteren Masse des ethnographischen, botanischen, geologischen Stoffes, welche wenigstens erhebliche Fehler der älteren Karten schon früher, ehe das richtige durch neuere Forschungen genau constatirt wurde, zu berichtigen gestatteten und lohnte sich in dieser Beziehung die bei der Neubearbeitung meiner grossen Karte (1868—71) daran gewandte Mühe. Selbst jetzt noch lassen sich wenigstens einige Irrthümer der österreichischen Karte aus diesem noch immer nicht veralteten Itinerar berichtigen, namentlich in Betreff der Terrainzeichnung. Viel bestimmter als Hr. Blau hebt Sendtner (No. 54 des „Ausland") den Unterschied in der Gestaltung der beiden Seiten des Laschwa-

---

*) Die kartographische Darstellung dieses letzten Routiers, welche bei geringfügigem Inhalt unser Kartenblatt übermässig erweitert hätte und welches sich im allgemeinen auf jeder Uebersichtskarte verfolgen lässt, haben wir geglaubt ersparen zu dürfen.

Thales bei Trawnik hervor: südlich die sanft ansteigenden angebauten Höhen thonigen Bodens, nördlich die senkrecht abfallende Kalkwand des *Wlaschitj*; diesen Unterschied hebt bei aller Mangelhaftigkeit der Ausführung selbst die Rośkiewiczsche Karte noch einigermassen hervor, während in der neuen Karte beide Bergseiten absolut gleichartig abgetönt erscheinen. Zu den bisher am wenigsten besuchten Strichen gehört die nordöstliche Berglandschaft über der Posawina, oberhalb Gradatschatz; von dieser Stadt setzte S. (No. 117) seinen Weg über *Obussowatz* und *Trnitza* (beide Dörfer fehlen in der Karte) 3½ St. weit nach *Spionitza*, von dort 3 St. weiter nach dem Flecken *Srebrnik* fort, — in der Karte verhalten sich diese beiden Wegehälften wie 2½ : 1, sicher durch Fehler der Zeichnung; Srebrnik aber wird südöstlich weithin sichtbar überragt von einem das Thal schliessenden, von S. auf 2500' Höhe geschätzten spitzen Kegelberge, der nothwendig auf der Karte ausgedrückt sein müsste, wenn diese der österreichischen Sawegrenze so naheliegende Landschaft nur specieller wäre angesehen worden; die schematisch gleichförmige Terrainschraffirung der *Majewitza Planina* in der Karte zeigt von so auffallenden Formen keine Spur. In der südlichen Fortsetzung derselben Route, zwischen *Obodnitza* (wie S. richtig, übereinstimmend mit den Franziskanern schreibt, *Wodnitza* der neuen Karte) und der Stadt Tuzla, noch 2¼ St. von dieser entfernt, liegt das grosse christliche Dorf *Preschke*, mit einer über 2000 Seelen zählenden Gemeinde (No. 118), welches auch bei Rośkiewicz als *Bercke* verzeichnet ist, während es in der neuen Karte fehlt. *Zelenik* kann in dieser kaum annähernd richtig liegen, da S. es (No. 107) auf dem geraden Wege von Fotscha über Modran nach Brod berührte. In der metallreichen Berggegend der rechten Bosnazuflüsse bei Waresch fehlen zwei christliche, von Hüttenarbeitern bewohnte Dörfer: *Borowitza*, 4¼ St. oberhalb Sutinska im oberen Thale der Trstionitza, und 2¼ St. östlicher, jenseit des *Ponikwa*-Passes *Pototzi*, noch ½ St. oberhalb Waresch, welche S. auf seiner Tour berührte (No. 165). An der Westseite Bosniens, östlich über Liwno ist nach No. 35 der Bergname *Cicer* (oder noch richtiger *Cincer*, nach Alexitj im Belgrader Glasnik, Th. XXII. 1867) nachzutragen. Der Bergname, den S. wiederholt *Smiljaga* (und No. 201 *Smiljaga*) schreibt, ist dagegen hier und bei Rośkiewicz richtiger *Šuljaga* geschrieben, wie das Volkslied bei Blau, Bosn.-türk. Sprachdenkmäler S. 121. 123 beweist.

Eine literarische Erscheinung neuesten Datums und sensationellen Inhalts wie schon aus dem Titel erhellt: *Arthur Evans, Through Bosnia and the Herzegovina on foot during the Insurrection, August and September 1875 (London 1876)* erwähne ich nur, um die von den beiden kühnen Fusswanderern in der Vorrede ausgesprochene Meinung, dass sie von Europäern noch unbesucht gebliebene Berglandschaften zum erstenmale erschlossen haben, bei aller Anerkennung des geleisteten auf ihr bescheidenes Mass zurückzuführen. Ihre Route, die sich auch auf unserer Karte leicht verfolgen lässt, folgte von der österreichischen Grenze (Brod an der Sawe) zunächst der bekannten Strasse südlich bis Teschanj, von da mit absichtlicher Vermeidung der Fahrstrasse nach Trawnik einem geraderen, wenn auch factisch nicht kürzeren

Bergwege, durch das obere Ussora-Thal über Komuschina und Gortschawitza und dann die kaum gangbare Felskluft der Bjela südlich hinab: eine Route, die ohne Wissen der Autoren schon früher von den mehrgenannten österreichischen Genieofficieren gemacht war und nach ihrer Verzeichnung jetzt in der neuen Karte vorliegt, mit Höhenmessungen, die mit dem Resultat der Aneroidbeobachtungen der Engländer in erfreulicher Weise übereinstimmen (*Wutschja Planina* p. 162. 4300 engl. F., d. i. 1310 Meter, während die neue Karte 1368 m, Rośk. nach blosser Schätzung 5000 wiener F. hat; *Trawnik* 1610 engl. F. = 490 m, neue K. 516 m, Kloster *Gutschjagora* über Trawnik nach p. 177 = 2300' oder 700 m), während allerdings die einzige speciellere Karte, welche die Reisenden bei sich führten, die von Rośkiewicz vom Jahre 1865, in jenen damals noch unbesuchten und hypothetisch ausgefüllten Strichen keine Aehnlichkeit der wirklichen Terrainformen zeigte *). Die Fortsetzung der Route über Foinitza nach Serajewo und das letzte Stück auf der grossen Strasse Serajewo-Mostar-Dalmatische-Grenze bringt in keiner Beziehung etwas neues **), die einzige Abweichung auf unberührtem Boden betrifft nur eine Bergwanderung in den nördlichen Abhängen der *Bjelaschtitza*, nicht, wie man nach den beschreibenden Ausdrücken schliessen könnte, auf den höchsten, neuerdings von den Oesterreichern trigonometrisch zu 2113 m bestimmten Gipfel, denn das Aneroïd der Engländer zeigte nur 4350' und 4560' (p. 295 = 1326 und 1390 m) auf den beiden erstiegenen Kuppen, deren Lage sich, da die Wanderer ziemlich aus ihrer Richtung verirrt gewesen sind, nicht einmal näher auf der Karte nachweisen lässt.

Noch während des Druckes dieser Bogen kommt uns endlich mit dem Juniheft des *Bulletin de la société de géographie de Paris* der Schluss eines Artikels zu, welchen der Begleiter unseres Freundes Blau auf seiner neunten Route, der französische Consularbeamte Mr. de Sainte Marie bereits in einem früheren Hefte begonnen hatte (Sixième série, t. XI p. 368 ff.), um die Resultate seiner Studien über die Hertzegowina, deren allgemeinen Theil er bereits im Jahrgange 1875 mitgetheilt hatte, durch speciellere Notizen über die zurückgelegten Wege zu vervollständigen. Der Mangel, welchen der Vf. den früheren Arbeiten des Hrn. Blau vorrückt, die topographischen Details nicht genügend für die Kartographie zu berücksichtigen, trifft die seinigen in noch viel höherem Grade. Dies ist besonders für die wenigen wirklich originalen Routen zu bedauern, welche auch in der grossen neuen österreichischen Karten noch nicht enthalten sind, denn um dieselbe an den betreffenden Stellen zu berichtigen oder zu vervollständigen, bedürfte es speciellerer Daten, als der vom Vf. beliebten Zusammenfassung von Gesammt-

---

*) *We found Major Roskiewicz's map so completely out, that we really suspected that he had been the victim of the Vila's enchantments, — her sacred mount, the Vila-Gora, is conspicuous by its absence on the Majors chart.* (p. 154.)

**) Auch ihre Höhenmessungen in dieser Partie: *Bradina*-Pass 3080' (940 m), *Konjitza* 800' (244 m), *Jablanitza* an der Narenta 618' (188 m) müssen wohl den schärfern, hier höher ausgefallenen Messungen der Oesterreicher mit 1010, 319, 224 Metern nachstehen.

distanzen des Weges auf 3—4 Stunden Länge und der Aufzählung von Dutzenden von einem Punkte aus sichtbarer Orte und Berge, mit blosser Subsumtion unter die vier Himmelsgegenden, was p. 394 etwas euphemistisch *relever les positions* genannt wird. So ungenügendes Material gestattete nur einen ziemlich oberflächlichen Entwurf jener Routen, den wir gleichwohl, um andern Lesern die gleiche Mühe zu ersparen, für zweckmässig gehalten haben, in leicht unterscheidbarem Schriftcharakter unserer Kartenskizze einzuverleiben und dem wir die Aufzählung der sämmtlichen neuen Daten des Verfassers mit den nöthigen Correcturen *) als Commentar beigeben.

Von Mostar nach Schiroki Brieg, (p. 390 Weg) längs der südlichen Seite des Sumpfsees *(Blato,* dessen Länge auf 7 Kilometer, gegen die 10, welche die österreichische Karte angiebt, bestimmt wird); dabei werden die südlich des Weges am Nordfusse des Tertre liegenden Dörfer, übereinstimmend mit dem Schematismus der Franciskaner (wenn nicht etwa dieser die alleinige Quelle der Angabe ist) in der Reihenfolge *Ljutidolatz, Biogratzi, Jare* genannt, also sehr abweichend von den Ansetzungen der cit. Karte.

Von Schiroki Brieg nach Duwno (p. 396 ff.). Vom Kloster über den Fluss *Ugrowatz,* auf dessen beiden Seiten nach p. 391 die Berge *Tchérigai* und *Rouain* (Rujan, beides sind nach dem Schematismus Dorfnamen), dann das von O. nach W. sich dehnende Thal von *Podkraj* hinauf, welches östlich durch die Berge *Lisse* (Dorf nördlich ven Sch. Br. nach der österr. K.) und *Borak* (dieser also südlich) begränzt und westlich durch den „Zigeunerberg" *(Tzigansko-Brdo)* geschlossen wird; über diesen und den höheren *Crnatz* (Tzrnatsch) eine Stunde lang steigend auf ein hohes Plateau, Vorhöhe der *Tschabulja-Planina,* welches gegen O. *Warda* (so auch auf der öst. K.), gegen W. *Izbitschno* (Dorfname nach dem Schem.) genannt wird. Weiter durch die Buchenwälder des felsigen Plateaus *Gvozd* (so zu lesen, s. Note) zu dem 4 St. vom Kloster entfernten in 2500' Höhe gelegenen Thalkessel *Rochnopolje* (wohl richtiger Roschkopolje, wie auch ein anderes, weiter westlich gelegenes bewohntes, daher im Schem. und der K. angegebenes Hochthal heisst) — das in dieser Gegend in der öst. Karte — offenbar nur nach unbestimmten Erkundigungen —

---

*) In einem vom entfernten Vf. nicht selbst durchgelesenen Druck sind begreiflich Druckfehler unvermeidlich, an denen in den qu. Artikeln so wenig Mangel ist, wie in den oben S. 82 besprochenen älteren; so p. 391 *Agrovatcha* st. Ugrowatz, p 292 *Blasto* st. Blato, p. 399 *Dwina* st. Drina, *Chonitza* st. Chouitza (Schuitza), p. 535 *Vladitza* st. Hadzitj; p. 391—98 wiederholt, *Gvogd, Gvodg, Grogd* st. Gvozd, anderer geringfügiger zu geschweigen, während manche Fehler nicht sowohl auf den Druck, als auf irrige Auffassung des Reisenden zurückzuführen sind, wie p. 370 *Velez* st: Velez, oder nach französischer Schreibart Velej, p. 398 *Tchitar* st. Schtjitar, p. 537 *Tchaïnitza* st. Teschanitza u. dgl.; überhaupt fehlt seiner Transscription die Consequenz, indem er wiederholt (z. B. in den Namen Jasenitza, Jablanitza, Jaram, Kraljewitch, Radobolje, Bielopolje) i im Sinne der deutschen und italienischen Aussprache (wahrscheinlich geleitet durch die italianisirende Orthographie der Franciskaner) statt des französischen i oder y gebraucht, wogegen die überflüssige Änderung eines Personennamens wie *Yacobson* (p. 381) seltsam absticht.

verzeichnete Dorf *Gradatz* wird nicht erwähnt, muss also weiter ausserhalb der Wegrichtung liegen. Noch zwei Stunden durch den Hochwald, dann steil hinab zum kreisrunden Thalkessel von *Rakitno*. Die Gesammtrichltung des Weges bis hierher wird p. 398 irrig als NNE (statt NNW) angegeben. Die Fortsetzung des Weges längs der Gebirge *Jaram* (dessen Lage zur Ebene p. 398 zuerst in NO, dann richtiger in NW. bezeichet wird) und *Lib* (Zib der öst. K.? oder Misverständniss aus dem Dorfnamen *Lipa?*) bietet nichts, was nicht in der an dieser Stelle sehr detaillirten Recognoscirung der Österreicher schon enthalten wäre; wichtig ist aber die p. 399 gegebene Versicherung, dass nach sorgfältiger Untersuchung im ganzen Umfange der hohen Thalebene von *Duvno* sich keine Spur irgend welcher antiken Reste findet, welche Farlati's Identification mit *Delminium* bestätigen könnte.*)

Von Schiroki-Brieg nach Ljubuschka. (p. 392 ff.), über *Mokro*, dann gerade südlich über die Hügel von *Rasno*, und wieder westlich nach *Bovo*, d. h. Buhowo (welches also in der öst. Karte ziemlich richtig liegt, wogegen die Hrn. Blau nach S.— von Gradatz aus gewiesene Richtung in NNW. zu berichtigen wäre), längs des SO. davon aufsteigenden Berges *Ochren* (Osrnj der Karte), an den östlich des Weges bleibenden Dörfern *Tchalitch* und *Amsitch* vorbei bis *Tscherim*, zusammen 4 St. (p. 393) oder 393 St. (p. 396) — hieraus folgt für Hamzitj eine etwas grössere Distanz von der Mostar-Ljubuschkaer Strasse, als die Hrn. Blau (S. 40) angegebenen 1¼ St., welche wohl einen scharfen Ritt über die wellige Ebene voraussetzen. — Dann über den Bach *Lukotsch* (höher oben, als wo Blau ihn kreuzte) und die Hügelkette hinauf über die bisher nur aus dem Schematismus bekannten Dörfer *Ogradgenik-mali*, *Dragitjina*, *Ogr. veliki*, endlich über die Höhe von *Tscherno* nach *Ljubuschka*, zusammen 3¼ St. — Der Rückweg von hier nach Mostar wich von der von Blau befolgten Strasse nur wenig ab; er berührte *Citluk* (Tschitluk), welches die österr. Karte in Folge genauerer Recognoscirung (wie aus den beigefügten Höhencoten erhellt) weiter gegen SO. so dass die folgende Angabe, dass hier die grosse Strasse verlassen und ein Weg ö s t l i c h nach *Gradnitzi* eingeschlagen worden sei, befremdet, da man gemäss Blau's Angaben oben S. 39 hier vielmehr eine n ö r d l i c h e Richtung erwartet. Bis hier rechnet der Autor 3, weiter bis Mostar 2¼ St.; in diesem Theile des Weges wird, bevor die Jasenitza erreicht wird, die Höhe *Zvinitza* überstiegen, der Berg *Varda* rechts gelassen; derselbe wird p. 371 als Quellberg der Jasnitza bezeichnet, muss also von dem gleichnamigen zwischen Schiroki-Brig und Rakitno, S. 193 genannten verschieden sein.

Die übrigen Routen des Vfs. betreffen längst bekannte Wege, wie die alte und die neue Strasse zwischen Mostar und Serajewo ohne neue Zu-

---

*) Die nach allen Gesetzen lautlicher Umwandlung fast zweifellose Identität, auf welche schon Farlati das Hauptgewicht legte, genügt offenbar zu jenem Erweise um so weniger, als Verpflanzungen ganzer, vor den Einbrüchen der Barbaren im Beginn des Mittelalters flüchtiger Gemeinden und damit ihrer Localnamen an benachbarte, sicherer gelegene Stätten im ganzen Umfange der südöstlichen Halbinsel vielfach vorkommen.

sätze, *) so wie nach **Newesinj**, wo eine vierstündige Excursion in die Ebene kein einziges topographisches Resultat liefert. Sonst nur ein Besuch des Klosters *Gètomislich* (d. i. Zitomislitj) an der Narenta. wobei wir die Namen der dasselbe einschliessenden Vorberge der Dubrawa-Platina erfahren (p. 372): *Osoinitza* in S. und *Céren* auf der linken Seite (also wohl in N.), überdies aus der Nachbarschaft der Hauptstadt nur noch der Berg *Bili*, aus welchem die Radobolje entspringt (p. 389) und der weinbebaute Hügel *Vrtich* zwischen Mostar und Buna (p. 372), wo die österr. Karte ein — im Schematismus nicht genanntes — Dorf *Ortiješ* (Wrtijesch?) ansetzt.

II. Statistisches.

Ortschaftsverzeichnisse der römisch-katholischen Gemeinden,
nach officiellen Documenten.

Durch gefällige Mittheilung der geistlichen Behörden der durch Bosnien und die Hertzegowina zum Theil sporadisch verbreiteten, stellenweise aber auch dichter zusammen wohnenden römischen Katholiken kam Herr Consul Blau in den Besitz der auf Veranlassung jener Behörden gedruckten sog. „Schematismen", welche ausser den Catalogen der Pfarreien, der dahin eingepfarrten Ortschaften (mit Bezeichnung ihrer Lage zum Hauptort), der entfallenden Seelenzahl (natürlich nur der römischen Katholiken), den Namen der Pfarrer und Vikare etc. auch vielfache historische und archäologische Notizen von Werth enthalten. Da diese Hefte im Buchhandel nicht zu haben und deshalb ausser jenen Kreisen kaum bekannt sind, erschien eine abgekürzte Reproduction des Inhalts an dieser Stelle nicht unzweckmässig, um das gesammte verfügbare statistische Material — denn über die allerdings in diesen Ländern viel zahlreicheren Mitglieder der griechisch-orthodoxen Kirche und des Islam ist ähnliches nur sehr vereinzelt vorhanden — und damit wenigstens eine ungefähre Uebersicht der Vertheilung der bosnischen Katholiken, bekanntlich eines Elementes, auf welches von jeher venezianische und dann österreichische politische Interessen sich stützten, in leicht zugänglicher Form zu haben.

Die Titel jener Schriftstücke sind: *Schematismus Dioeceseos Bachusinae pro anno 1866, Schematismus topographico-historicus custodiae provincialis et vicariatus Apostolici in Hercegovina pro anno 1867* (gedr. in Spalato), *Schematismus almae missionariae provinciae Bosnae Argentinae pro anno 1864* (gedruckt in Ofen);

---

*) Die einzige Ausnahme bildet der in keiner andern Quelle, auch nicht im Schem. vorkommende, daher offenbar keinen Wohnort bezeichnende, Name *Valia* (p. 541, 544) für eine Örtlichkeit 2 Stunden südlich von Jablanitza, wohin bei der Anlage der neuen Chaussee eine Brücke über die Narenta projectirt war.

neuere Ausgaben sind seit jener Zeit unseres Wissens nicht gedruckt worden.

Die grosse Menge der oft auf kleinen Raum zusammengedrängten Ortschaften mit wenigstens für den katholischen Antheil sehr geringfügigen Seelenzahlen, namentlich in den an Dalmatien angrenzenden und sonst zur Hertzegówina gehörigen Landschaften lässt ebenso, wie das was wir aus topographischen Erhebungen z. B. über die Umgegend von Trebinje wissen, eine ganz ähnlich wie in Dalmatien weitgehende Zersplitterung der Bevölkerung in nahe liegenden, kleinen, besonders benannten Oertlichkeiten erkennen, wovon natürlich auf den Karten — selbst auf so speciellen, wie es die österreichischen Generalstabskarten von Dalmatien in $\frac{1}{144000}$ sind — nur der kleinere Theil Raum findet; die neue Karte in $\frac{1}{300000}$ kann demnach auch nur eine Minorität jener Ortschaften enthalten; von den meisten bleibt vorläufig noch die genauere Lage, die durch die blossen der Liste beigefügten Distanzbestimmungen nicht hinreichend präcisirt wird, unbekannt. Um dies deutlicher hervorzuheben, sind in unserer Reproduction der Listen nur diejenigen Orte, welche, sei es in der neuen G. St. Karte, sei es hie und da in älteren wie neuesten Quellen enthalten sind, durch beigefügtes * bezeichnet, abweichende Namensformen der Karten (bei denen mitunter selbst die Identität zweifelhaft sein kann) in Parenthese und *Cursivschrift* beigefügt, alle übrigen redactionellen Bemerkungen aber in die Noten verwiesen, so dass sonst alles im Text enthaltene den angeführten Quellen in abgekürzter Form entlehnt ist. Alle ohne * gelassene Ortsnamen sind mithin für die Kartographie vorläufig als Desiderata anzusehen.

Von den Ziffern giebt die vor dem Namen stehende allemal die Entfernung vom Pfarrorte in Stunden (resp. mit der Richtung vom Pfarrorte aus, welche beiläufig keineswegs immer genau ist), die nachfolgende entweder die Anzahl der Familien (Häuser) oder der Seelen (je nach beigefügter leichtverständlicher Abkürzung) an. Wo die Karten in Beziehung auf die Entfernung eine starke Differenz zeigen, ist dieselbe neben der Ziffer des Schematismus in [ ] beigefügt.

HERTZEGOWINA.

BISTHUM TREBINJE
(Dioecesis Mercano-Tribuniensis)
mit dem Bisthum Ragusa vereinigt.

1. Parochie Dubrawe
am linken Narenta - Ufer.

Pfarre Prenj *		7 Fam.
$\frac{1}{4}$ Umatz		3
$\frac{1}{4}$ Zilitji		7
$\frac{1}{4}$ Brestowatje		2
$\frac{1}{4}$ Wladinitji (*Oludinic'i* *)		86
$\frac{1}{4}$ [1] Oplitschitji *		16 Fam.
$\frac{1}{4}$ [1$\frac{1}{2}$] Retschitze *		10
2 Otanj (*Hotanj*) *		5
2$\frac{1}{4}$ Dobritscha		2
2 Mrkowatsche		3
2 Widar		6
2 Potschitelj (Stadt) *		7
2 Schewatsch-njiwe		3
2$\frac{1}{4}$ Biwolje		12
3 Gubawitza		1
4 Zaton		2
3$\frac{1}{4}$ Odbina (*Podbina?* *)		2
5 Malopolje		1
4$\frac{1}{4}$ Orah		1
3$\frac{1}{4}$ Dolowi		1
3 Rotimlje *		7

2½	pod Kostajnitzom	1 Fam.
5	Kamena *(Kremene? *)*	6
5½	Žuberin	2
4	Kruschewljani	3
4	pod Krwenitze	4
5	Dabritza [1]) *	1
3½	Brschtanik gornje	5
3½	„ dolnje	6
2	Glamtschewitze	3
3½	Odowo	4
3½	Brda	10
2	Ljutza	7
2	Trjebanj *	14
2	[1] Greda *	2
2	Kozitze	1
2	Wosor	1
½	Tzrnitze male	6
1	„ welike	19
½	Pjeschiwatzka Greda	12
1	Pjeschiwatz * [2])	6
1¼	Zapia	2
1½	Oprschitji	1
1½	Wrbenatz	2
2½	Tasowitj *(Tassovčić)**	22
3	Kleptza *(* Klevči)*	4
2	Losnitza *	3
2	Gniliste	19
2	Wisitji *	30
3	Tersana *	3
3	Tscheljewo *	39
		zus. 425 Fam.
		2271 Seelen.

2. Parochie Stolatz.

	Pfarre Stolatz * (Stadt)	207 S.
3	Ljubenitza	122
1½	Boroewitj *	84
1	Poprati *	96
2½	[1] Kruschewo *	178
1	Poplati [3]) *	82
2	Batschnik *	75
2½	Puschiste	48
3	Burmasi	79

ausserdem 234 Seelen in 8 kleineren Dörfern, zusammen 141 Familien, 1205 Seelen.

[1]) Fehlte in allen Karten; erst aus Blau's Erkundigungen (oben S. 48) nachgetragen.

[2]) Nur bei Blau *(Bjeschewatz)* und Ros'kiewicz, fehlt in der neuen Karte.

[3]) In der neuen Karte *Poplatna*, südlich von Stolatz, nicht zu verwechseln mit dem ebengenannten *Poprati*, welches NW. liegt.

3. Parochie Gradatz [1])

	Pfarre Gradatz *
½	Brotjanatz
¾	Papratnitza * [2])
1½	Utowo *
¾	Otanj [3])
1½	Selenikowatz gornji } *(Seleni-*
1¼	„ dolnji } *c'ani? *)*
1¼	Drjen gornji
1	„ dolnji
1½	Radetitji *
1¼	Dobrowo
2	Neum *
3	Klek *
2½	Wranjewo Selo *(Ranjovo *)*
1¼	Duži *
1½	Radesch *
1½	Ilinopolje
1¼	Dratschewitza *
1½	Kischewo
1¼	Babindó
1	Moschewitji *
¾	Dubrawitza *

zus. 1314 Seelen.

4. Parochie Rawno [4]).

	Pfarre Rawno *	386 S.
¾	Tschwalina *	51
1	Zawala *	25
1½	Tscheschljani *	77
3	Orahowidó *	187
1½	Golubinatz	69
3	Belenitji	107
¾	Kiewdó *	77
4	Stjenitza	9
7	Grebtzi *	39
8¼	Kalagjurgjewitji	35
1¼	Dubjani *	142
½	Dò	48
½	Kotesi *	76
½	Prhinje	50
¾	Orasche	27

[1]) SW. von Stolatz nach dem türkischen Hafenort Klek zu, der das österreichische Küstengebiet unterbricht. Bevölkerungsangaben der einzelnen Orte fehlen im Original.

[2]) Nur bei Ros'kiewicz, fehlt in der neuen Karte.

[3]) Zwischen Gradatz und Dubrawitza, nur in einer MS. Karte des Herrn Watzlik eingetragen.

[4]) SW. von Ljubinje bis zur Grenze von Dalmatien.

¾	Dwrschnjitza	7 S.
4½	Ljubinje (Stadt) *	12
5	Uboschko	4
	zusammen 173 Fam.	1512 S.

5. Parochie Trebinje.

	Pfarre Trebinje (Stadt) *	12 Fam.
¼	Militji	5
¼	Glawaschi	7
½	Brieg	3
1	Rupnidó 1)	3
½	Zizrina	11
1	Brestitza	3
¾	Planjak	1
¾	Wojewitji	4
1¼	Trnitschina	8
1½	Weljamedja	22
1¼	Prijewor (*Pridworce* *)	4
1¼	Gajtze	3
1¼	Strmitza	8
1¼	Zatmorje	1
1¼	Kremena-Njiwa	1
1	Petschina	9
1¼	Turkowitji	5
1½	Dužitza	1
1¼	Dobridó	3
	zusammen	114 Fam. 930 S.

6. Parochie Rasno. 2)

	Pfarre Njawritji	5 Fam.
¼	Maslatsch	4
1	Prewisch	5
1¼	Glumine	14
1½	Wjetrenik	2
2	Batkowitji	3
1¼	Lastwa	4
1¾	Wodenidó	3
5	Tscharas	7
1	Podkulom	6
1¼	Rabrane	1
1	Zauschje	9
¼	Dažnjitza	4 Fam.
2	Bjelowitji *	4
2	Golabrda	3
3	Boljuni	5
2	Doljani	13
2	Dratschewo	23
½	Sjekosche	5
2	Bajowtzi	2
1½	Dubranitza	3
1½	Switawa	13
1¼	Brschtanitza	11
1	Osjetschenitza	1
1	Winine	4
¾	Podgredom	7
2	Elesowitji *	1
¾	Tzrnoglawi *	11
¾	Tzerowo	2
4	Srjetesch	4
2	Dobrane	8
	zusammen	187 Fam. 1700 S.

Gesammtzahl im Bisthum Trebinje 8932 Seelen in 150 Orten.

APOSTOLISCHES VICARIAT der HERTZEGOWINA,

mit dem bischöflichen Sitze im Kloster Schiroki-Brig seit 1852.

In der historischen Einleitung spricht der Autor (P. Petrus Bakula) S. 14 die Vermuthung aus, dass der Stammsitz der Grafen von *Kozak*, welche seit dem 15. Jahrh. den deutschen Herzogstitel führen, der auf das Land übergegangen ist, identisch sei mit der Ortschaft *Kozitza*, 1 Stunde N. von Mostar und ¾ St. vom Ruinenhügel *Hum*, der einst eine Feste getragen habe, von welcher der für die Landschaft damals gleichfalls gebrauchte Name *Humska* herstamme. Klöster der Franziskaner, welche noch jetzt ausschliesslich die katholischen Geistlichen für dieses Land liefern, bestanden schon Mitte des 14. Jahrhunderts zu *Mostar*, *Konjitz*, *Ljubuschka* und auf dem Felsen *Ossinj* bei den Ruinen des alten *Narona* (*Vido* in Dalmatien, an der unteren Narenta); das erste wurde 1534, das zweite und dritte 1570 von den Tür-

1) Nur in Hrn. Watzlik's MS. Karte, aber wenigstens 2½—3 St. von Trebinje südlich dicht an der dalmatinischen Grenze.

2) Westlich von Ljubinje, wie sich aus den wenigen gesicherten Ortslagen ergiebt, welche zuerst in Blau's Karte der Hertzegowina 1861 verzeichnet, nur theilweise in die neueren Karten übergegangen sind.

ken zerstört; über die in *Rama*, bei *Gradatz*, in *Brotjno*, in *Tscherin* und *Duvno* noch sichtbaren Klosterruinen giebt es keine zuverlässige historische Nachricht. Ausser dem neuen, 1846-52 an der Stelle eines alten katholischen Begräbnissplatzes erbauten Centralklosters haben die Franziskaner auch seit 1847 ein bischöfliches Haus ¼ St. SW. von Mostar in der Flur *Wukodó* („Wolfsthal") unter dem nördlich davon aufsteigenden Hügel Hum erbaut, da der Fanatismus der Mostarer Muhammedaner eine Ansiedlung in der Stadt selbst nicht gestattete. Mit der Gründung dieser bischöflichen Residenz hat sich die Zahl der katholischen Familien zu Mostar in zwei Jahrzehnten von 120 auf nahezu 400 vermehrt.

1. Parochie Blato oder Schiroki-Brig
(frühere Sitze der Pfarre *Pribinowitji**, *Dobrkowitji**, von 1753—1848 *Tscherigaj**).

Pfarre	Schirokibrig *		364 S.
S	1	Turtschinowitji *	215
O	1	Uzaritji *	366
		mit vorzüglichem Weinbau	
S	½	[1] Mokro *	248
S	1	Tscherigaj *	239
S	2	Buhowo *	253
S	2	Rasno *¹)	238
S	2	Dužitze	310
S	2¼	Ledinatz *	226
W	2	Medwidowitji	138
W	1½	Mamitji *	132
W	1½	Dolatz	76
W	2	Podkraj *²)	135
W	2½	Podwranitj *(Vranić* *)	33
W	3	Rujan * ²)	176
W	3½	Kotscherin *	185
W	3½	Tzrnelokwe	216
W	1½	Ljubotitji *	305
N(W)	2½	Britwitza *	179
N	2½	Izbitschno * ²)	112
N	1	Tzrnatsch dolnji * ²)	247
N	2	„ gornji	316
N	1	Dobrkowitji *	241
N	¼	Okloje	158 S.
N	¼	Lisse *	171
		zusammen 689 Fam.	5209 S.

¹) Nur bei Rośkiewiez, nicht in der neuen Karte.
²) Diese vier nur in 8te Marie's Route (oben S. 193) und zwar nur als Thal- und Berg-Namen.

An Mineralien finden sich im Bezirke der Pfarre Steinkohlen an der *Lischtitza*, Eisen in *Scharitza-Dubrawa* und *Gornji Tzrnatsch* im Dobrinj-Thale, weisser Marmor in den *Bjele-stine* (weissen Felsen) oberhalb *Tzrnatsch*.

Von Burgruinen finden sich innerhalb der Parochie

*Lisse** in Borak, oberhalb des Thals der Lischtitza, welche schon von ihrer starken Quelle an Mühlen treibt,
*Tscherigaj** in Magonik,
*Buhowo** in Ozernje.

2. Capellanie Ljutidolatz
(seit 1864).

Pfarre		Ljutidolatz *	299 S.
W	½	Biogratzi * ¹)	180
W	1	Jare *	316
O	1	Podgorje *	76
O	1½	Selischte	84
O	1	Tschule *	79
O	2	Kriwodó	136
		zus. 170 Fam.	1470 S.

ausschliesslich katholische Bevölkerung, da es in diesen Dörfern keine andere Confession giebt.

Dieselben liegen auf den Hügeln zwischen dem Walde *Trtre* in S. und der fruchtbaren, grasreichen, aber unbebauten, 1 St. breiten, 2 St. langen Ebene *Mostarsko-Blato*, d. i. Sumpfsee von Mostar, die nur im Winter Ueberschwemmungen unterworfen ist, während sonst ihre Gewässer in einem Schlund versinken und weiter unterhalb als Quelle der *Jasenitza* hervorbrechen. An der in der Mitte der Südseite des Seebeckens befindlichen Oertlichkeit *Kraljewine* sind alte Grabstätten mit Waffen aufgegraben worden. Beim Pfarrort, sowie zu Biogratzi, finden sich grosse Burgruinen.

¹) *Biogradatz* in der ötserr. Karte östlich von Ljutidolatz; *Jare* ebenda 2 Stunden westlich, wahrscheinlich falsch, vgl. S. 193.

3. Parochie Gradatz (Register seit 1748) nördlich der vorigen.

Pfarre Gradatz *		277 S.
S 2	Dolnji Gradatz	220
S 2½	Knežpolje *	180
S 2	Dobritj *	126
1½ S	Prowo	35
O 3	Wlasnitji	73
O 2	Polog *	247
O 1½	Grabowa-Draga *	229
N ¾	Gostuscha	80
N 2	Bogodó	183
N 2½	Gorantzi *(Gorasice *)*	549
N 4	Wrdi	255
N 6	Drežnica *	24
N 4	Željetus	53
N 4½	Podiwatsch	97
N 5	Sirge	63
O 6½	Domazeti * [1]	45
O 7	Giubrani * [1]	151

zusammen 347 Fam. 2887 S., neben denen nur 35 griechisch orthodoxe und 15 muhammedanische Familien in einzelnen Dörfern der Pfarrei zerstreut leben.

Von Alterthümern haben sich innerhalb der Pfarre gefunden:

in *Gorantzi* viele Gräber und Cisternen,

in *Dolnji Gorantzi* ein Marmorsarkophag,

in *Polog* am Fusse des Hügels Bile prächtige antike Gräber und die Ruinen der Burg *Zwonigrad*,

in *Knežpolje* Palast- und Kirchenruinen.

in der kleinen Ebene *Podružje* etwa 20 antike Brunnen (oder Kornmagazine?) mit sehr enger oberer Oeffnung.

4. Capellanie Tscherin in Brotjno (seit 1864 von Gradnitji abgezweigt)

Pfarre Tscherin *		62 Seelen
N ½	Tschalitji * [2]	53
W ½	Amzitji *	390
O 1¼	Blatnitza * [2]	150
S ¼	Dragitjina * [3]	154
O ½	Ogragenik mali * [3]	151 Seelen
S ¾	Ogragenik weliki * [3]	282
S 2½	Tzrno *	113
— ½	Odatzi	275
W 2	Grljewitji	94

zusammen 211 Fam. 1676 Seelen, neben denen nur 7 muhammedanische Familien.

In der ganzen überaus fruchtbaren „rothen Ebene“ *(Brotjno)* von 4 St. Länge, ¾-1 St. Breite, finden sich viele (üb. 150) antike Häuserreste, auch viele alte Gräber, so namentlich bei dem Hauptorte *Tscherin* selbst, am Fusse des Waldgebirges *Tertre*, am Bache *Lukotsch*, überragt von der alten Burg *Gradina*. Zu den merkwürdigsten Denkmälern gehört hier ein in der Kirche aufbewahrter marmorner Sarkophag mit Sculpturen von Kriegern und Pferden. — Auch bei *Amzitji* am Quell *Kripowatz* (der von dem ältern Ortsnamen *Kripowo* benannt ist) existirt als Wassertrog ein Sarkophag mit Sculpturen von Nymphen, Hirschjagden u. dgl. Grabdenkmäler geringeren Interesses finden sich in *Dragitjina*, *Tschelitji*, *Ogragenik*, *Blatnitza*, *Lipno*, *Tzrno*, Eisenminen bei *Blatnitza* (Schem. p. 85.)

5. Parochie Gradnitji in Brotjno.

Pfarre Gradnitji *		247 S.
N 1½	Sretnjitze *	87
N ½	Dobroselo *	391
N 2½	Sliptschitji *	281
N 1½	Teptschitji * [1]	190
O 1	Biletitji	92
O 1½	Blizantzi *	290
O 2	Krutjewitji *	134
S 2	Schurmantzi *	188
S 1½	Bijakowitji *	207
S 1½	Medjugorje *	480
S ½	Wionitza *	125
S ½	(*Krehin*-) Gradatz * [1]	295
W 1	Tschitluk *	365
S 1	Služanj	108
— ½	Obtjusch	49
S ½	Žuranj	150
— ½	Padalowina	24
O ½	Widowitji * [1]	121
O ½	Paotscha * [1]	108

zusammen 495 Fam. 3923 S.,

[1]) *Damazetta* und *Dschobranj* nur auf Blau's Karte der Hertzegowina.

[2]) In Blau's Karte der Hertzegowina, wo auch (weniger richtig) *Gradschanik.*

[3]) In Ste Marie's Route, oben S. 194.

[1]) Diese 4 Orte fehlen in der österr. Karte, finden sich nur in Blau's Karte der Hertzegowina 1861 und in seinem Routier oben S. 39. 40.

neben denen in diesen Dörfern zusammen nur 4 griechische und 28 muhammedanische Familien. Durch Weinbau ausgezeichnet sind unter diesen Orten *Paotscha*, *Blizantzi* und *Tschitluk* (Corruption des türkischen Namens *Tschiftlik* d. i. Meierhof), durch Tabaksbau *Schurmantzi* und *Krutjewitji*, durch Eisengruben der Pfarrort *Gradnitji*.

Antike Grabsteine sind erhalten zu *Tschitluk*, *Schurmantzi*, *Wionitza*, *Gradatz* (über 100 zum Theil prächtige, darunter einer mit der Inschrift *L. Livio. Rufino. filio. Pia. Elia*). In Gradatz überhaupt so bedeutende Ruinen, dass sie auf eine grössere alte Stadt schliessen lassen: unter andern sind hier zwei grosse neue Häuser des muham. Begs *Iwanowitj* ganz aus alten Quadern aufgeführt. Ebenso ausgedehnte Ruinen in der Ebene längs der Narenta unter dem Hügel, worauf das Dorf *Krutjewitji* liegt. Burgruine bei *Schurmantzi (Tzrnitza)*, bei *Krutjewitji (Draga)*, bei *Blizantzi* (*Tjasak*, *Ripnoglawa*, *Obala* über „der Narenta", bei *Medjugorje (Miletine*, *Zuželj*, *Schipatzwa*, *Beden* benannt.)

6. Capellanie Gabela

(seit 1852 von Gradnitji abgezweigt).

Pfarre Gabela *		474	S.
N ½	Struge *	38	
N ½	Goritza	129	
N 1	Grabowina	61	
N 1	Tschapljina *	269	
N 1½	Dretelj *	134	
W 1½	Tzrnitji	24	
N 1½	Trebižet *	342	
N 2	Prtschawtzi *	58	
N 2½	Zwirowitji	122	
N 2½	Bitunjani	38	
N 3	Dugangie	52	
	zus. 248 Fam.	1741	S.

gegen 453 Muhammedaner, 200 griech. Orthodoxe, 28 Zigeuner, deren Vertheilung speciell so angegeben wird:

	Muh.	Griech.	Zig.	zus.
Gabela	4	107	6	591
Struge	80	24	7	149
Tschapljina . .	165	64	5	503
Dretelj	85	5	9	233
Dolatz	114	—	—	114
Žuberitj . . .	5	—	—	5

Von diesen Orten ist der blühendste Trebižet, auf ausgezeichnetem, wenn auch stellenweise sumpfigem Weizenboden erst 1846 durch *Ali Pascha Rizwanbegowitj* durchaus mit christlichen Colonen angelegt (daher auch *Nowoselo* „Neudorf" benannt [1]); der älteste, der Hauptort, führt seinen italienischen Namen *Gabela*, d. i. Zollstätte, aus der Zeit der venetianischen Herrschaft, der auch seine wohlerhaltenen und nach der türkischen Eroberung 1559 noch verstärkten Mauern und Thürme angehören. Burgruinen finden sich über *Goritza*, *Tschapljina* und *Dugangie*, in letzterm und *Zwirowitji* ausgezeichneter Tabaksbau, in *Dugangie* am Hügel *Tzrnitza* der kleine See *Petjina*, dessen ausgezeichnet reines Wasser berühmt ist.

7. Parochie Mostar (seit 1849).

Pfarre Mostar * (Stadt)	1715 Seelen
NO ½ Bakschim	68
NW 1 Wiowitji	16
NW 1 Zalik	41
W 1 Iljitji *	184
W 1 Miljkowitji *	35
S 1 Rodotsch (*Radosch* *)	221
W 1½ Tzim (*Sim* *)	240
(NO?) 1½ Bortschine	7
O 1½ Gnojnitze *	80
S 1½ Jasenitza *	221
N 1½ Raschtani (*Raschani* *)	51
NO 1½ Suhidó *	17
(NO) 2 [½?] Wrabtschitji *	83
N 2 Wojno *	43
(N) 2 [4?] Lischani *	17
W 2 Galatz	51
W 2 Sowitji	157
— 2 Planinitza	85
S 2 Buna *	65
SO 2 Blagaj *	20
O 2 Liwatsch *	21
(NO) 2½ Pototzi *	125
— 2½ Podgorani	15
(NO) 3 Kuti *	9
(N) 3 Butschitj * [2])	30

[1]) Mit Unrecht ist dies also auf der öst. Karte als eignes Dorf neben Trebižet angegeben.

[2]) Diese beiden nur in Blau's Karte der Hertzegowina (1861), in der neuen Karte fehlend.

(N 3	Podgradjani		
	(*Prigradjani* * [3])		8 Seelen
N) 3	Raschkagora *		10
— 3	Horlatz		19
(NO) 4	Rawni *		41
— 4	Ritschina		7
(N) 6	Jasenjani *		55
6	Gornjasela		6
6	Tschitluk		20
7½	Dratschewo		17
(N) 8	Grabowitza *		43
	zusammen 710 Fam. 3900 Seelen.		

Auch in diesem Sprengel sind daneben die übrigen Confessionen, jedoch nur mit der Zahl der ganzen Familien angegeben, daher wir sie hier gesondert, mit hinzugefügter approximativer Schätzung der Gesammtzahl, folgen lassen:

	Familien Muh.	Griech.	Ungefähre Gesammtzahl Seelen
Mostar *	2200	500	20000[1])
Podwelež *	140	—	700
Blagaj *	72	10	500
Iljitji *	15	6	300
Pototzi *	2	30	300
Jasenitza *	6	—	250
Tzim *	2	—	250
Rodotsch *	3	—	240
Sowitji	—	6	200
Podgradjani *	12	20	180
Podyorani	15	15	170
Buna *	6	11	160
Gnojnitze *	—	10	140
Jasenjani *	6	7	140
Zemlje	—	25	130
Rawni *	6	9	120
Suhidó	6	15	120
Wrabtschitji *	6	2	120
Bakschim	—	6	100
Batschewitji *	—	18	100
Planinitza	—	3	100
Raschtani *	2	8	100
Grabowitza *	7	—	80
Wojno *	4	3	80
Zalik	4	3	80
Bortschine	6	6	70
Kuti *	5	6	70
Liwatsch *	3	6	70
Miljkowitji *	7	0	70
Lischani *	5	1	50
Kozitza	7	—	35
Dolatz	3	—	15

[1]) Einschliesslich 120 Zigeuner- und 18 Juden-Familien und vieler nicht angesessener (Beamten, Dienerschaft, Soldaten, Handarbeiter), so dass der Autor die Gesammtzahl so hoch schätzen zu müssen glaubt.

Die Gesammtzahl der griechischen Confession dürfte hiernach der römisch-katholischen ziemlich gleich, die der Muhammedaner aber über doppelt so hoch, als die gesammten Christen (wenigstens 18000) angeschlagen werden.

In der Hauptstadt befinden sich 33 Moscheen, unter denen die *Karagjözbegowa* auf den Grundmauern der ehemaligen S. Stephanskirche erbaut sein soll, 10 Chane, über 300 meist von Griechen gehaltene Kaufläden. Die Griechen, welche bis 1863 nur eine kleine Klosterkapelle in der Vorstadt *Suhodolina* besassen, sind seitdem mit der Aufführung einer grossen und prachtvollen neuen Kirche beschäftigt. Auch eine neue katholische Kirche war (zur Zeit der Abfassung des Schematismus) mit Unterstützung des französischen Kaisers und sogar des Sultans (2500 Fl.) im Bau, durch korinthische Säulen in 3 Schiffe getheilt, 52 Ellen lang, halb so breit. Von der alten zerstörten Kirche S. Lucas ist nur der Glockenthurm übrig, welcher jetzt als Uhrthurm benutzt wird.

Blagaj am Nordrande der Ebene Bischtje bewahrt in seiner auf 600 F. hohem Felsen gelegenen wohlerhaltenen Feste, unter der die Buna entspringt, das Andenken an die letzte Residenz der christlichen Herzöge.

Alte Grabmäler finden sich in den Ebenen *Bischtje* (südlich von Mostar, wo sie durch den Höhenzug *Gubawitza* geschlossen wird, der mit der Höhe von *Trtre* auf der andern, westlichen Seite des Flusses den Engpass *Zaton* bildet) und *Bjelopolje* (nördlich von derselben), besonders bei den Dörfern *Iljitji*, *Suhodó*, *Wrabschitji* (an der Stelle, welche *Kraljewine* benannt wird), *Kuti*, *Liwatsch*, *Pototzi*, *Lischani*, *Prigradjani*; Burgruinen zu *Liwatsch* und *Tschitluk* (gegenüber dem Einfluss der Drežnitza in die Narenta).

Durch vortrefflichen Weinbau zeichnen sich *Iljitji* und *Tzim* aus, durch Tabaksbau *Rodotsch;* Steinkohlen finden sich zwischen *Raschtani* und *Iljitji*, nahe NW von Mostar jenseit der Narenta. Das Wasser der hier in die N. fliessenden *Radobolje* (die nur 1¼ St. weit am Hügel *Mikuljatscha* bei *Tzim* entspringt) treibt viele Mühlen und dient zur Bewässerung der Aecker, ist aber nicht trinkbar, wie auch der Name „ungesund" bezeichnet.

8. Parochie Konjitz
(seit 1839 von Podhum abgezweigt).

Pfarre Konjitz *	35 S.
S 1 Zasliwlje *	159
S 1 Turia *	215
S 1 [2] Bjela *	144
O 2 Schpiljani *(Spilje*)*	69
— 4½ Dubrawitze	22
O 8 Zupa	42
W 1 Oraowitza *	121
W 1 Donjeselo	36
W 1 Owtschari	65
W (N) 1½ Omolje *	89
W 1¼ Tchelebitji *	29
W 2 (N 1) Repowtzi *	59
W 2¼ Dbar *(Ubar*)*	11
W 2¼ Pakoischte	19
W 3 Radeschine	99
W 3 Zabrdje	146
W 6 Glogoschtitza *	31

zus. 201 Fam. 1491 S.

Die Griechisch-Orthodoxen sind hier in der Mehrzahl, muhammedanische Familien giebt es in

Konjitz *	180 Famil.
Župa	140
Bjelimitji *	300 (?)
Lug *	20
Tschelebitji *	18
Dbar *	15
Glogoschtitza *	15
Ostrožatz *	11
Tschare *	11
Oraowitza *	10
Dobrigoschtje *	9
Rawno	8
Ribitji *	8
Bjela *	7
Wrch *	7
Krstatz	6
Poprasko (Paprac)*	6
Radeschine	3
Turia *	2

Antike Grabmäler zu *Glogoschtitza, Lug, Dobrigoschtja, Ostrožatz* (in der Moschee, früheren Kirche des H. Elias), *Ribitschitji, Zadeschine, Tzikowo, Goritschka-glawitza* bei *Ladjanitza, Duzani, Schpiljane, Omolje, Dolnjeselo, Pokoischte* und auf der Alpe *Tisowitza;* Burgruinen zu *Dobrigoschtje, Tschelebitji, Ribari, Kaschitj, Schpiljane, Owtschari* (Name der Burg angeblich *Treschnjowatz), Wrbljani, Teschanj, Dbar, Konjine* (letztere sehr wohl erhalten auf hohem Felsen, noch höher überragt vom Berge *Preschtjitza*). Eisengruben bei *Pokraisko* (Poprasko?), *Dobrigoschtje, Turia, Bjela,* Goldgruben angeblich früher in Betrieb zu *Zwol* bei *Bjela,* in der Einöde *Tzepa* zwischen den Bächen *Podwela* und *Zwiezde,* am Orte *Zlatar* gegenüber Konjitz am Flusse *Teschanitza.* Sehr starke Salzquellen zu beiden Seiten der Narenta in der Flur von *Oraowitza.* Nirgend im Sprengel ebener Ackerboden, aber sehr fetter hügliger Thonboden, der ausgezeichnetes Obst und Wein erzeugt.

9. Parochie Rakitno
(1846 von Seonitza abgezweigt).

Pfarre Podkletschani *	468 Seelen
½ Sutina *	462
1 Wrchpolje *	373
5 Dreznitza *	163

zus. 172 Fam. 1466 Seelen gegen 78 muhammedanische Familien (ca. 400 Seelen).

Die 3 ersten Orte liegen um die 1 St. breite, 2 St. lange[1]), sanft nach Osten geneigte, sehr fruchtbare, vom Bache *Rakitnitza* durchflossene Ebene *Rakitno,* über welcher in N der Berg *Schtitar* höher ansteigt. In *Wrchpolje* und *Deschnjowitza* bei Sutina finden sich grosse Burg- und Kirchenruinen, überall schöne alte Grabmäler. In *Dreznitza*, welches rings von unwegsamen, im Winter bei hohem Schnee aller Verbindung entbehrenden Bergen umschlossen, nur eine kleine Ebene hat, werden doch vorzüglich Wein und Feigen cultivirt; darüber die Ruine des *Grad-Petrilj*.

---

[1]) Also in der neuen österr. Karte, die auch die Ebene von Dreznitza ganz ignorirt, wohl zu klein gezeichnet.

10. Parochie Seonitza

(seit 1806, früher in Bukowitza), bildet den südöstlichen Theil der Hochebene *Duwno*[1]), in deren rauhem Klima Acker- und Gartenfrüchte wenig gedeihen (wie denn Kartoffeln und Mais erst kürzlich durch die Geistlichen eingeführt worden sind).

		Pfarre Seonitza *	194 S.
O	½	Tzrwenitze *	238
NW	¼	Omolje *	243
NW	¾	Bortschani *	238
NW	2	Kongora *	72
NW	2	Lippa *	120
NW	2 [3]	Mandinoselo *	86
W	2	Kowatschi *	31
—	2	Omerowitji *[2])	31
—	2	Tzebora *[3])	35
W	2	Brischnik *	291
W	1½	Tomitji *	154
W	1¼	Mrkodó *	300
S	½	Bukowitza *	374
S	¾	Butschitji *[2])	296
		zus. 370 Fam.	2990 S.

gegen nur 24 griech. orthodoxe und 20 muhammedanische Häuser.

Alterthümer: bei *Tzrwenitza* die Burgruine *Skenderia* umgeben von zahlreichen alten Grabmälern und eine 500 Schritt weit in harten Felsen ausgehauene alte Strasse zwischen den Hügeln *Jara* und *Ostretz.* Burgruinen und Gräber zu *Tzebora,* zu *Kongora,* Reste einer älteren Ortschaft und vieler Gräber bei *Bortschani;* andere bei *Žbanitza,* drei Burgruinen oberhalb *Omolje.* Viele alte Gebäudereste auch zu *Omerowitji,* wo jedoch noch merkwürdiger eine mächtige Höhle, mit vielfachen Menschen- und Thierspuren im Sande, über deren Verschwinden und Wiederentstehen viel Fabelhaftes erzählt und natürlich vom Volke Geistern zugeschrieben wird. Dicht beim Dorfe *Kowatschi* versinken die Gewässer der Ebene — vermehrt durch die starken Quellen zu *Lipa, Kongora, Žbanitza* — um weiter westlich wieder vorzubrechen und den Sumpf *Buschko-Blato* zu bilden.

1) Der Autor wiederholt p. 131 aus Farlati die etymologischen Gründe für Gleichstellung dieses Namens mit dem alten *Delminium,* giebt aber zu, dass sich nirgends erhebliche Reste finden, welche auf eine alte Stadt deuteten, was er dem noch jetzt hier üblichen Holzbau zuschreibt; vgl. ob. S. 194.

2) Diese beiden nicht in der neuen Karte, nur nach Erkundigungen in Blau's Karte der Hertzegowina von 1861, das letzte an der Stelle, wo die neue Karte (durch Stichfehler?) das sonst unbekannte *Banići* hat.

3) *Zebara* nur bei Rośkiewicz.

11. Parochie Županjatz

(seit 1861, früher in Mokronoge, 1829 von Seonitza getrennt).

		Pfarre Županjatz *	164 S.
SW	½	Kolo *	190
SW	1	Podgaj *	112
SW	⅓	Joschanitza *	15
SW	⅓	Stipanitji *	365
N	⅛	Blažuj *	76
N	⅜	Eminowopolje *	84
N	1	Mokronoge *	82
N	1	Lug-Kuk *[1])	81
N	[1]	Sarajlije *	254
N	1¼	Sargiani	52
N	[O!] —	Opletjani *	25
N	1¼	Wedaschitj *(Vodašić' *)*	184
N	1	Letka *	144
N	1½	Wutschipolje	12
		zus. 293 Fam.	1939 S.

daneben, besonders in dem weitläufig (½ St. lang) gebauten Hauptort, wo sich auch eine griechische Kirche und 2 Moscheen finden,

240 griech. orthod. }
120 muhammedan. } Familien, [2])
30 Zigeuner- }

Nördlich oberhalb des Ortes grosse Burgruine, ½ St. südlich Reste eines alten Strassendammes oberhalb *Ostrožatz* berganführend, wo viele Alterthümer gefunden wurden. Bei *Eminowoselo* der wohlerhaltene alte Thurm *Jankowa Kula.* In *Blažuj* zwei Burgen, in *Wukowine* viele alte Gräber mit Sculpturen von Rittern, Nymphen, Thieren, in *Lug* ähnliche Gräber und eine grosse Burg, in *Kuk*

1) Wohl *Potkuk* in Blau's K. d. Hertz.

2) Also gesammte Seelenzahl etwas über 3000, wovon die Katholiken nahezu ⅔ ausmachen.

ebenfalls eine Burg, bei *Sarajlije* 4, bei *Letka* und *Wedaschitj* je 2, bei *Opletschani* 3, bei *Serdjani* sogar 6, bei *Raschtani* mehrere Burgen (??)

12. Capellanie Schuitza,

seit 1864 von Županjatz getrennt, im NW. Theil der Ebene Duwno.

Pfarre Schuitza *	250 S.
¼ Scharampow	221
½ Galitjitj *	125
½ [1¼] Baljtji *	23
½ Bogdaschitj	108
3 Rilitj *	18
3 Malowan *	28
zus. 86 Fam.	773 S.

daneben 13 griech., 15 muh. Familien.
Südlich von Schuitza Reste einer alten Stadt, *Strzaj* auch *Ungaratzgrad* (Ungernburg) genannt.

13. Parochie Grabowitza

in der Ebene Buschko-Blato, seit 1828 von Widoschi abgezweigt.

Pfarre Grabowitza *	242 S.
O ½ Dobritji	265
S ½ Korita	138
S 1 Bukowagora (*Bukowica* *?)	130
S 2 Kazaginatz (*Kazanac* *)	129
S 1¼ Renitji (*Ranić* *)	72
S 1½ Rascheljka *	86
W 2 Liskowatscha *	91
N 1 Prisoje *	489
N 1¼ Podpriwala * 1)	58
N 1½ Wrilo * 1)	160
zus. 214 Fam.	1882 S.

nur 5 griech. Familien, keine Muh.
Die See-Ebene *Buschko-Blato*, der südlichste und tiefste Theil der längs des ganzen dalmatischen Grenzgebirges nach Norden hinauf bis zur Kraina sich erstreckenden, sehr schwach geneigten Ebene ist mitunter selbst bis in den Sommer hinein noch mit Wasser bedeckt, welches besonders der starke Bach *Ritschina* von der höheren Ebene *Duwno* zuführt 2); im Winter bilden die Wassermassen öfters eine meilenlange Eisbahn. Im Kalkgebirge von *Grabowitza* findet sich, nahe dem Oertchen *Brischnik-gornji* eine ca. 10 Ellen tiefe, kreisrunde, von senkrechten Felswänden umschlossene Einsenkung und mehr östlich davon eine grosse Tropfsteinhöhle (*Grabowitschka-Petjina*) von 30 Ellen Höhe und so geräumig, dass sie 3000 Schafe fassen kann.

Burgruinen und alte Grabmäler zu *Renjitji*, *Korita* und *Grabowitza* (am Bache *Mukiznitza*), eine Kirchenruine zu *Prisoje*.

14. Parochie Roschkopolje

im Gebirge, östlich der vorigen, überragt vom quellreichen Berge *Zawelim*.

Pfarre Roschkopolje * 1)	369
O ½ Hambar (*Ombar* *)	168
S ½ Krnjin *	62
O ½ Radoschi *	42
N ½ Zaljutje *	72
N 1 Wojkowitji *	191
S 3 Winitza * 2)	795
zus. 182 Fam.	1699 S.

nur 1 griech. Familie, keine Muh.

15. Parochie Poschuschje.

Der Name, welcher „ausgetrocknet" bedeutet, gehört einem ehemaligen Seebecken von 1 St. Breite, 4½ St. Länge, mit geringer Senkung von O. nach W., bezeichnet durch den meist trockenen, nur in einiger Tiefe stets Trinkwasser enthaltenden Bachlauf *Topala*, wie überhaupt Wassermangel

---

über gelegene Kastell von Liwno aber mit 788, die Mitte der Duwno-Ebene mit 909 Meter bezeichnet ist.

1) In der öst. K. stehen nur die Bergnamen *Privala* und *Vrelo-brdo*.

2) Bestätigt durch die Höhenmessungen nach der neuen österr. Karte, wo sie allerdings für die grosse Ebene noch ganz vermisst werden, das darüber

1) Auffallender Weise sind gerade diese beiden grössten Kirchdörfer, wie sie der Schem. nennt, in der neuen Karte nicht als Dörfer, sondern nur als Gesammtnamen für die betreffenden Thalbecken eingetragen. Auffallend ist übrigens in unserem Document die Abweichung der Orthographie des Hauptnamens, der p. 153 zweimal, auch in der Überschrift, so wie oben gedruckt erscheint, p. 155 dagegen im Verzeichniss der Ortsnamen Raškopolje, welches nach Blau richtiger sein soll.

die Fruchtbarkeit der Ebene beeinträchtigt. Im Osten wird sie überragt vom Berge *Wranitj*, im N. vom *Radowan* und *Zawelim*, im S. von der *Goritschka-Strana*.

Pfarre		Jukitja-mahla *	301 S.
O	1	Raschtowatscha *	624
O	2	Brotjanatz *	537
S	3	Gradatz *	467
S	1	Butin *	354
S	½	Osoje *	322
W	½	Tschitluk *	364
W	1	Winjani *	371
W	3	Wir *	406
W	3	Zagorje *	220
		zus. 554 Fam.	3966 S.

ohne andere Confessionen.

Burgruinen finden sich auf dem *Radowan* oberhalb des Pfarrorts, zu *Glawitza*, *Zagorje*, *Iwowik*, *Staropolje*, *Wutschipolje*.

16. Parochie Goritza

(seit 1831 von Poschuschje abgezweigt).

Pfarre		Goritza *	327
W	½	Sowitji *	996
O	¼	[O!] Grude	468
S	1½	Dubrawa	76
		zus. 254 Fam.	1867 S.,

nur 2 muhammedanische Familien.

Die ersten drei Orte liegen am nördlichen Bergrande (*Strana*) der über die Grenze nach Dalmatien hinein sich erweiternden Thalebene der *Wrljka* oder *Radawa*; *Dubrawa*, dessen Name „Eichwald“ bedeutet, noch vor kurzem in einem solchen, der jedoch in letzter Zeit ganz ausgerodet worden ist, inmitten der Ebene. Bei *Goritza* Ruine einer Burg; über 200 zum Theil prächtige Grabsteine sind beim Neubau der Kirche (beendigt 1858) verbraucht worden [1]), am Nordende des alten Friedhofs Trümmer, unter denen Vf. 1856 ein altes Badegemach mit kunstreichem Mosaikfussboden fand. Andere Reste grösserer alter Gebäude sollen zu *Bobanowa Draga* existiren; Burgruinen und Grabmäler zu *Krstina*.

17. Parochie Ružitji. [2])

Pfarre		Ružitji *	431 S.
	½	Politze	105
	¼	Seline	180
S	2	Tihaljina *	864
S	3	Zaside	46
S	3½	Brdo	146
W	3½	Sebischina	52
W	2½	Plotzi	122
W	2	Bowani	101
W	2½	Drinowtzi	662
W	2	Kongora	5
W	1½	Blazewitji	83
N	1½	Alagowatz	125
N	1½	Krischtelitza	28
N	1½	Grude poljem („in der Ebene“)	139
N	3	Grude brdom („auf der Höhe“)	223
N	2½	Wischnjitza	133
N	1½	Dragitschina (*Dragotin* *?)	269
O	1	Pojana Wlaka	162
O	1½	Tzerowidó	30
O	2	Boraina	39
O	2½	Wlake	37
		zus. 550 Fam.	3997 S.

Keine andern Confessionen im Sprengel.

In diesem ganzen Berglande sind tiefe Höhlen und Schlünde des Kalkbodens, durch welche die Gewässer versinken, häufig; die grössten jener

---

[1]) Als Beispiel der Leistungsfähigkeit der hiesigen Landbevölkerung erzählt Vf. (S. 161), dass die Schwierigkeit der Herbeiführung der zum Bau nöthigen Steine, die zunächst bei *Osoje* in der Ebene Poschuschje, also 2½ St. entfernt, zu brechen waren, dadurch umgangen wurde, dass der Transport den einzelnen als Kirchenbusse auferlegt wurde, wo dann Männer und Frauen bis 140, ja 160 Pfund schwere Steine auf ihren Schultern herzu trugen. Dem Kaiser von Oesterreich wurde ein Kostenbeitrag von 1500 Fl. verdankt.

[2]) Dieser Sprengel, obwohl dicht an der dalmatischen Grenze, südlich des 16ten, im oberen gebirgigen Thal des *Trebižat* gelegen, ist doch von neuern Recognoscirungen bisher unberührt geblieben, daher auch in den neuesten Karten nur mit Wiederholung veralteten Materials so ungenügend gegeben, dass nur 2 von den 22 Orten mit Sicherheit nachgewiesen werden können.

Höhlen, zugleich auch Eisengruben, finden sich bei *Ružitji* selbst und bei *Tihaljina*. An der *Wrljika* (vgl. p. 165 mit 160) findet sich der an überaus fetten Fischen reiche See *Krenitza*. [1]) Reste alter Burgen zu *Blažewitji, Dragitjina, Drinowtzi, Jakschenitza* [2]) (auf der Anhöhe *Markowa - Glawitza*), *Markowischte* [3]), *Nezdrawitza* [4]), *Tzerowidó*, *Tihaljina*. Bei letzterm sollen sich auch (nach Schem. p. 165) Spuren der alten nach Narona führenden Römerstrasse finden. [5])

18. Parochie Weljatzi
(seit 1837; früher in der Stadt Ljubuschki, wo die Register mit 1785 beginnen, dann kurze Zeit in *Wojnitji* und in *Schipowatscha*).

Pfarre	Weljatzi *		494 S.
S 1	Schipowatscha		243
W 1¼	Wojnitji [6])		295
W 2¼	Dole		163
N 1	Klobuk *		666
N 2	Schiljawischta		137
O 1	Witina *		695
O 1	Grab *		297
O 1	Otok *(Otunj* *)*		220 S
O 1¼	Wascharowitji *		365
O 1¼	Grabownik * [1])		278
O 2	Proboj *		163

zus. 654 Fam. 4027 S.

Keine Griechen, nur in Witina 27 muhammedanische Häuser.

Ausserordentlich fetter und wohlbewässerter Boden der 4 St. langen und fast ebenso breiten, bei dem warmen Klima überaus ertragreichen Ebene, in der seit 1841 durch Ali-Rizwanbegowitj-Pascha auch Reiscultur eingeführt wurde., — Steinbrücke *Mlade* über die Trebizat, erbaut 1865; die unter österreichischer Mitwirkung begonnene Regulirung der Flussläufe der Ebene ist noch nicht durchgeführt. *Klobuk* (d. i. „Hut") heisst ein neben dem danach benannten Dorfe mitten aus der Ebene steil sich erhebender Felshügel, mit vielen Quellen bis zum Gipfel, auf dem die Ruine einer alten Kirche befindlich. Antike Grabmäler in *Klobuk, Grab, Bolji, Gratschina, Goritza* und *Schipowatscha*; Burgruine bei *Orahowlje*.

19. Parochie Humatz
(seit 1855 von Weljatzi getrennt; im südöstlichen Theile derselben Ebene).

Pfarre	Humatz *		371 S.
N 1	Radischtschitji *		610
N ½	Ljubuschki (Stadt) *	}	390
O 1	Ligat *		
O 2	Studentzi [1])		399
S ¼	Witaljina *		137
S ¼	Teskera		90
S 1	Ardomelje *(Radomilje* *)*		154
S 2	Zwiritji [2])		178
S 2	Biatscha * [3])		198
S 2¼	Stupitza *		84
W 1	Lisitze *		265
W 1¼	Tzrweni-grm *		351
W 2	Podprolog [4])		180

zus. 520 Fam. 3407 S.

Daneben 530 muhammedanische, 30 griechische Familien, fast nur in der

---

[1]) Einen See, welchen die *Verlika* bildet, verzeichnet auf türkischem Gebiete, ohne einen Namen, zu bezeichnen, bei den Dörfern *Vodovic* und *Orovlje* (welche unser Verzeichniss auffallender Weise nicht enthält, obwohl das letzte unten in den topographischen Notizen genannt wird) die neue österr. Karte.

[2]) Nur als Bachname von Blau citirt oben S. 41, auf den Karten fehlend.

[3]) Wohl identisch mit der eben genannten, da ein Ort dieses Namens im Verzeichnisse fehlt.

[4]) Fehlt gleichfalls im Verzeichnisse. obwohl es die Karten, schon die älteren, verzeichnen, s. auch oben S. 41.

[5]) Vgl. oben S. 41.

[6]) Wenn dies identisch ist mit dem in der österr. Karte bezeichneten *Vojnic'*, so ist letzteres falsch placirt, da es durch das zu 17 gehörige Tihaljina von den übrigen Orten des Sprengels getrennt wird; Blau's Karte von 1861 setzt es nach Erkundigungen nördlich von Orowlje und Weljatze; auch das grosse *Schipowatscha* findet sich nicht, obwohl es nach obiger Angabe dicht an der dalmatischen Grenze liegen muss.

[1]) Nur auf Blau's Karte der Hertzegowina 1861.

[2]) Falsch *Svetic'* bei Ros'k.

[3]) *Bihaska* bei Ros'kiewicz, *Bihatscha* bei Blau; fehlt in der neuen Karte.

[4]) An der österr. Grenze, jenseit deren in Dalmatien der Ort *Prolog* liegt.

Stadt *Ljubuschki*, deren katholische Gemeinde früher bedeutender war, wovon die Ruinen zweier Kirchen und eines Klosters zeugen. Burgruinen finden sich zu *Radischtschitji* (benannt *Krwnitze* „die blutige") und *Zwiritji*, Reste vieler antiken Steine zu *Gradtschina* und *Humatz* [1]), alte Gräber zu *Biatscha*, *Luke*, *Rudnitze*, *Studentzi*, *Witaljina*.

Gesammtzahl für das Vicariat der Hertzegówina 6911 Familien, 40311 Seelen, für die ganze Hertzegówina mit Trebinje 49243 Seelen.

PROVINCIA BOSNÆ ARGENTINÆ.

Eine *Vicaria Bosnae*, aus 8 Custodien bestehend, kommt schon 1260 beim Capitel zu Narbonne vor; von dem Hauptkloster zu *Srebrnitza* (der „Silberstadt") ist der im späten Mittelalter gewöhnliche Beiname *Argentina* hergenommen.

Die älteren Klöster Bosniens und der Hertzegówina (von denen nur drei noch erhalten) sind folgende:

Mili (Miloschewo bei Priepolje)		
Wessela Straża bei Skoplje		
Skakawa zwischen Tuzla und der Sawe		
Ussora am Flusse Ussora		
Laschwa bei Trawnik		
Jaitze } in den gleichnamigen		
Glamotsch } Städten		
Zwetschaj		
Zwornik, eingegangen		1523
Konjitz	„	1534
Mostar	„	1563
Ljubuschki	„	1563
Modritscha	„	1685
Srebrnitza	„	1686
Olowo	„	1687
Wissoko	„	1688
Gradowrch bei Ober-Tuzla	„	1688
Tuzla	„	1690
Rama	„	1695

[1]) Vgl. oben S. 42, wo die bezüglichen Nachrichten unserer Quelle ausführlicher behandelt sind.

I. Dioecese des Klosters Sudiska oder Sutinska.

A. Im Kreise Wissoko:

1. Parochie Sudiska.

Pfarre Sudiska *		226	S.
¼ St. Seotze *		129	
1	Aljinitji *	250	
1	Bjelopolje	54	
1	Bradaschi	50	
1	Lukobrdo	16	
1	Miljatschitji *	133	
1	Poljani *	319	
1	Ratanj	60	
1	Teschewo *[1])	118	
1¼	Bjelawitji *	206	
—	Bulitschitji	106	
—	Kopljari *	53	
—	Lutschitji	20	
—	Ritschitza	66	
—	Trnowtzi [1])	96	
—	Zajezda	51	
1½	Bischtrani	13	
—	Rasno *	26	
—	Slapnitza *	148	
—	Tschatitji *	149	
1¼	Zgoschtja	249	
—	Turbitji	42	
2	Dobuj *	34	
—	Gora	98	
2¼	Poritschani *	21	
—	Borowitza gornja *[2])	154	
2¼	„ dolnja	229	
2⅔	Lipnitza	60	
3	Slagoschtschitji	20	
3	Wukanowitji	108	

zusammen 3304 S.,
sehr wenig Griechen, aber viel mehr Muhammedaner.

Im Umfang des Sprengels liegen die Burgruinen *Bobowatz*, *Wrana*, *Stipangrad* und Kirchenruinen zu *Sudiska*, *Aljinitji*, *Zgoschtja* und *Zajezda*. Das Hauptkloster ist 1464 und 1524 zerstört, 1554 und 1821 neu erbaut, zählt jetzt 18 Mönche.

2. Parochie Waresch.

Pfarre Waresch (Stadt) *	1262	S.
¼ St. Diknitji *	28	

[1]) Nur in Blau's Karte und Routier.
[2]) Nur bei Sendtner, s. oben S. 191.

½ St.	Pototzi * [1])	150 S.
1	Kralupe	12
—	Pržitji	40
—	Tisowtzi	48
1¼	Daschtansko	15
—	Sjenokos	25
—	Stritzi *	80
1½	Mjir	40
—	Pogari	130
—	Ponikwa * [1])	13
—	Wischnjitzi	30
3½	Duboschtitza	6
		zus. 1879 S.,

Wenige Griechen, in der Stadt auch eine Zahl Muhammedaner.

Nach der Zerstörung von *Duboschtitza*, welches im 16. Jahrhundert Stadt war, durch die Türken, bauten sich die dortigen Eisenarbeiter in *Waresch* an.

3. Parochie Wiaka,
1839 von Waresch abgezweigt (östlich davon).

Pfarre	Wiaka gornja *	163 S.
½ St.	Wiaka dolnja	110
¾	Kokoschinatz	130
1	Krtschewine *	117
—	Radoschewitji	73
1½	Otjewia (* Očevlje)	240
1¾	Kamensko * [2])	147
2½	Jelaschke	181
3½	Dischtitza * [3])	80
7½	Tschizme	6
		zus. 1247 S.,

Wenige Griechen und Muhammedaner.

Klosterruine zu *Olowo*, Kirchenruine zu *Jelaschke*, Burg zu *Zwjezdan*.

B. Im Kreise Tuzla:

4. Parochie Soli oder (türkisch) **Tuzla** seit 1758.

Pfarre	Tuzla (Stadt) *	143 S.
½ St.	Oraschje	80
—	Slawinowitji	54
1	Bukinji *	45
—	Lipnitza * [4])	300
—	Udetsch	99
1½	Ljepunitze * [4])	178

[1]) Nur aus Sendtner's Itinerar, oben S. 191.

[2]) Nur in der Karte von Roskiewicz.

[3]) In den Karten nur als Bachname, rechter Zufluss der Kriwa-Rjeka N. von Wiaka.

[4]) In den K. *Lipnik* 2 St. und *Lepnica* 2½ St. NW. von Tuzla.

1¼ St.	Rapatsche	48 S.
1½	Pogorjetz	197
2	Grabowitza *	386
—	Kalaewo	387
—	Mramor	60
		zus. 1977 S.

Mehr Griechen und Muhammedaner.

5. Parochie Morantschani,
1856 von Tuzla abgezweigt (W. davon).

Pfarre	Morantschani	114 S.
¼ St.	Ziwinitze	358
½	Ljubatsche *	203
¾	Usino *	462
1	Poljana	127
—	Pastzi	103
1½	Dubrawe	187
—	Paorselo	137
2	Požar Medoewitj	78
		zus. 1719 S.

Wenig Griechen, viel Muhammedaner.

6. Parochie Breschke,
1839 von Tuzla abgezweigt (N. davon).

Pfarre	Breschke * [1])	284 S.
1 St.	Dokanj *	250
—	Obodnitza * [1])	405
—	Dragunja dolnja *	153
1½	Dragunja gornja	114
—	Tschanitji	190
2	Drapnitji *	87
—	Lipnitza	263
2½	Drientscha (Drince*)	376
3	Jasjenitza *	151
		zus. 2273 S.

Wenig Muhammedaner, nur in Gornja Tuzla einige Griechen.

C. Im Kreise Brtschki:

7. Parochie Zowik (S. von Brtschki, uralt, aber mit 1856 neu erbauter Kirche).

Pfarre	Zowik-Gornji *	290 S.
½ St.	Zowik-Dolnji	153
—	Schtreptzi*	256
1½	Botje	258
—	Bodezischta-gornja [2])	284
—	Dubrawitza (Dubrawa*)	88
		zus. 1329 S.

Viele Muhammedaner, noch mehr Griechen.

[1]) Vgl. S. 191.

[2]) Mir nur aus Franz Maurer's Reise bekannt, der falsch Boderischta schreibt, s. dessen Karte.

8. Parochie Ullitze,
1839 von Zowik abgezweigt
(NW. davon).

	Pfarre Ullitze	259	S.
½ St.	Rogozan	111	
—	Wukschitj	559	
1	Raitj *	346	
—	Ùlowitj *	286	
—	Witanowitji	160	
1½	Goritze *	240	
—	Markowitj Polje	488	
2	Krewschitj *(Krespić*)*	194	
—	Žabar	49	
	zus.	2698	S.

Viele Griechen, keine Muhammed.

9. Capellanie Brtschki,
1862 von Zowik abgezweigt.

	Pfarre Brtschki (Stadt) *	114	S.
½ St.	Dizdaruscha	59	
—	Grtschitza	20	
1	Bodežischta-dolnja	83	
—	Tschadjawatz	56	
	zus.	332	S.

10. Parochie Dubrawe (W. von 9.)
früher zu Skakawa-gornja (wo Klosterruinen.)

	Pfarre Dubrawe *	335	S.
1 St.	Bjela *	483	
1	Blažewitj *	132	
1	Hrgowi-dolnji*	326	
—	Skakawa-dolnja	394	
1¾	Tschetnitza	222	
1½	Poljatzi	207	
—	Skakawa-gornja *	373	
2	Hrgowi-gornji *	193	
3	Spionitza *	559	
	zus.	3224	S.

Wenig Griechen und Muhammedaner.

D. Im Kreise Gradatschatz:

11. Parochie Tolisa, seit 1802. [1])

	Pfarre Tolisa *	1080	S.
¾ St.	Kostrtsch (*Kosić**?)	547	
¾ St.	Ugljara * [1])	328	S.
—	Dolnja Mahla [1])	1331	
½	Bok	476	
—	Bukowa Greda	18	
—	Matitji *	562	
1	Ostraluka *	718	
	zus.	5060	S.

Ausserdem im Sprengel 60 griech. Familien und bei *Ugljara* 250 türkische, 1863 aus Serbien ausgewanderte Familien.

12. Parochie Widowitze,
1858 von Tolisa abgezweigt
(SO. davon).

	Pfarre Widowitze *	470	S.
½ St.	Kopanitze *	228	
¾	Jenjitj * [2])	97	
1½	Wutschilowatz *	32	
	zus.	827	S.

Wenige Griechen, keine Muhammed.

13. Capellanie Domaljewatz,
1860 von Tolisa abgezweigt (W. dav.).

	Pfarre Domaljewatz *	1156	S.
½ St.	Bazik * [3])	223	
½	Grebnitze (*Grebina**)	238	
	zus.	1617	S.

Nur in Grebnitze einige Griechen, keine Muhammedaner.

14. Parochie Tramoschnitza,
1802 von Dubrawe getrennt (S. dav.).

	Pfarre Tramoschnitza *	395	S.
½ St.	Tschardak	197	
—	Grab (*Grabowgaj* *?)	230	
1	Woditza	74	
1¾	Turitj *	419	
1½	Liporaschtje	153	
—	Orlowopolje	180	
—	Slatina *	315	
2	Gradatschatz* (Stadt)	65	
	zus.	2028	S.

Nur in der Stadt Muhammedaner, wenig Griechen.

[1]) Diese sämmtlichen Katholiken, erst 1683 aus Babinagreda und Schtjitar in Slawonien eingewandert, erbauten hier schon 1784 eine Capelle, welche aber im Türkenkriege von 1788 wieder zerstört wurde.

[1]) Beide Namen irrig in der neuen österr. Karte als Synonyma für ein Dorf eingetragen.

[2]) *Janjitza* bei Blau, oben S. 121; fehlt in den Karten.

[3]) *Batjik* und *Grednitza* bei Blau, oben S. 122.

15. Parochie Garewo
(an der unteren Bosna).
1820 von Tramoschnitza abgezweigt.

	Pfarre Garewo *	445 S.
½	St. Modritscha (Stadt) *	50
1	Dobrinja	129
—	Kladari (*Kladatsch* * ?)	
	-dolnji	337
	-gornji	99
—	Oteža	56
—	Tolisa	37
1½	Kornitza	239
1½	Tschardak	270
—	Jeowatscha	75
1½	Kuźnjatscha	119
—	Ledenitze *	79
—	Žiwkowopolje	93
2	Babeschnitza	118
—	Bare *	99
—	Bjeljewina	106
2¼	Rjetschani	320
		zus. 2671 S.

In *Modritscha* allein wohnen auch Muhammedaner, die dortige Moschee war ehemals Klosterkirche S. Elias; im Orte *Miloschewo* alte Kirche S. Nikolaus mit dem Grabmal des Ban Stjepan († 1357). Die Hauptkirche 1855 neu erbaut.

16. Parochie Tischina an der Sawe
bei Schamatz, als Capellanie 1848 von Garewo abgezweigt, Parochie seit 1858.

	Pfarre Tischina *	340 S.
½	St. Odmut	220
—	Tursunowatz	17
1	Asitj-dolnji *	237
1½	„ gornji	378
1	Prud *	636
2	Nowoselo (*Nowigrad* * ?)	117
		zus. 1945 S.

Daneben viele Griechen und in Schamatz 300 türkische aus Serbien 1863 vertriebene Familien.

E. Im Kreise Derwend:

17. Parochie Dubitza,
gewöhnlich nur *Poduwutschjak* „unter dem Wutschjak-Berge" [im NW der Bosna] genannt[1]).

	Pfarre Dubitza *	895 S.
½	St. Balegowatz	659
—	Zasawitza	204
1	Mrka-ada	174
—	Wlaschka Mahala	266
1½	Wojskowa	327
		zus. 2525 S.

Wenige Griechen, keine Muham. Die Hauptkirche 1857 neu erbaut.

18. Parochie Pototschani,
1854 von Dubitza abgezweigt (W. davon).

	Pfarre Pototschani[2])	256 S.
½	St. Joschawa	159
1	Duge-Njiwe	219
—	Lipik	206
—	Odžak *	52
—	Prnjawor	192
—	Srnawa	277
2	Wrbowatz *	174
—	Swilaj-dolnji *	534
2½	„ gornji *	235
—	Petjnik *	443
3	Botaitza	48
—	Brusnitza	206
		zus. 3000 S.

Wenige Griechen u. Muhammedaner.

19. Parochie Plehan, seit 1853
(früher zu Welike, Modran, Zelenike)

	Pfarre Plehan *	131 S.
½	St. Bukowatz	55
—	Kowatschewtzi	79
—	Stanitji	140
1	Modran *	235
—	Poljari	174
—	Schuschnjari	154

[1]) Ausser dem Hauptort keins der Dörfer auf den Karten, ungeachtet der Lage unmittelbar an der österreichischen Grenze!

[2]) Fehlt in den Karten, muss aber nach den Entfernungsangaben der bekannten Ortschaften an der östlichen Grenze des Sprengels, nahe bei Dubitza (17) liegen.

1 St.	Winogradine	47 S.
—	Zelenike *	110
1½	Božintzi	177
—	Dažnitza	231
—	Gradina	66
—	Wrhowi	169
—	Živinitze *	183
2	Derwend (Stadt) *	258
—	Ljupljanitza *	197
—	Polje	110
2½	Baschtschari	182
3	Bischina *	180
		zus. 2879 S.,

wenige Griechen; Muhammedaner nur zu *Derwend* und *Welika*.

20. Parochie Žerawatz,
als Capellanie 1856 von Plehan abgezweigt, Parochie seit 1862.

Pfarre	Žerawatz *	210 S.
¼ St.	Kulina *	213
1	Bukowitza (*Vukavica* *)	246
—	Grk *	177
—	Peratowtzi *	182
1½	Wrila	190
		zus. 1218 S.,

wenige Griechen, keine Muhammed.

21. Parochie Fotscha,
1799 als Capellanie von der damaligen Mutterkirche zu Modran abgezweigt, eigne Pfarre seit 1839.

Pfarre	Fotscha	470 S.
¼ St.	Prnjawor	131
1	Brezitzi	199
—	Bukowatz	216
—	Jehowatz [1])	394
—	Komaritza *	321
—	Lug	127
—	Mischintzi	235
—	Tunjestala	118
1½	Seotschanitza *	313
		zus. 2624 S.,

wenige Griechen u. Muhammedaner.

Alte Kirchenruinen zu *Mischintzi*, *Prnjawor* und *Seotschanitza*.

---

[1]) Nur bei Blau, oben S. 141, fehlt in den Karten.

22. Parochie Koratje,
1802 von Plehan abgezweigt (W. dav.)

Pfarre	Koratje *	426 S.
1 St.	Bjelobrdo (*Bitibric* *)	464
—	Gradatz	107
1½	Lužani *	126
2½	Kulinowitzi (*Rutenowci!* *)	43
		zus. 1168 S.,

wenige Griechen u. Muhammedaner.

23. Capellanie Brod [1])
1864 von Koratje abgezweigt.

Pfarre	Brod (Stadt) *	40 S.
½ St.	Kritschanowo	250
—	Sikowatz *	86
1	Kolibe	138
—	Lužtschani (*Lisće?* *)	246
1½	Ototschak	222
2	Humka	53
		zus. 1035 S.

Die Griechen und Muhammedaner fast alle in der Stadt *Brod*.

F. Im Kreise Teschanj:

24. Parochie Komuschina,
uralt (im obern Ussora-Thal).

Pfarre	Kloster Komuschina *	150 S.
¼ St.	Podkondžilo	68
—	Slatina *	187
1	Kamenitza *	90
—	Mrschitji	90
—	Studentzi *	95
1½	Bežlja	137
—	Prjeprosta *	229
—	Prischtina *	155
—	Wrutjitza *	96
3	Baritji	242
		zus. 1539 S.

Viele Griechen und Muhammedaner.

25. Parochie Siwscha,
1802 von Komuschina getrennt (an der untern Ussora).

Pfarre	Siwscha [2])	253 S.
½ St.	Alibegowtzi *	161

---

[1]) Auch hier an der österreichischen Grenze fast alle Orte den Karten unbekannt.

[2]) Die Orthographie bestätigt auch Kowatschewitj; in der öst. K. in *Tivsa* entstellt, auch gegenüber den andern Ortschaften zu weit östlich gerückt.

¼ St.	Lontschari *	79 S.
1	Omanska *(Omainslev!*)*	392
1¼	Ularitze *(Uravice*)*	210
2	Blazewtzi	205
—	Miljanowtzi *	78
—	Prisadi *	73
3	Makljenowatz *	129
		zus. 1580 S.

Wenige Gr. u. Muh.

26. Capellanie Žabljak,
1863 von Siwscha getrennt (S. dav.)

Pfarre Žabljak *		208 S.
1 St.	Kraschewo *	32
—	Pototschani	51
—	Rosulje	36
—	Tschifluk	40
—	Tzerowatz	82
1½	Jelowa	72
—	Mrawitji	63
—	Wukowo *	156
2	Rakowitza	54
—	Teschanj (Stadt) *	21
2½	Tugowitji	28
		zus. 845 S.

Fast nur in der Stadt Muhammedaner und Griechen.

G. Im Kreise Banjaluka:

27. Capellanie Popowitj,
1849 von Siwscha getrennt (W. davon im Ukrina-Thal).

Pfarre Popowitj		191 S.
1 St.	Dragalowtzi *	178
3	Prnjawor *	3 (?)
3½	Drenowa	90
		zus. 462 S.,

sehr viele Griechen, wenig Muham.

II. Dioecese des H. Geist-Klosters zu Fojnitza.

A. Im Kreise Fojnitza:

1. Parochie Fojnitza.

Pfarre Fojnitza (Stadt) *		809 S.
¼ St.	Pazarnitza	16
—	Rawna	10
—	Schawnik	32

¼ St.	Banja	51 S.
—	Luka	19
—	Selakowitji	63
½	Gradina	23
—	Putljewatsche	15
←	Zarastin	4
1	Borak	5
—	Ostružnitza *	130.
—	Ragale *	78
—	Tjeschilo *	118
1½	Bistritza *	216
—	Tzwjetownja	44
—	Gwozdjani *	146
—	Schtjitowo *	111
—	Wladitji	7
2	Mujakowitji *	36
—	Obojak	19
—	Otigoschitj[1]	45
—	Ponjuschina	14
—	Prokos *	11
2½	Djedowdò	47
		zus. 2069 S.,

keine Griechen, viele Muhammedaner.

Burgruinen zu *Kozo*, *Gradina* und *Zwonigrad*.

2. Parochie Brestowsko,
seit 1858 (als Capellanie schon 1851) von Fojnitza abgezweigt (NO. davon).

Pfarre und bischöfliche Residenz Brestowsko *[2]		329 S.
1 St.	Oraowo *	336
—	Swinjarewo *	93
1½	Milodrazewo *	137
—	Mrakowi	153
1¼	Ljeschewo *	78
2	Dotzi	59
—	Ertzezi	49
—	Gomjonitza *(Govjenica!*)*	56
—	Wischnjitza	162
		zus. 1452 S.

Viele Griechen und Muhammedaner.

---

[1] Liegt nach Kowatschewitj bei der in Blau's Karte angegebenen Burgruine Zwonigrad.
[2] Steht in der neuen Karte doppelt; nach den hier angegebenen Entfernungen anderer Orte ist das nördliche richtig.

3. Capellanie Busowatscha,

1840 von Fojnitza abgezweigt.[1])

Pfarre Busowatscha *		222 S.
¼ St.	Tzaritza *	72
½	Tschawka	53
—	Dubrawe **	50
—	Kula *	100
—	Rawan *(Ravna *)*	116
—	Skradno **	74
¾	Nowoselo **	130
1	Kupres *	86
—	Otschinitji **	36
—	Prosje **	91
—	Rasno	117
—	Solakowitji **	76
1¼	Putisch	89
1½	Rowna	73
2	Bukowtzi	103
—	Lugowi **	210
2½	Dobraljewo **	45
—	Dusina*	58
—	Zaitowitj	75
	zus.	1810 S.

Viele Griechen und Muhammedaner.

B. Im Kreise Jajtze[1]):

4. Parochie Jajtze

in der Vorstadt Kozluk, uralt.

Pfarre Kozluk **		270 S.
Stadt Jajtze *		339
¼ St.	Pijawitze **	174
½	Klimenta **	55
—	Lutschna *	28
—	Prudi **	99
—	Wolujak *	160
¾	Bare **	38
—	Magarowtzi **	29
—	Rjeka **	30
1	Bulitji *	38
—	Tzarewopolje **	252
—	Karitji **	64
—	Pschenik *	67
—	Podmilatschje **	199
—	Schibenitza **	74
—	Wrbitza **	99
1¼	Mile **	211
1½	Diwitschani *	77
2 St.	Bistritza **	193 S.
—	Doribabintzi **	110
—	Kupreschani **	46
—	Podliptzi **	17
—	Podstrane	51
—	Tzwitowitj **	58
—	Wukitschewtzi **	83
2¼	Smionitza **	98
2½	Barewo **	246
—	Bungorowina **	43
3	Beschpelj **	200
—	Daljewatz **	48
—	Wlasinje **	61
3¼	Seotschi **	107
	zus.	3654 S.

Muham. u. Griechen zerstreut.

C. Im Kreise Banjaluka:

5. Parochie Banjaluka.

Pfarre Banjaluka, Stadt *		928 S.
1 St.	Budžak	50
—	[2½] Delibaschino Selo *	66
—	Dragoblato	83
—	Madžir	51
—	Pawlowtzi *	53
—	Rebrowatz *	27
1½	Gawranitji	52
—	Presnatsche	78
2	Debeljatzi *	155
3	Dutzipolje	64
—	Prjetschani *	119
4	Rekawitza *	55
	zus.	1781 S.,

sehr viel mehr Griechen und Muhammedaner.

6. Capellanie Rakowatz,

1860 von Banjaluka abgezweigt (W. davon).

Pfarre Rakowatz *		61 S.
¾ St.	Petritjewatz	135
1	Motike *	223
—	Schargowatz (Scharagowci *)	202
1½	Tschiwtschie	125
1½	Derwischi *	45
—	Nowakowitji	31
—	Wuinowitji	76
	zus.	898 S.,

wenig Griechen, keine Muhammed.

[1]) Die mit ** bezeichneten Ortschaften nur aus Blau's Routen und Erkundigungen (s. unsere Karte), nur die mit * bezeichneten in den österreichischen Karten.

D. Im Kreise Prozor:
(Rama-Thal.)

7. Parochie Rama,
in Proslap seit 1781.

Pfarre	Proslap *	335 S.
¼ St.	Koptschitji *	104
—	Plotscha *	140
—	Podbor	150
—	Riptzi *	154
—	Sopot *	37
½	Kowatschewopolje	79
—	Lutschitji	54
—	Mluscha * 1)	46
—	Ženownitza	35
1	Jaklitji *	226
—	Knežitji	15
—	Warwara *	97
1¼	Gmitji *	205
1½	Družinowitji * 1)	61
—	Oraschatz	335
—	Rumbotzi *	452
—	Schlimatz	74
1¾	Lapsunj * 1)	81
2½	Prozor *	34
—	Wischnjani *	84
3	Scherinpotok * 1)	25
3½	Schkrobutschani *	51
4	Zwirnjatscha (Zwirnice*)	113
	zus.	2987 S.,

keine Griechen, viele Muhammed.

8. Parochie Trjeschtjani,
als Cap. 1837, als Pfarre 1858 von Rama abgezweigt (im untern Rama-Thal).

Pfarre	Trjeschtjani *	183 S.
1 St.	Ustirama *	105
1½	Doljani *	283
—	Slatina *	41
2	Goritza	70
2½	Sowitji *	229
—	Udusko	52
	zus.	963 S.,

keine Griechen, viele Muhammed.

9. Capellanie Uzdó,
1856 abgezweigt.

Pfarre	Uzdó *	178 S.
½ St.	Dojnawast *	149
—	Kramtschitji *	36
¾ St.	Orschljani 1)	65 S.
1½	Dobroscha *	51
—	Duge *	34
—	Ljubuntzi *	145
2	Lug *	39
—	Schtjipe *	163
4	Smrtschewitze	14
	zus.	874 S.,

keine Gr., wenig Muhammed.

1) Diese vier nur bei Roskiewicz und Blau's Routier, S. 160 ff.

E. Im Kreise Skopje:

10. Parochie Skopje.

Pfarre	Skopje (gornje) *	327 S.
¼ St.	Zwižde	42
½	Batuscha *	20
—	Krupa * 1)	74
—	Palotsch *	142
—	Podgradje	63
—	Uzritschje	60
¾	Bistritza *	181
—	Moschtjani	100
—	Wilitjapolje * 1)	91
—	Wrse *	115
—	Zjatsche	8
1	Dražewdó (*Draževo* *) 1)	40
—	Grnitza	56
—	Pidrisch * 1)	77
—	Raschnitza *	54
—	Ždrimtzi	93
1½	Dobroschin (*Dobrovina* *)	319
—	Duratbegowdó	98
—	Schugine-bare *	18
—	Woljitze *	359
—	Ritschitza-dolnja *)	70
2	„ -gornja	56
—	Boljkowatz (*Dolnivas!*)	6
—	Seotzi	42
3	Galitschitza	17
—	Malkowatz	10
4	Privor	51
	zus.	2592 S.,

wenig Griechen, sehr viel Muhamm.

11. Parochie Bugojno,
als Capell. 1844, als Pfarre 1858 von Skopje abgezweigt (N. davon).

Pfarre	Bugojno *	115 S.
¼ St.	Maloselo *	88
—	Jaklitj	76
—	Wesela-Straža	231
½	Beritja-Gaj	128
—	Poritschje *	88
— [1½]	Sultanowitji *	58

1) Aus Blau's Route, S. 157. 158.

½ St.	Tschauschlije *	68 S.
—	Tschipuljitj *	10
—	Tzrnitschje *	130
—	Wrch-Petj *	66
1	Bristowi	59
—	Glawitze *	217
—	Golobrdo *	168
—	Kula *	97
—	Tjurtschitja-Lug (Čučia*)	111
—	Udurlje	142
—	Ždralowitj *	28
1¼	Fakitji	17
—	Gmitji	94
—	Goruscha	62
—	Zla-Wlast	66
1¼	Boganowtzi	80
—	Gratschanitza	96
—	Kowtschitj (Kopsic'*)	71
—	Ljubnitj *	96
—	Odžak *	47
2	Derwetine	40
—	Guwna *	66
—	Korditji	68
—	Lendjerowina	256
—	Lužani	58
—	Okolischtje	26
—	Zaneschenowitji	160
2½	Korenitji *	31
—	Kotege *	45
—	Pawitze	14
—	Podriptzi (Pudrace *)	32
—	Prusatz *	91
3	Bojska	90
—.	Dolnji Wakuf * (Skoplje)	53
—	Jemanlitji (Jablan* ¹)	80
—	Skarte	66
	zus.	3685 S.

Viele Griechen und Muhammedaner. Burgruinen zu *Wesela-Straža* und bei *Korditji*, diese *Susjed-grad* genannt.

12. Capellanie Rastowo,

1862 von Skopje abgezweigt.

Pfarre Rastowo		123 S.
1 St. Sebežitj		69
	zus.	192 S.

wenige Griechen u. Muhammed.

¹) Bei Roskiewicz *Jemalje.*

III. Dioecese des S. Katharinen-Klosters zu Kreschewo.

(1524 nach Zerstörung und 1765 nach Brand neuerbaut, 1855 die Kirche vergrössert, jetzt 12 Mönche.)

A. Im Kreise Fojnitza:

1. Parochie Kreschewo.

Pfarre Kreschewo *		1910 S.
½ St.	Bjelowitji *	158
—	Kamenik *	59
—	Koisina * ¹)	144
—	Stoitschitji *	167
½	Alagitji	53
—	Komari *	75
—	Mratinitji *	153
—	Tzrkwenjak *	120
—	Wodowaj *	66
1	Poljani ²)	40
—	Rakowa-Noga ²)	49
—	Wolujak *	82
—	Zwižd	59
1½	Bukwa	154
—	Tzrnitji *	300
2½	Deževitje (Deševnica*)	202
—	Dusina *	108
	zus.	3889 S.

Auch viele Griechen und Muhammedaner. Zu *Deževitje, Dusina* und *Tzrkwenjak* Kirchenruinen.

2. Parochie Banbrdo,

1858 von Kreschewo abgezweigt.

Pfarre Banbrdo * ¹)		59 S.
¼ St.	Azapowitji	63
—	Omolje *	53
½	Boljkowitji *	65
—	Iwitza *	60
—	Tschubrin *	14
—	Žeželowo	41
—	Kowatschi *	43
1	Buzutzi	49
—	Mokrine	13
—	Rakowitza *	61
—	Toplitza	14

¹) Nur in Blau's Routier.
²) Sind natürlich zu unterscheiden von den beiden gleichnamigen Orten nördlich von Serajewo (oben S. 9, 94.)
³) Blau S. 167; in der neuen österr. K. nur als Bergname.

1 St.	Zabrdje	26	S.
1¼	Ljetowik	132	
1½	Duri *(Duchren *)*	160	
—	Pirin	20	
—	Zawrschje *(Zavesić !*)*	70	
2	Palež *	144	
—	Podkraj *	78	
2½	Borina	162	
3	Pariżewitji	79	
—	Podstinje *	153	
—	Rotilj *	35	
	zus.	1594	S.

Viele Griechen und Muhammedaner. Kirchenruinen zu *Podstinje* und *Rakowitza.*

B. Im Kreise Sarajewo:

3. Parochie Sarajewo [1].

(1853 neu erbaute Pfarrkirche.)

Pfarre	Sarajewo *	239	S.
1¼ St.	Butmir *	92	
—	Stup *	64	
1½	Ażitji *(Hadžić)* *	78	
1¾	Otes	68	
2	Bare *	37	
—	Doglodi	86	
2½	Tzrnotina	51	
3½	Gora	58	
4	Kožlje	34	
4¼	Kamenitza	66	
4½	Solakowitji	24	
—	Ulischtowitji	47	
5	Wischnjitza	37	
5¼	Tisowik	50	
5½	Kruzi	32	
6	Koposchitji	90	
		1191	S.,

sehr viele Griechen u. Muhammed.

C. Im Kreise Konjitz:

4. Parochie Podhum in Neretwa, seit 1820.

Pfarre	Podhum *	32	S.
½ St.	Gostowitji *	37	
—	Obrenowatz	60	
—	Prsowitji *	5	
—	Seonitza *	45	
½ St.	Trusina	74	S.
¾	Krtitji	22	
—	Prjeslap	59	
—	Sultitji	37	
1	Gorani *	47	
—	Kostajnitza *	221	
—	Ljesowna	114	
—	Oteležani *	18	
1¼	Buschtjak	42	
—	Falanowo Brdo *	26	
—	Obri	137	
1½	Kale *	12	
1¾	Bukowitza *	197	
2	Budischna Rawan	41	
—	Lipowtzi	23	
—	Newizdratzi *	15	
—	Selo	36	
—	Wischnjewitze *	104	
2¼	Mrakowo	34	
—	Raotitji	45	
2½	Bukowje	24	
—	Dobritjewitji	34	
—	Grewitji	21	
—	Jasenik	51	
—	Trebuj	17	
—	Wertzi *	123	
3	Bare	40	
—	Doschtjitza	25	
—	Gora Wratna *	92	
—	Kutjani	69	
—	Slawkowitji *	36	
—	Studentschitza	16	
—	Žuljitji *	30	
3¼	Omatlje *(Omoklje*)*	30	
—	Toschtjanitza [1])	42	
4	Plauzi	41	
—	Pożetwa *	41	
—	Treschnjewitze * [2])	44	
4¼	Repowtzi *	25	
		2358	S.

Wenig Griechen, viele Muhammed. Alte Kirchenruine in *Gorani.* Burgruine zu *Treschnjewatz.*

D. Im Kreise Teschanj:

5. Parochie Osowa (SO. v. Teschanj).

Pfarre	Osowa) [2])	255	S.
¼ St.	Goljeschtjitza	93	

---

[1]) Die Menge nicht nachweisbarer Namen zeigt, wie wenig bekannt selbst die nächste gebirgige Umgebung der bosnischen Hauptstadt in N. und S. immer noch ist.

[1]) Als Thalname *Teschanitza* bei Blau oben S. 22. 28.

[2]) Keinenfalls = Osvina der österr. Karte zwischen Tešanj und Maglaj,

— 218 —

¼ St.	Lupoglawa *	211 S.
1	Gromilitze	34
—	Lug	217
—	Waroschischtje	54
1	Wrbitza	74
—	Žeptsche (Stadt)*	165
1¼ [3!]	Orahowitza *	158
1¼	Bistritza *	91
1¼	Komschitji	73
—	Lutschitji	42
—	Radunitze	34
2	Brezitji	31
—	Brezowopolje	38
—	Papratnitza *	182
—	Rastuscha	17
—	Rawne *(Ravan*)*	124
—	Selischtja	34
—	Winischtje *	232
—	Zawidowitji *	158
2¼	Brankowitj *	79
—	Golubinje *	31
—	Tzerje	42
2½	Dewetine	104
3	Globaritze	46
—	Mischtschitji	55
—	Nowakowitji	50
—	Tjahitji	89
3¾	Tomitji	71
4	Lownitza	191
5	Wis	26
		3111 S.

Viele Griechen und Muhammedaner.

6. Capellanie Ponjewo,

1854 von Osowa getrennt (S. davon).

Pfarre Ponjewo *		140
¼ St.	Adže	105
—	Gajitj	99
—	Grabowtzi	43
—	Nowischeher *	9
½	Galowatz	57
—	Ljubatowitj *	196
—	Matina	140
—	Pire	119
—	Ozimitze *	102
—	Trupina * ¹)	126
1	Besche	39

liegt wahrscheinlich, wie die meisten der unsicheren Ortschaften dieses Sprengels auf der noch ganz unerforschten südöstlichen Seite des Bosna-Thales, Žeptsche gegenüber.

¹) Nur bei Roškiewicz.

1 St.	Brezje	44 S.
1¼	Tschustobrdo	69
1¼	Tujnitza	47
		1335 S.

Wenig Griechen, mehr Muhammedaner.

IV. Dioecese des Klosters St. Peter u. Paul zu Liwno.

(In dieser ganzen Landschaft jetzt mehr Katholiken als andere Confessionen.)

A. Im Kreise Liwno:

1. Parochie des Klosters St. Peter u. Paul zu Goritza bei Liwno

(erste in türkischer Zeit 1833 wieder neu begründete Kirche, das Kloster mit 9 Mönchen seit 1854.)

Pfarre Goritza *		63 S.
¼ St.	Liwno, Stadt *	1381
—	Žabljak *	97
½	Medja Drinowa	75
—	Rapowina	112
¼	Stupje	16
1	Golubitj	55
—	Guber-weliki *	99
—	„ mali *	66
—	Pototschani *	185
		2149 S.

Ziemlich viele Griechen und Muhammedaner. Im Schlosse zu *Liwno* die alte Kirche S. Lucas jetzt Moschee.

2. Parochie Widoschi,

(früher Radintschitj) S. v. Liwno. Capell. 1746, Parochie 1833

Pfarre Widoschi *		95
¼ St.	Lopatitze	42
—	Studba *	65
½	Grguritji	301
—	Potok	41
—	Smritschani	129
1	Dobro	239
—	Ositjani	90
—	Podhum *	275
1½	Mischi *	300
—	Warzerale *	268
—	Zagoritschani *(Zagorica*)*	191
2	Golinjewo *	260
—	Gradina	158
		2454 S.

An der Quelle der *Studba* die Burgruine *Radintschitj* und Reste eines Klosters S. Clara, am Fusse des Berges *Kameschtitza* Stadtruinen *Kanj* genannt, und grössere dergleichen *Grad-Bužanin* genannt, am Fusse des Berges *Tuschnitza*. Burgruine *Hum* auf dem Hügel *Tribanj* bei Podhum.

3. Parochie Tschuklitj. 1838 von Widoschi abgezweigt (SW. davon).

Pfarre	Tschuklitj *	96 S.
¾ St.	Tjosanlje*	78
—	Lipa *	155
—	Tribitj *	66
¾	Orguz	204
1	Bila *	246
—	Grborezi *	88
—	Prolog *	336
—	Srdejewitj *(*Srdić?)*	333
1¼	Komorani *	42
—	Zabrischtje *	124
1½	Držanlje	91
		1859 S.

Unterhalb Prolog Kirchenruine *Sweti Jerko* (S. Hieronymus).

4. Parochie Ljubuntschitj (W. von Liwno).

Pfarre	Ljubuntschitj *	203
½ St.	Žirowitj	75
1	Prisap	150
1¼	Strupnitj *	147
1½	Kowatschitj	123
—	Lusnitj	152
—	Priluka *	362
2	Tschelebitj *	164
—	Kablitji-mali *	78
2½	„ weliki *	210
3	Suhatscha *	99
		1863 S.

Kirchenruinen zu *Ljubuntschitj*, *Priluka*, *Suhatscha;* auch Ruinen einer römischen Stadt, jetzt *Wascharowina* genannt.

5. Capellanie Lischtani, 1856 von Ljubuntschitj abgezweigt (NW. dav.).

Pfarre	Lischtani *	217
½ St.	Rujani-gornji	302
1	„ dolnji *	348
—	Odzak *	230
—	Tjaitj *	145
1¼	Tschaprazlje *	71
		1313 S.

6. Capellanie Grahowo, 1863 von Ljubuntschitj abgezweigt (NW. davon).

Pfarre	Grahowo *	126
¼ St.	Pod Oblaj *(*Oblaj)*	139
—	Ugartzi *	26
¾	Korita	121
		412 S.

7. Capellanie Glamotsch (N. v. Liwno).

Pfarre	Glamotsch (Stadt) *	53 S.
¼ St.	Asitji	15
½	Jakar *	4
—	Kowatschewatz *	25
¾	Malkotschewatz *	12
1¼	Mladeschkowtzi *	3
—	Wisokowtzi	5
2	Hasanbegowitj	2
2½	Widimlje *	65
4½	Dragnitj	113
		297 S.

Am Hügel *Radaschlitj*, 2000 Schritt von Glamotsch, Reste eines alten Klosters.

B. Im Kreise Bihatj:

8. Parochie Bihatj (früher Wedropolje).

Pfarre	Kriz [1])	525
¼ St.	Bihatj, (Stadt)*	72
½	Priwilitza *	114
—	Wedropolje *	153
1	Kralje *	336
—	Wrkaschitj *	72
1¼	Golubitj *	318
		1590 S.

Viele Griechen und Muhammedaner.

C. Im Kreise Banjaluka:

9. Parochie Iwanjska.

Pfarre	Ružitji	86
¼ St.	Mamenitze	103
½	Rajkowitji	26
—	Walentitji	64
—	Wukowitji	12
¾	Abritji	39

[1]) Gerade diese bedeutendste Gemeinde mit neu erbautem Pfarrhause fehlt auf den Karten, nach den angegebenen Entfernungen zu schliessen, muss sie NW. von Bihatj am linken Ufer der Una liegen.

¾ St.	Bobia	29 S.
—	Gube	9
—	Jajtschewitji	13
—	Majdandžitja-Brig	40
—	Miloschewitji *	85
—	Žabari	67
1	Dikoewtzi	68
—	Dworani	145
—	Gagritze *	131
—	Gradina	46
—	Taraschewatz	91
—	Tzeritzi	70
1¼	Bukowitza *	243
—	Tschemernitza	26
1¼	Nabrdjani	7
—	Ramitji *	56
—	Schimitji *	525
2	Barlowtzi	234
—	Kuljani	107
—	Ojdanitji	74
—	Orlowatz	85
—	Stranjani	67
—	Užari	39
2¼	Zalužani	125
2½	Jablan	54
—	Matoschewtzi	75
3	Jaruga	30
—	Mitschje	192
3¼	Trn	107
4½	Kozaratz * (Stadt)	33
		3203 S.

Fast keine Griechen, Muhammedaner nur in der Stadt *Kozaratz*. Kirchenruinen zu *Jablan*, *Orlowatz*, *Trn*, Burgruinen zu *Gradina* und *Uzari*.

10. Capellanie Gradischka.

Pfarre	Gradischka (Stadt) *	266
½ St.	Brestowitschna *	97
1	Book	76
—	Matschkowatz *	136
2½	Dolina-gornja *	253
3	„ dolnja *	124
		952 S.

Griechen mehr als Katholiken nur in der Stadt *Gradischka* auch Muhammedaner.

D. Im Kreise Skopje:

11. Parochie Kupres (seit 1666).

Pfarre	Otinowtzi *	136
½ St.	Alaibegow-odžak * [1])	85
—	Begowoselo	33
½ St.	Botun	50 S.
—	Gorawtzi	72
—	Wrila *	66
¾	Barda	91
1	Kupres (Stadt) *	184
—	Kukawitze *	13
—	Kute	121
1½	Osmanlije *	331
—	Zloselo *	580
1¾	Juritschi	65
2	Bilipotok * [1])	114
2	Rastitschewo *	487
2½	Blagaj *	103
—	Malowan *	77
—	Margebare	?
—	Stražbenitza *(Stražbina)* *	91
		2699 S.

Viele Griechen u. Muhammedaner. Kirchenruinen zu *Blagaj*, *Kute* und *Otinowtzi*, Burgruine *Bostowatscha* bei Botun.

[1]) Nur bei Rośkiewicz.

V. Dioecese des Klosters S. Franciscus zu Gutschjagora.

A. Im Kreise Trawnik:

1. Parochie Gutschjagora (O. d. Stadt). Das Kloster sehr alt, 1764 nach einem Brande und 1857 neu erbaut, mit 9 Mönchen.

Pfarre	Gutschjagora *	445 S.
¼ [1½?]	Maljine *	261
½	Bukowitza *	140
—	Kula *	78
—	Mosori-Bando *	52
—	Radonjitzi	52
1	Bila *	144
—	Brajkowitji	176
—	Tschukle [2])	208
—	Oraschatz	52
—	Podowi *	85
—	Pokrajtschitji	250
—	Ritschitza * [1])	295
1½	Grahowtschitji	183
—	Miletitji	78
1¾	Konjewitji	64
—	Poljska *(Poiska *)*	102
2	Zaselje	35
		2700 S.

[1]) Nur bei Rośkiewicz.

[2]) Verschieden von *Tschikle* bei Rośk.; *Tschukle* oben S. 136, welches zu Zenitza gehört.

Keine Griechen, viele Muhammedaner. Reste einer antiken Brücke über die *Bila*, Burgruinen zu *Moschunj*, *Zabilje*, *Zaselje*, und eine erst 1846 durch Hadži Ali Pascha's Schatzgräbereien zerstörte, bis dahin wohlerhaltene über den Dörfern *Miletitji* und *Zagradje*.

2. Parochie Dolatz,

1827 von Gutschjagora abgezweigt, Pfarre seit 1855.

	Pfarre Dolatz *	840 S.
¼ St.	Grahowik *	350
—	Polje	250
—	Trawnik (Stadt) *	340
—	Wilenitza	110
½	Slimena *	405
¾	Putatschewo *	244
1	Pribilowitji	105
		2844 S.

Wenig Griechen, sehr viele Muhammedaner.

3. Capellanie Petjine,

1856 von Dolatz abgezweigt (S. davon).

	Pfarre Petjine *(Peće *)*	132 S.
¼ St.	Nowkowitji	61
¾	Ruda	65
1	Bukwitji *	29
—	Grgitji	54
1¼	Skakawtzi	30
1½	Adžitji	39
—	Djakowitji	47
—	Kowatschitji	66
—	Torine *	31
—	Zenepitji	64
1¾	Tjojluk	22
—	Margetitji	13
2	Senjkowitji *	39
2¼	Golobrdo	49
2½	Arambaschitji	24
—	Serwani	37
		802 S.

Auch Griechen und Muhammedaner.

4. Capellanie Butschitji,

1856 von Dolatz abgezweigt (S. dav.).

	Pfarre Butschitji *	530 S.
½ St.	Gladnik	88
¾	Rankowitji	137
1	Zaselje	41
1½	Kasapowitji	22
—	Rastowtzi	63
3	Ramska *	155
3½	Bistro	20
		1056 S.

5. Parochie Oraschje,

1832 als Capellanie, 1840 als Parochie von Gutschjagora abgezweigt; W. davon.

	Pfarre Oraschje *	213 S.
¼ St.	Owtscharewo *	90
—	Pilitja Dolatz	43
—	Raditja Brdo	73
½	Jankowitji	220
—	Kokoschari	58
—	Pirota *	66
—	Schipowik *(Šibovi *)*	166
¾	Bojna	83
—	Tziganska Mahala [1])	328
—	Mischkitja Brdo	149
1	Paklarewo	303
—	Widoschewitji	95
—	Zlokitji	9
1½	Djatzi	67
—	Schkulji	68
—	Wlahowitji	95
1¾	Schetjewo	35
2	Prijitji	189
2	Podkraj *	151
—	Wisokowitji	32
2½	Dželilowatz *	137
3½	Scheschitji *)	25
4	Karaula *	42
		2694 S.

Wenige Griechen, viel Muhammed.

6. Capellanie Jardo,

1561 von Gutschjagora getrennt (SO. davon).

	Pfarre Jardó *	140
½ St.	Krtschewine	18
—	Witez *	184
—	Zabilje	109
¾	Moschunj weliki *	141
—	„ mali	90
—	Wetscheritschka-dolnja * [2])	115
1	Brdo	85
—	Dubrawitza *	107
—	Gatjitze *(Gaciśće *)*	90
1½	Wetscheritschka-gornja	93
2	Kruschtschitza	166
—	Potschulitza *	78
—	Topola	212
		1658 S.

Keine Griechen, wenig Muhammed.

[1]) d. i. Zigeunerquartier.

[2]) In der öst. Karte nur als Bachname neben Vitez.

B. Im Kreise Zenitza:

7. Parochie Zenitza,
1836 als Capellanie, 1858 als Parochie von Gutschjagora abgezweigt.

Pfarre	Tzrkwitza *	191
¼ St.	Gromilitze	11
—	Kamberowitji	81
½	Ritschitze *	29
—	Zenitza (Stadt) *	91
—	Gratschanitza	23
1	Kloptsche *	108
—	Nowoselo *	64
—	Podbrižje *	120
1¼ St.	Tschajdraž *	108
—	Grm	71
—	Tetowo *	10
—	Wratza-dolnja	9
—	Zenitza-gornja *	125
1½	Dobriljina	56
—	Kozartzi	58
—	Razpototschje	163
—	Wisokowtzi	42
—	Wratza gornja	46
1¾	Jagoditji *	35
—	Obrenowtzi	21
2	Babino *	79
—	Driwuscha *	31
—	Gradischtje *	41
—	Mutnitza	17
2¼	Stranjani *	88
2½	Janjatz *	68
—	Osojnitza	21
		1838 S.

Viele Griechen und Muhammedaner.

C. Im Kreise Jajtze:

8. Parochie Dobretitji.
(Kirche 1862 neu erbaut.)

Pfarre	Dobretitji *	185
1 St.	Jehitji	43
—	Kritschitji	79
—	Melina *	218
—	Poljari	72
1½	Bunar	40
—	Pawlowitji	41
—	Witolje *	8
—	Zapetje * 1)	73
—	Zubowitji	98
2	Oraschatz 1)	300
2½	Prisika	23
3	Mileschewtzi *	72
4	Koritjani *	266
		1518 S.

1) Nur in Blau's Routier S. 106.

Alle Orte rein katholisch, ausser *Witolje*, wo auch Griechen und Muhammedaner sind.

9. Parochie Kotor (sehr alt, aber jetzt nach Sokoline verlegt, NO. von Jajtze).

Pfarre	Sokoline *	139
1 St.	Tschepak *	133
—	Jakotine *	313
—	Kotorischtje *	88
—	Podstolje	72
1 St.	Rujewitza	93
—	Wischewitze *	83
1¼	Kotor *	71
1½	Baschtschina	194
—	Duratowtzi	147
—	Warosch-Slatina *	45
—	Wrbanjtzi *(Vrbanica*)*	231
2	Bilitze	165
—	Zabrdje *	299
2¼	Plitska (Bliska *)	340
—	Podbrdje *	245
—	Schibowi *(Zibovi)* *	247
3½	Oraowa *	314
		3279 S.

Viele Griechen u. Muhammedaner.

10. Parochie Wartzar, 1840 von Jajtze abgezweigt.

Pfarre	Wartzar *	453
½ St.	Podlisina	35
1	Majdan *	499
2	Lischkowitza *	678
—	Scheowtzi *	46
—	Kljutsch (Stadt) *	59
		1777 S.

Mehr Griechen, noch viel mehr Muhammedaner.

D. Im Kreise Starimajdan:

11. Parochie Sasina (bei Sanskimost), uralt.

Pfarre	Sasina *	531
½ St.	Kladowita	41
1	Scheowtzi *	31
1½	Kruhari *	116
—	Skrljewitza *	180
—	Timar *	35
2	Kiewo *	41
—	Trnawa *	135
2¼	Tromoschnja	49
3½	Kiljewtzi *	183

3½	St. Sratinska *	246 S.
5	Gomjonitza * 1)	271
6	Kozitza 2)	28
		1893 S.

Mehr Griechen und Muhammedaner.

F. Im Kreise Pridor:

12. Parochie Wolar, seit 1800 (zwischen Pridor und Nowi).

Pfarre	Schurkowatz	139
½	St. Gawranowitji *(Gavranić*)*	85
—	Schibowi	50
¾	Lipitzi	42
—	Schalaje	103
1	Krndije *(Kardije*)*	34
—	Widrenjak	44
1¼	Žune	253
1¾	Rawska *	183
2	Dżigaluscha	228
2½	Aghitji *	27
—	Pridor *	25
3	Zetzowi *(Čečovi *)*	36
4	Nowi (Stadt) *	33
		1282 S.

Viele Griechen und Muhammedaner.

1) Auf den österr. Karten nicht als Dorf, nur als Kloster nahe der Quelle des gleichnamigen Zuflusses der Sanna.

2) Die Entfernungsangabe passt auf das Dorf *Kovčica*, welches die österr. Karte oberhalb der Quelle eines östlichen Sana-Zuflusses ansetzt, dem sie den richtigeren Namen *Kozica* giebt.

13. Capellanie Stara-Rjeka, 1850 von Wolar abgezweigt.

Pfarre	Stara-Rjeka 1)	306
¾	St. Dżigalowatz	40
1	Brischewo * 2)	51
1¼	Moschtanitza	75
1½	Batkowtzi * 3)	136
—	Starimajdan (Stadt)	10
1¾	Lug	168
2½	Owanjska	43
2¾	Spainsko-Selo	14
4	Japra *	17
		860 S.,

ausschliesslich Katholiken, ausser der Stadt *Starimajdan*, wo auch Griechen und Muhammedaner sind.

1) Selbst der Name dieser nahe an der österreichischen Grenze gelegenen, von dort her mit Geistlichen versehenen grossen katholischen Pfarre fehlt auf der neuesten Karte, doch ist sie daselbst angedeutet durch die Bezeichnung „*Eisenhammer*“ N. von Starimajdan, an dem Flüsschen, welches sie selbst nur *Majdanšica* („Bergwerkswasser“), Kowatschewitj aber in seiner Beschreibung Bosniens, identisch mit dem vermissten Dorfnamen, *Stara-Rjeka* nennt, indem er sagt, dass dasselbe an Stari-Majdan vorbeifliesse.

2) Auf der österr. Karte wohl irrthümlich doppelt eingetragen als *Brisovo* im N. als *Briezovo* im W. von Starimajdan.

3) Nicht Bałkovci, wie in der österr. Karte steht.

Gesammtzahlen

I. Nach der kirchlichen Eintheilung

in der Dioecese	Sutinska	53005	in ganz Bosnien 132532.
„ „	Fojnitza	23057	
„ „	Kreschewo	13478	
„ „	Liwno (Goritza)	18791	
„ „	Gutschjagora	24201	

II. Nach der politisch-administrativen Eintheilung

im Kreise	Sarajewo	1191	im Liwa (Regierungsbezirk) Sarajewo 20793.
„ „	Konjitz (Neretwa)	2358	
„ „	Fojnitza	10814	
„ „	Wissoko	6430	

im Kreise	Trawnik	11754		
"	" Zenitza	1838		
"	" Prozor (Rama)	4824		
"	" Skopje	9168		
"	" Jaitze	10228	im Liwa Trawnik 50815.	
"	" Liwno	10348		
(dazu die kirchlich zur Hertzegowina, politisch zu Liwno gehörigen Gemeinden Schuitza und Grabowitza)		2655		
im Kreise	Bihatj	1590		
"	" Starimajdan	1893	im Liwa Bihatj 5625.	
"	" Prijedor	2142		
im Kreise	Banjaluka	7296		
"	" Derwend	14449	im Liwa Banjaluka 30155.	
"	" Teschanj	8410		
im Kreise	Gradatschatz	14148		
"	" Tuzla	5969	im Liwa Zwornik 27700.	
"	" Brtschki	7583		

Statistische Angaben aus Kowatschewitj's Beschreibung von Bosnien
(verfasst von Jukitj 1834, gedruckt in Belgrad 1851).

Die in diesem oben mehrfach angeführten, in serbischer Sprache gedruckten und daher in Europa wenig bekannten Buche enthaltenen Angaben über Landschafts- und Ortsstatistik, welche wir aus der auf Herrn Dr. Blau's Veranlassung angefertigten handschriftlichen Übersetzung hier folgen lassen, sind zwar ebenfalls schon älteren Datums und beruhen bei weitem nicht auf so genauen Zählungen, als die katholische kirchliche Statistik, können aber doch hie und da dienen, dieselbe in Beziehung auf die Vertheilung der beiden andern Confessionen, wenigstens im allgemeinen und relativ, zu ergänzen. Wir theilen natürlich hier nur solche Daten aus dieser Quelle mit, welche nicht schon in den oben abgedruckten Listen enthalten sind.

Hertzegowina.

Die Gesammtbevölkerung schätzt der Autor auf 290000 Seelen, darunter 180000 griechisch-orthodoxe, 42000 römisch-katholische (gegen 49200 der officiellen kirchlichen Zahlen), die der Hauptstadt **Mostar** auf 18000 (worunter 684 Häuser der griechisch-orthodoxen), die von **Trebinje** auf 3000. In den Bezirken (Nahia) **Prijepolje** 530, **Plewlje** 726, **Tschainitza** 240, **Fotscha** 650, **Ljubuschka** 1800 griechische Häuser, neben einer überwiegend muhammedanischen Stadtbevölkerung (Stadt Ljubuschka ca. 1000 Muhammedaner). In **Kolaschin, Nikschitj, Gatzko** nur wenige, in **Newesinj** 150 muham. Häuser in den Hauptorten, neben ausschliesslich griechisch-orthodoxer Landbevölkerung. In **Duwno** neben 800 römischkatholischen *) 60—80 griechischen, 400 muham. Häuser, von letzteren 60 allein in dem Hauptorte Županjatz.

Bosnien.

Die Gesammtbevölkerung zu 1,105000 geschätzt, nach Abzug von 6000 Zigeunern und 2500 spanisch redenden Juden, durchaus slawischer Zunge, darunter nur 384000 Muhammedaner, gegen 711500 Christen, und zwar 561500 griechisch-orthodoxe und 150000 römisch-katholische**).

Die einzelnen Kreise (Nahien) des südöstlichen Bosniens.

Wischegrad. In der Stadt 100 muh. 15 griech. Familien, sonst nur griechische Christen.

Rogatitza *(Tschelebi-pasar)*. In der Stadt und den (auf den Karten bisher fehlenden) Dörfern *Brankowitj* und *Wragolowitj* Muhammedaner neben Christen, sonst nur griech. Chr.

Serajewo. Alles bezügliche oben im Texte des Buches mitgetheilt.

Rama, ganz katholisch bis auf den Hauptort *Prozor* und das Dorf *Koptschitji*, wo auch Muhammedaner wohnen.

Kreschewo. In der Stadt neben 200 katholischen auch 30 muham. Familien.

Fojnitza. In der Stadt 150 kath. 150 muh. Fam.; auch *Ostružnica* hat gemischte Bevölkerung und *Busowatscha* neben 30 kath. auch 60 muham. Fam.; 1 St. von diesem Orte liegt der Bergwerksort *Medved* (auf den Karten noch fehlend).

Trawnik. Die Stadt soll 12000 Einwohner haben, im einzelnen 4500 muh. 354 kathol. 100 griech. 50 jüd. 80 Zigeuner-Familien (!). Das grosse Dorf *Karaula* an den Quellen der Laschwa hat eine aus allen drei Confessionen gemischte Bevölkerung.

Zenitza. Die Stadt 2000 Einwohner.

Die ehemalige Stadt *Wranduk* nur noch 10 Häuser.

Wisoko. Die Stadt 600 muh. 60 griech. Fam. Die Bergwerks- und Hüttenstadt. *Waresch* (mit Gold-, Silber-, Kupfer-, Eisen- und Schwefel-Minen) hat 200 kath., 30 griech. 100 muham. Häuser.

Kladanj. Die Stadt mit 300 Häusern fast ganz muhammedanisch, die Nahia gemischt muhammedanisch und griechisch.

Zwornik. Dieselbe Mischung; auch in der auf 8000 Einw. (zu hoch!) geschätzten Stadt.

Tuzla oder **Soll.** In der Stadt 1200, bis auf 40 christliche, durchaus muhammedanische Häuser, ebenso bei 150 Häusern in *Gornje* (Ober-) *Tuzla*. Das Land gemischte Bevölkerung.

---

*) Nach den Listen entsprechen diesen die 750 Familien in den Pfarreien Seonitza, Schuitza und Županjatz.

**) Offenbar runde Schätzung, daher etwas höher, als die aus den oben mitgetheilten kirchlichen Listen sich ergebende Gesammtsumme von ca. 132000.

Maglaj. In der Stadt 100 muham. 40 griech. Häuser. Das Land ganz griechisch.

Teschanj. Im Hauptort 250 muh. 150 gr., in der Stadt Žeptsche 200 muh. 80 gr., in *Doboj* 150 muham. Häuser, auf dem Lande mehr Griechen als Katholiken.

Posawina, d. i. Landschaft an der Sawe.

Bjeljina, ganz griechisch bis auf 200 muh. (neben 150 griech. Fam.) im Hauptort und 100 in *Janja*.

Brtschka (zur Posawina gehöriger nördlicher Theil des ehemaligen Kreises Tuzla). Im Hauptort 300 muham. 60 griech. Fam. Das Dorf **Brka** (nahe SW. vom vorigen) mit 50 Häusern ganz muham. Im Flecken *Raitj**) 150 muh. 40 griech. Häuser, in *Koraj* (SO. von Brtschka halbwegs nach Bjeljina) 100 muham. Häuser. Das Land überwiegend griechisch.

Gradatschatz. Im Hauptort nur 100 muham. wenige christl. Häuser. In der Stadt *Modritscha* 160 muh. 150 griech., in *Gratschanitza* 400 muh. 60 gr. Häuser, in der nahe dabei gelegenen Bergfeste *Sokol* 40 und in der östlicher gelegenen *Srebrnik* 60 muham. Häuser; sonst hat nur das Dorf *Turewtzi* bei Modritscha eine aus Griechen gemischte Bevölkerung; die Landbevölkerung ist überwiegend christlich; als bedeutendste der griechischen Confession angehörigen Dörfer werden genannt: an der Bosna *Miloschewatz*, *Koprivno*, *Osjetschani*; in der Sawe-Ebene *Obudowatz*, *Tschowitjpolje*, *Žabar*, am Gebirgsfuss zwischen Modritscha und Gradatschatz, *Skugritj*, endlich *Schkipowatz* (wahrscheinlich das Sipovac der österr. Karte, N. von Gratschanitza) und die in den Karten nicht verzeichneten *Brdjani*, *Rischtjanska* und *Tschrenik*.

Derwend. Im Hauptort 200 muh. 200 christl. Familien, ganz muhammedanisch sind *Kotorsko* an der Bosna mit 50, *Welika* N. davon mit 40, *Dubotschatz* an der Sawe mit 100 Häusern.

---

*) Dicht SW. bei *Brka* bezeichnen schon die älteren Karten, denen auch die neueste folgt, ein Dorf dieses Namens, offenbar das in den Kirchenlisten als katholisch zur Pfarre Ullitze gehörig angeführte; auf dieses passt jedoch nicht die von Kowatschewitj gegebene Ortsbestimmung: „an der Mündung der *Gnojitza* (welcher Flussname den Karten noch fehlt) in die *Tinja*"; möglicherweise giebt es also in dieser ungeachtet der Nähe der österreichischen Grenze noch sehr ungenügend erforschten Gegend einen zweiten Ort desselben Namens. Auch das vom Autor wegen seiner Mühlsteinbrüche angeführte muhammedanische Dorf *Testschak* sucht man in dieser Namensform vergeblich, wahrscheinlich ist es nicht verschieden von dem gegen die Drina hin, N. von Zwornik in allen Karten, von den ältesten bis auf die neueste, mit dem wie es scheint corrupten Namen *Theotschak* bezeichneten.

Krajina (sogen. türkisches Kroatien) oder der westliche Theil der Sawelandschaft.

Überwiegend griechischer Confession, Muslim fast nur in den Städten.

Banjaluka. In der Stadt 15000 Muhammedaner, nur 60 griech. und 40 (!) kathol. Familien. Ganz muhammedanisch sind *Prnjawor* (100 Häuser), *Wrbanjitza* *), *Bronzonjak* (Bronzeni-Majdan der Karten). Im Eisenhüttenwerk *Timar* angeblich 700 griech. Fam. (?)

Prijedor, 3000 muh. und griech. gemischte Einwohner **). Daneben das grosse muham. Dorf *Mataruga*. Griech. Kloster und Dorf *Moschtanitza****) mit Eisengrube am Nordabhang des *Kozara*-Gebirges***).

Krupa. Gemischte griech. und muh. Bevölkerung, im Hauptort 200 muham. Familien.

Ostrožatz, Im Hauptort 300, in *Tschazin* 400 muhammedanische Familien.

Bihatsch *(Bitje)* 4000 meist muham. Einw. in der Stadt, 100 muham. Häuser in *Izatschitj*.

Kulen-Wakuf. In dem auf einer Insel der Una gelegenen Hauptort 200 muhammedanische Häuser, im Dorfe *Klissa*, N. davon an der Una 100 Häuser, in der Stadt *Bilaj* 200 muh. 1000 griech., in *Petrowatz* 100 muh. 100 griech. Häuser.

Starimajdan. Im Hauptort 200 muh. 20 griech. Häuser, 60 Eisenhämmer. Sonst noch das grosse Dorf *Skuzani-Wakuf* und die Bergfeste *Kamengrad* muhammedanisch, das Landvolk meist griechisch, namentlich in den Dörfern *Tomina* und *Dabra*, südlich von Sanskimost, und *Agatschitja-Majdan, Banjawitza* und *Tjugaljewatz* unbekannter Lage.

Kljutsch. Im Hauptort 200, in *Kamitschak* †) 40 muham. Häuser; die südl. von Kljutsch im Sana-Thal gelegenen Dörfer *Rastoka* und *Serditze* (Srednitze?) griechisch; sonst auch auf dem Lande beide Confessionen gemischt.

Westliches Bosnien am Wrbas und bis zur dalmatischen Grenze.

Jezero *(Gjölhissar)*. Ausser dem Hauptort mit 80 muham. Häusern ganz griechisch, so namentlich die um die Sana-Quellen gelegenen Dörfer *Gornja-* und *Dolnja-Petschka*, *G.* und *D.-Mednja* (160 Häuser), *Wrbljani* (80 Häuser), *Podražnitza* (60 Häuser).

---

*) wo jedoch die Kirchenlisten, ob. S. 222, C, 9. 231 Katholiken angeben.

**) 1½ St. SW. davon an der *Ljubia* sollen Eisengruben bearbeitet werden.

***) Das Dorf fehlt in der neuen Karte, das Kloster nennt sie *Gornjoschewo* und nur dem dort entspringenden Bach giebt sie den Namen *Moschtanitza*.

†) So in der Manuscript-Übersetzung, wohl fehlerhaft, statt des N. von Kljutsch gelegenen, auch in Bozitj's Route oben S. 175 genannten Dorfes *Ramitji*.

Jaitze. In der Stadt 200 muham. Fam., in *Wartzar-Wakuf* 150 muh. 100 kath. 60 griech. Fam., 1 St. davon am Berge *Lisno* soll das aus 55 Häusern und Eisenhämmern bestehende „katholische" Dorf *Jeletsch* liegen, welches sich weder auf den Karten noch in den kirchlichen Listen vorfindet. Als griechisch wird bezeichnet der Flecken *Botschatz* am *Wrbas*, N. von Jaitze.

Skoplje *(Dolnji-Wakuf)* soll in der ganzen Nahia 8000 katholische und 9000 griechische Einwohner haben*), wovon auf die Hochebene *Kupres* 4000 Katholiken und 2100 Griechen, daneben noch 2000 Muhammedaner kommen. In *Gornji-Skoplje* 150 muham. Häuser. In dem, auch oben in den Listen (S. 216 Z. 2) angeführten Dorfe *Tschipuljitj* bei Bugojno 60 Familien griechisch-orthodoxer Zinzaren (Makedowlachen); bei demselben sollen sich römische Ruinen finden.

Ljewno (so geschrieben, vulgo *Liwno*). In der Stadt 300 muham. 214 kathol. 131 griech. Fam. In der ganzen Ebene von Liwno (Ljewansko-Polje) 8000 katholische**), 7100 griech. 4000 muh. Einw. In *Grahowo* an der *Zwiezda****) NW von Liwno an der dalmatischen Grenze 317 griechische Familien. Im Orte *Glamotsch* nur 13 muh. Fam., dagegen bilden diese die Mehrzahl in der sie umgebenden Hochebene.

Resultate der officiellen türkischen Statistik.

Werthvoller als die so eben mitgetheilten Schätzungen würden die Ergebnisse der seit 1851 wiederholt von Regierungswegen veranstalteten Zählungen sein, wenn sie einmal in hinreichendem Detail mitgetheilt und sodann nicht, wie alle solche Anfänge zu geregeltem Verwaltungswesen in halbcivilisirten Ländern, schweren Bedenken gegen ihre Zuverlässigkeit unterworfen wären. Solchen Zweifeln hat schon Hr. Blau selbst, bei Gelegenheit der Mittheilung der Ziffern für 1851 (im Preuss. Handelsarchiv f. 1865, S. 490)

---

*) In den Kirchsprengeln von Skoplje-gornje, Bugojno, Rastowo und Kupres, welche die Nahia umfasst, ergeben die Listen eine Summe von 9170 Katholiken, dagegen ist die specielle Zahl für Kupres in obiger Angabe offenbar übertrieben.

**) Hier ist eine Vergleichung mit den Ziffern der Listen, die in den 5 ersten Sprengeln von IV (S. 218, 19) über 9600 Katholiken ergeben, dadurch erschwert, dass viele der dort aufgeführten Ortschaften nicht in der Ebene, sondern an und in den umgebenden Bergen liegen.

***) So richtiger nach dem Autor als das *Swisda* der Karten.

Ausdruck gegeben, indem er die selbst an einem Punkte, wo eine Controlle durch unbetheiligte Europäer verhältnissmässig am leichtesten ist, in der Hauptstadt Serajewo, hinter den Ergebnissen der sorgfältigsten Schätzungen fast um die Hälfte zurückbleibende officielle Bevölkerungszahl nicht ohne Wahrscheinlichkeit „dem Interesse der Steuerbeamten, an die Staatskassen nur den Steuerbetrag dieser reducirten Zahl abzuführen" zuzuschreiben geneigt ist. Nicht minder fällt es auf, dass jene officiellen Zahlen für einzelne, noch dazu von zerrissenem Gebirgsland erfüllte und an natürlichen Hülfsmitteln hinter den fruchtbaren Thallandschaften der Sawe und der Bosna weit zurückbleibende Striche (Kreis Ostrožatz an der Una) gerade das absolute und für die Verhältnisse dieses Landes ganz unglaubliche Bevölkerungsmaximum von mehr als 2700 Seelen auf der Quadratmeile ergeben würden, während auf einen benachbarten Strich von nahezu gleichartiger Beschaffenheit (Kreis Kljutsch) nur der vierte Theil jenes Betrages entfallen würde!

Die wirklich ausgeführten Zählungen betreffen bekanntlich nur das männliche Geschlecht; wir erfahren aber nicht, ob dasselbe vollständig, oder aber (wodurch die scheinbar zu niedrigen Ziffern allerdings ihre Erklärung finden, die zu hoch gegriffenen aber alsdann um so irrthümlicher erscheinen würden) nur von einer gewissen Altersstufe an im Interesse der Besteuerung herangezogen und demzufolge in die Listen eingetragen ist. Nur unter jener Voraussetzung haben die überlieferten Ziffern für uns einen relativen Werth für eine ungefähre Schätzung des Verhältnisses der drei Hauptreligionen nach den einzelnen kleineren Verwaltungsbezirken, indem nämlich der Census von 1851, der einzige, welcher uns im Detail vorliegt, die beiden christlichen Confessionen zusammenfasst, sodass die auf die griechisch-orthodoxe Kirche entfallende Zahl nur durch Abrechnung der aus den kirchlichen Listen bekannten römisch-katholischen Seelenzahl ermittelt werden kann. Dass diese beiden Zählungen verschiedenen, wenn auch nicht entfernten Jahrgängen angehören, wird bei der geringen Bevölkerungsbewegung in diesem Gebiete schwerlich eine grössere Differenz verursachen, als dass wir die Schwankungen im Verhältniss beider Geschlechter (in welcher Hinsicht Hr. Blau nach Analogie der unter österreichischer Herrschaft stehenden südslavischen Länder ein kleines Uebergewicht des männlichen Geschlechts annehmen zu müssen glaubt) hier unberücksichtigt gelassen haben; jedenfalls werden diese Ungenauigkeiten weit überwogen durch die wahrscheinlichen Fehler des Zählungsmodus. Wir begnügen uns daher mit ganz runden Ziffern (Tausende vor, Hunderte nach dem Komma unter Weglassung der Nullen), indem wir die a. a. O. S. 488 von Hrn. Blau mitgetheilten Zahlen — natürlich für die Hinzurechnung des weiblichen Geschlechts verdoppelt — in den beiden ersten Spalten hier wiedergeben und ihnen in S. 3 und 4 die berechneten Theilzahlen für die beiden christlichen Confessionen beifügen.

Liwa's (Regierungsbezirke) und Kaza's (Kreise).	Zählung von 1851.		Zählung von 1865.	
	Muhammed.	Christen.	Röm. Kathol.	also Griechen.
Serajewo (Stadt)	15,2	3,7	0,2	3,5
„ (Land)	6,0	12,1	1,0	11,1
Wissoko	12,8	8,6	6,4	2,2
Fojnitza	5,6	8,8 *)	10,8	?
Neretwa (Konjitz)	2,3	3,1	2,3	0,8 (?)
Rogatitza	7,0	3,8	—	3,8
Trawnik	10,0	11,6 *)	11,7	?
Zenitza	10,5	5,6	1,8	3,8
Liwno mit Glamotsch	7,0	17,3	13,0	4,3
Akhissar (Skopje)	10,3	17,2	9,2	8,0
Jaitze	6,7	19,9	10,2	9,7
Gölhissar (Jezero)	2,2	13,6	—	13,6
Prozor (Rama)	3,4	4,6 *)	4,8	?
Bihatj	13,7	17,2	1,6	15,8
Nowoselo (Kulen-Wakuf)	4,4	15,3	—	15,3
Prijedor	5,1	12,3	} 1,9	22,2
Nowi	3,4	11,8		
Dubitza	1,6	6,1	—	6,1
Ostrožatz	19,0 (?)	4,8	—	4,8
Krupa	9,0 (?)	3,9	—	3,9
Stari-Majdan	5,0	9,2	1,9	7,3
Kozaratz	3,7	8,2	0,2	8,0
Kljutsch	4,9	3,8	—	3,8
Banjaluka	10,6	79,5	7,3	72,2
Derwend	3,5	25,5	14,5	9,0
Teschanj	12,6	18,8	8,4	10,4
Zwornik	10,6	10,4	—	10,4
Bjeljina	8,6	21,5	—	21,5
Tuzla	26,0	8,7	6,0	2,7
Srebrnitza	13,9	13,9	—	13,9
Bertschka	4,8	9,6	7,6	2,0
Kladanj	3,3	1,6	—	1,6
Gradatschatz	32,0 (?)	50,2	14,2	36,0
Maglaj	6,7	12,0	—	12,0
Nowipazar	12,0	8,5		
Nowiwarosch	3,7	11,5		
Sjenitza	3,6	3,9	ausschliesslich griechische Christen, keine Katholiken.	
Mitrowitza	3,0	2,0		
Trguschna	12,1 (?)	7,2		
Wischegrad	5,0 (?)	2,4		
Bihor	9,6 (?)	5,4		

*) In allen diesen Fällen ist die officielle Gesammtzahl der Christen geringer als die in den Schematismen, neben ausdrücklicher Bezeichnung der Mischung mit griechischen Christen, allein für die Römisch-Katholischen angegebenen Ziffern, also offenbar weit unter der Wirklichkeit.

Gesammtzahlen der männlichen Bevölkerung für die ganzen Liwa's (Regierungsbezirke) 1851:

	Muhammedaner.	Christen.
Serajewo	25482	20220
Trawnik	24170	48876
Bihatj	34979	49315
Banjaluka	13331	62154
Zwornik	53047	64267
Nowipazar	24440	20492
Ganz Bosnien	175449	265324

Diesen stellen wir die von Hrn. Dr. Blau aus dem türkischen Staatskalender für Bosnien auf das Jahr der Hedschra 1288 (= 1871) mitgetheilten neuesten Ziffern der männlichen Bevölkerung gegenüber:

| Liwa's. | Muhammed. | Christen | | Juden. | Zigeuner. | Summa. |
		Orthod.	Röm. Kath.			
Serajewo	35188	18343	8747	959	677	63914
Trawnik	43487	25095	23161	157	658	92558
Bihatj	45186	37117	2098	—	400	84801
Banjaluka	29902	44923	14426	23	589	89863
Zwornik	63661	46767	11663	126	1964	124181
Nowipazar	52626	30575	—	40	742	83983
Ganz Bosnien	270050	202820	60095	1305	5030	539300
Hertzegówina	39472	23492	18289	—	676	81929

Die Unvereinbarkeit der beiderseitigen, nur um zwanzig Jahre auseinanderliegenden sogen. Zählungen liegt so auf der Hand, dass es vergebliche Mühe wäre, sich in Vermuthungen über den Sitz und die Ursachen der Fehler zu ergehen.

Druckfehler-Berichtigung.

S. 1 u. ff. l. Żeljeznitza (wie S. 26 ff. richtig steht) statt Żeljesnitza.
„ 7 Z. 6 l. Jartschi statt Gartschi.
„ 7 Z. 9 l. Paloschtjitza statt Palostitza.
„ 15 Z. 14 u. 11 von unten wäre statt der deutschen Lautumschreibung Ilidscha consequenter Ilidža (wie S. 26) geschrieben.
„ 28 Z. 11. Bjelaschtitza, wie hier gedruckt ist, geben die österreichischen Karten, aber Bjelaschnitza, wie S. 18 u. 20 und in unserer Karte steht, die serbischen Autoritäten und Hr. Sax.
„ 30 Anm. 1 Z. 6 l. Zvol st. Zlov.
„ 31 Anm. Z. 5 von unten l. colurna st. coturna.
„ 39 Z. 4 l. Brotjno st. Brotnja.
„ 40 Z. 2 l. Gradatz statt Gradatsch.
„ 43 Z. 11 l. Pirtschafs (Prtschawtze im Schematismus) st. Girtschafs.
„ 43 Z. 14 l. Rizwan statt Rizman.
„ 51 Z. 10 v. unten l. tritt statt trttt.
„ 63 Z. 28 l. Wjehowitj statt Viehowitj.
„ 68 Anm. Z. 5 l. Centaurea Kotschyana statt centaureo Kotphyana.
„ 74 letzte Z. l. Kokorina statt Kokotina.
„ 79 Anm. Z. 8 v. unten l. Silaus statt Silene.
„ 86 Z. 16 l. Bischina statt Bistritza.
„ 87 Z. 2 von unten l. Żeljenitza statt Zel.
„ 94 Z. 6 l. Weiher statt Weiser.
„ 97 Z. 6 statt Stawnja haben wir in der Karte, den serbischen Autoritäten folgend, Stabnja geschrieben.
„ 107 Z 5 v. unten l. Żwrakowa statt Zwrakowa.
„ 107 u. 112 ist nach türkischer Aussprache Iskender- und Watzar-Wakuf geschrieben; Wakup in der Karte ist kein Fehler, sondern die bosnische Localaussprache.
„ 111 Z. 10 l. Tschadjawitza statt Tjad.
„ 123 Note. Das hier vermisste Prud existirt doch und zwar als bedeutender Ort, da es nach den kirchlichen Listen (vgl. S. 211 N. 16) 636 Seelen hatte, auch ist es in der neuen österreichischen Karte eingetragen.
„ 126 Z. 6 v. unten l. entstellt statt enstellt.
„ 136 Z. 18 l. Zenitza statt Jenitza.
„ 164 Z. 27 l. Kala statt Kula.
In der Karte ist der Stichfehler Widowatz (Berg an der Strasse SW. von Serajewo) in Wilowatz, wie S. 28 richtig steht, zu ändern.